Pascal Stössel

Das Menschsein verstehen

Band 1

Dank

Ich danke dem großen Mysterium, das mich zu den Händen geführt hat.
Ein besonderer Dank geht an meinen Mentor und Freund Richard Unger.
Er hat mir das Handwerk der Handlesekunst und vieles mehr beigebracht.
Er ist der Begründer der »LifePrints«®, die Decodierung der Fingerabdrücke.

Mein tiefster Dank und Respekt gilt auch diesen Pionieren auf dem Gebiet
der Bewusstseinsentwicklung: Prof Dr. Eligio Stephen Gallegos; Dr. Marshall B. Rosenberg; Eric Franklin; Gabrielle Roth. Sie alle, und das Leben
selbst, haben mich zu dem gemacht was ich heute bin und dafür bin ich
zutiefst dankbar.
Ein ganz zärtliches Dankeschön gilt auch meiner geliebten Frau Marina
Stössel für das wunderschöne Cover-Bild.
Last but not least: Ein riesiges Dankeschön möchte ich meinen Schülerinnen und Schülern aussprechen und ebenso meinen Kundinnen und
Kunden. Ohne sie wäre ich nicht da wo, ich jetzt bin. Ich habe von jedem
Wichtiges gelernt und Wesentliches zurückbekommen.

Aus tiefstem Herzen
Pascal Stössel

Pascal Stössel

Das Menschsein verstehen

Eine Erkenntnisreise durch das
Universum der Hände

Das Drei-Schichten-Model in der Dynamischen Handanalyse
Die erste Schicht: Masse, Form und Volumen der Hand

Hinweis des Autors
Ich habe mich um eine geschlechterneutrale Formulierung bemüht. Wenn ich aus Gründen der einfacheren Lesbarkeit doch nur die männliche Form gewählt habe, ist natürlich immer auch die weibliche gemeint.

© 2023 International Institute of Handanalysis (IIHA) Schweiz

2. Auflage 2023, Vorgängerausgabe 2018

Autor: Pascal Stössel
Grafik-Design, Illustrationen und Coverbild: Marina Stössel
Korrektorat: Sinntext Literaturagentur

Verlagslabel: Handanalysis Publishing
Druck und Distribution im Auftrag des Autors:
tredition GmbH, An der Strusbek, 22926 Ahrensburg

ISBN:
978-3-962-40409-3 (Softcover)
978-3-962-40412-3 (Hardcover)
978-3-962-40413-0 (e-Book)

Inhalt

Unsere größte Angst ist nicht, unzulänglich zu sein.
Unsere größte Angst besteht darin,
grenzenlos mächtig zu sein.
Unser Licht, nicht unsere Dunkelheit,
ängstigt uns am meisten.

Es dient der Welt nicht,
wenn du dich kleinmachst.
Dich kleinzumachen,
nur damit sich andere um dich herum
nicht unsicher fühlen, hat nichts Erleuchtetes.
Wir wurden geboren, um die Herrlichkeit Gottes,
der in uns ist, zu manifestieren.

Es ist nicht nur in einigen von uns.
Es ist in jedem Einzelnen.
Und wenn wir unser Licht scheinen lassen,
geben wir damit anderen unbewusst die Erlaubnis,
es auch zu tun.

Wenn wir von unserer eigenen Angst befreit sind,
befreit unsere Gegenwart automatisch die anderen.

Nelson Mandela

1. Vorwort

Bis Mitte zwanzig war mein Leben vom Eishockey bestimmt. Ich spielte mit großer Leidenschaft und schaffte es bis zur Nationalliga B beim Schlittschuh Club Rapperswil-Jona, heute die Lakers. Als damit Schluss war, fiel ich in ein großes Loch und wusste nichts mit meinem Leben anzufangen. Die folgenden sechs Jahre verbrachte ich als Weltenbummler auf Reisen und begann schließlich nicht nur die Welt, sondern auch mich selbst zu entdecken. Kurz vor meinem dreißigsten Geburtstag machte ich Bekanntschaft mit der Kunst des Handlesens. Obwohl ich sofort fasziniert war, ahnte ich noch nicht, dass die Welt der Hände zu meinem neuen Lebensmittelpunkt werden würde. Nach und nach entwickelte sich aus der anfänglichen Neugier eine neue Leidenschaft – eine Passion. Seither liegt es mir besonders am Herzen, diese hervorragende solide Methode der Selbsterkenntnis bekannter zu machen. Wer sich selbst kennt, kennt auch den anderen, heißt es sinngemäß im Tao Te King. Genau das ist die Stärke der Handanalyse: zu verstehen, wer man ist und wie man als Individuum gemeint ist. Wozu man da ist und welche tieferen Potenziale in einem schlummern.
Die Vorteile sind offensichtlich: Die Hände als direkte physiologische Informationsquelle und als leichten Zugang zu den komplexen Dimensionen des Menschen zu nutzen, ist so viel einfacher als jeder sprachbasierte mentale Versuch, dem oft komplizierten Innenleben mit allen Prägungen und Mustern auf die Spur zu kommen. Mehr noch, diese leichte Wahrnehmungsebene mit ihrer hohen Treffsicherheit ergänzt als zusätzliches Medium in besonderer Weise viele the-

rapeutische Ansätze. Das bestätigen Psychologen wie Persönlichkeitstrainer immer wieder. Es geht dabei um viel, viel mehr als nur um das Klischee, Handlinien zu lesen und prophetisch zu deuten. Die Handanalyse ist alles andere als esoterische Wahrsagerei.

Nach inzwischen 25 Jahren Erfahrung und über 20.000 Klientenberatungen möchte ich Sie, lieber Leser, liebe Leserin, herzlich einladen, die unglaubliche Reise in die Welt der Hände anzutreten – eine Welt, die Sie garantiert berühren wird.

Das vorliegende Buch ist dem tieferen Verständnis des Menschseins gewidmet. Je mehr wir verstehen, wer wir sind und wozu wir hier sind, desto handlungsfähiger werden wir und desto authentischer können wir unser Leben gestalten.

Dieses Buch beschäftigt sich unter dieser Maßgabe mit der ebenso grandiosen wie simplen Möglichkeit, über das professionelle Lesen der Hände einen Meta-Blick auf den individuellen Lebensplan zu werfen und einen detaillierten Einblick in Temperament und Veranlagung zu erhalten. Es kann und soll nicht nur von Handleserinnen mit Gewinn genutzt werden, sondern wird auch für Therapeuten und Personen, die im psychosozialen Feld arbeiten, eine Inspiration sein. Letztlich ist die Lektüre empfehlenswert für alle, die sich für ihre persönliche Entwicklung interessieren und ihre Mitmenschen besser verstehen wollen.

Die Kunst der Handanalyse ermöglicht konkrete Rückschlüsse auf die Persönlichkeit und die Psychodynamik des Klienten. Die Physiologie unserer Hände verkörpert sozusagen das ganze Wesen eines Menschen. Sowohl die Potenziale als auch sie Ressourcen können ermittelt werden, wenn es darum geht, den eigenen Lebensplan zu entschlüsseln und sich in diese Richtung, das heißt dem authentischen Flow entsprechend zu entwickeln. Jeder Veränderungswunsch oder das Bedürfnis, ganz heil zu werden, kann durch die Ergebnisse einer Handanalyse wirksam inspiriert und angeregt werden, denn auch die versteckten Schattenseiten und hartnäckige innerseelische Denk- bzw. Verhaltensmuster können erforscht werden. Wir sehen nicht nur das, was aktuell bedeutsam ist in unserem Leben, sondern auch das, was wir zukünftig noch entwickeln möchten und was uns dabei Schwierigkeiten bereitet. Das führt uns zu einer »inneren« Arbeit, der wir uns unser Leben lang widmen können.

Unsere Lebensgeschichte liegt quasi buchstäblich in unseren eigenen Händen. Wir erkennen in ihnen – wie in einem Spiegel – unser wahres Wesen in seiner ganzen Ursprünglichkeit. Mittels Handanalyse wird unser individueller Lebensplan dynamisch interpretierbar, während – um den absurden Vergleich mit der Esoterik hier abzuschließen – das klassische Orakeln eine fixe Zukunftsschau versucht, an deren Erfüllung der betroffene Mensch noch nicht einmal beteiligt ist. Meiner Erfahrung nach ist jedoch nichts so wertvoll wie Eigenverantwortlichkeit, und wer die Verantwortung für sich selbst ganz übernehmen möchte, muss über sich selbst gut Bescheid wissen.

Als Autor dieses umfassenden Praxisbuches möchte ich einen Maßstab setzen. Mit großem Respekt vor dem einzelnen Individuum habe ich in den Jahren meiner Handlesepraxis und -forschung das vorliegende Konzept der »Dynamischen Handanalyse« nach dem »Drei-Schichten-Modell« entwickelt. Es ist sowohl für den Laien wie den Praktizierenden und den

Spezialisten der Handlesekunst anwendungsorientiert darge-
legt. Und ich hoffe sehr, dass das bloße Wunder des Erkennens
– ohne Hokuspokus – darin sichtbar und spürbar wird.

Das Leben ist immer für uns, nicht gegen uns.

2. Einführung

2.1. Die Landkarte in deiner Hand

»Das Leben liegt in deiner Hand.« Wer die Sprache der Hände lesen kann, weiß, dass dieser Satz mehr als nur eine Aussage beinhaltet. Nicht nur, dass wir mit unseren Händen tatkräftig zupacken und unser Leben gestalten können. Nein, sie bilden vor allem im Handteller auch eine Landkarte ab – eine, die so einzigartig ist wie du selbst und dein Leben. Aus der Kriminologie wissen wir: Kein Fingerabdruck gleicht einem anderen. Nur schon diese Tatsache ist faszinierend genug. Aber dies gilt auch für alle anderen Elemente in deiner Hand: die Finger, die Nägel, der Handteller und natürlich die vielfältigen Linien und Zeichen darin. Die meisten haben schon von der Schicksals- und der Lebenslinie gehört und sich vielleicht gefragt, was diese aussagen.

In deiner Hand liegt ein Plan, ein Programm, eine Karte. Und wer diese lesen kann, erkennt die Botschaft dahinter. Welche? Du und dein Leben. Nicht mehr und nicht weniger. Das klingt jetzt so einfach wie banal. Aber wenn wir die Einheit von Körper, Seele und Geist verstehen, wird schnell offensichtlich, dass unser Nervensystem, unsere Gefühls- und Gedankenströme sich äußerlich auf dem Körper wie eine Landkarte abbilden. Und gerade unsere hochsensitive Hand mit ihren unzähligen Nervenenden ist als dreidimensionale Landkarte gerade prädestiniert dafür. Das wussten schon unsere Ahnen – eine alte Redewendung sagt, um auf etwas Offensichtliches hinzuweisen: »Es liegt ja auf der Hand!«

In unseren Händen kommen unzählige Nervenenden zusammen. Wissenschaftlern zufolge ist die Hand – insbesondere die Fingerkuppen – der sensitivste Teil am gesamten menschlichen Körper, mehr noch als gewisse Stellen im Intimbereich. Die Informationen in unseren Nervenbahnen bestehen unter anderem aus unseren Gefühlen und aus unseren Gedanken. 60.000 Gedanken sollen wir täglich denken – das ist eine ganze Menge! Je öfter sich bestimmte Gedanken und Gefühle wiederholen, desto stärker hinterlassen diese inneren Energien eine Spur. Je öfter sie sich wiederholen und je stärker sie auf emotionaler Ebene auf uns wirken, desto deutlicher treten diese Spuren in der Hand in Erscheinung, sichtbar über die Masseverteilung und die Linien. Ein kosmisches Prinzip besagt: »Wie außen, so innen.« Unser Körper – und insbesondere unsere sensiblen Hände – ist also eine Blaupause unserer inneren Energieströme. Jede Hand erzählt vom Leben und der jeweils ganz persönlichen Wahrnehmung eines Menschen.

»Das Innere eines Menschen offenbart sich in seinem Äußeren.«   *J. W. von Goethe*

2.2. Wozu eine Handanalyse?

Jeder Mensch ist ein Individuum, keiner gleicht einem anderen. Zudem sind wir lebendige und fortschrittsorientierte Wesen, entwickeln uns ständig weiter, verändern uns, werden älter, erfahrener, sind heute nicht mehr die gleichen wie letztes Jahr und nächstes Jahr nicht mehr die gleichen wie heute. Und dann haben wir unsere ganz eigenen Probleme – einige können wir selber lösen, für andere brauchen wir Unterstützung von anderen. Wie soll es da möglich sein, eine maßgeschneiderte Lösung anzubieten? Für diesen bestimmten Menschen, für diesen bestimmten Moment, für diese bestimmte Frage? Psychologische Ratgeber in Form von Seminaren und Büchern gibt es heutzutage zuhauf – und sie haben alle ihre Berechtigung, denn in gewissen Situationen gibt es Lösungen, die von allen angewendet werden können. Aber was ist, wenn es um mich als individuellen Menschen geht? Und nicht um meine Rolle, die ich als Mutter in der Familie, als Vorgesetzter in der Firma oder als Partner in der Beziehung wahrnehmen muss?

Deine Hände geben dir unter anderem einen übergeordneten Blick auf deinen Lebensplan (Fingerabdrücke / LifePrints®) dein grundlegendes Temperament, deine verschiedenen Persönlichkeitsanteile und deine Veranlagungen (Handform und Linien). In einer klassischen Psychoanalyse musst du dem Therapeuten zuerst erklären, warum du zu ihm gekommen bist – etwas, wovor viele zurückschrecken. Und oftmals erzählen wir dann nur die halbe Wahrheit – weil wir die andere Hälfte entweder verdrängt haben oder uns schämen, sie offen anzusprechen. In der Handanalyse kannst du deine Hände für dich sprechen lassen. Sie geben ehrlich, offen und umfassend Auskunft. Du selbst kannst vielleicht noch die konkrete Fragestellung, die dich zur Handanalyse bewogen hat, formulieren – aber das reicht auch schon. In einer 60- bis 90-minütigen Sitzung kann dir ein geübter Handanalytiker eine fundierte Rückmeldung auf deine Fragen oder auf deine zentralen Lebensthemen geben. Diese passt individuell auf dich und ist frei von allgemeingültigen Normen und Patentrezepten. Welche Themen du nach der Handanalyse dann zuerst angehst und wie du sie Schritt für Schritt umsetzt, ob du dies allein schaffst oder in Begleitung eines Coaches, liegt dann ganz in deiner Entscheidung.

Eine Handanalyse hilft dir, eine objektive Perspektive zu dir selbst einzunehmen.
Es gibt neben deiner eigenen Hand keinen besseren Spiegel, in dem du dich selbst so klar und unvoreingenommen betrachten kannst!

Über deine Hände erhältst du die Chance, dich selbst ehrlich und unvoreingenommen zu betrachten. Die zentrale Botschaft dabei ist: Jeder Mensch ist so, wie er ist, richtig und gewollt. Nur schon das zu realisieren, kann dir große Erleichterung bringen. Du musst dich nicht verbiegen, eine künstliche Rolle spielen, deine Bedürfnisse unterdrücken oder dich unzulänglich fühlen. Wir alle haben unsere Ängste, meistens gut verdrängt, sodass wir sie kaum mehr wahrnehmen. Aber es ist – und das zeigt eine Handanalyse rasch auf – höchst heilsam, mit seinen eigenen Ängsten Bekanntschaft zu machen, sie zu betrachten und sie als einen Teil unserer Persönlichkeit zu akzeptieren. Je mehr du deine schwachen Seiten annimmst, desto weniger dominieren sie dein Leben, das ist eine altbekannte Wahrheit in der Psychologie.

Je besser du weißt, wer du wirklich bist und was du wirklich erreichen und erleben willst, desto mehr wirst du in den Fluss deines für dich stimmigen Lebens kommen. Sich im eigenen Lebensfluss zu bewegen, macht weicher, entspannter und schlussendlich gesünder. Natürlich wird das Leben nach einer Handanalyse nicht völlig problemfrei sein, Widerstände und Niederlagen gehören zum Leben. Aber daran kannst du innerlich wachsen und stärker werden – sofern die grundsätzliche Richtung in deinem Leben stimmt. Denn die Sinnfrage der eigenen Existenz kann schlussendlich jeder nur für sich selbst beantworten. Gesellschaftliche, religiöse und familiäre Vorgaben können ein Stück weit hilfreich auf unserem Lebensweg sein. Aber der Zeitpunkt, zu dem man sich der Diskrepanz zwischen eigenen und fremden Werten bewusst wird, kommt bei jedem Menschen – früher oder später.

> *» Wenn du mit dir eine Freundschaft eingehst, wirst du nie wieder alleine sein. «*
>
> *Maxwell Maltz*

2.3. Warum keine Prognosen?

An dieser Stelle möchte ich deutlich sagen, was meine langjährige Berufserfahrung als Handanalytiker bestätigt: Ein seriöser Handleser macht weder Zukunftsprognosen noch Aussagen zum Gesundheitszustand eines Menschen. Die Zeichen in der Hand sind für beides zu wenig eindeutig. Auch Aussagen über die Länge eines Lebens werden in einer professionellen Handanalyse nicht gemacht. Wer dies trotzdem anbietet, bewegt sich meiner Meinung nach ganz klar außerhalb der Seriosität. Denn die Trefferquote von solchen Aussagen liegt nach meiner Erfahrung bei 50 Prozent: Die Voraussage kann zutreffen oder nicht. Was aber vor allem passiert, ist, dass ein Mensch nachher nicht mehr offen ist für die Entwicklung seines Lebens. Er oder sie erwartet dann sozusagen das Prognostizierte und so erfüllt sich unter Umständen lediglich eine sich selbst erfüllende Prophezeiung und nicht das für diesen Menschen eigentlich mögliche Leben.

Das mit dem Blick in die Zukunft, den Prognosen, den Prophezeiungen, ist immer eine schwierige Sache. Im Grunde genommen haben wir nichts anderes als die Gegenwart – die Vergangenheit und die Zukunft sind theoretische Gebilde unseres Verstandes. Philosophen haben schon ganze Werke zu diesem Thema geschrieben. Und was die Hände betrifft: Sie sind nun einmal nicht dafür geschaffen, Wahrsagerei zu betreiben. Sie sind zu viel Größerem bestimmt: einerseits natürlich, um unser Leben anzupacken, aber andererseits auch mitteilsam genug, um das eigene Selbst erkennen zu können! Ein professioneller und seriöser Handanalytiker ist sich dessen bewusst, hält sich mit seinen Mutmaßungen zurück und versucht nicht, Gott zu spielen.

Die sogenannte »Dynamische Handanalyse« nach der Methode des International Institute of Handanalysis (IIHA), die in diesem Buch eines der Hauptthemen bildet, konzentriert sich auf die eigentliche Botschaft der Hand und somit auch auf das eigentliche Wesen des Menschen und seinen Lebensplan. Beides existiert unabhängig von Ort und Zeit. Darum erreichen wir eine Deutungsqualität von 95 Prozent – das kann ich nach so langer Erfahrung behaupten, ohne rot zu werden. Und wenn wir mit einer Aussage einmal daneben liegen, sind wir uns dessen bewusst:

Die Sprache der Hände stimmt immer zu hundert Prozent. Die Fehlerquelle liegt immer beim Menschen, der sie interpretiert.

2.4. Handlesen ohne Linien

Die moderne Handanalyse kann heute auf viel mehr Informationen in der Hand zurückgreifen, als jemals zuvor. Es geht bei Weitem nicht mehr nur um das korrekte Interpretieren von Handlinien. Die spannenden Fragen lauten: Kann man Hände lesen, ohne auf eine einzige Linie einzugehen? Und: Lassen sich diese Informationen abseits der Linien einem interessierten Laien vermitteln? Sind durch einfache Beobachtungen an der Hand seriöse Rückschlüsse auf den Menschen, sein Wesen, seine Stärken und Schwächen, ja, generell auf sein Leben möglich? Mit diesem Buch – mein erstes! – will ich diesen Versuch wagen und dazu einige Geheimnisse aus meiner langjährigen Berufserfahrung offenbaren.

Als professioneller Handanalytiker und langjähriger Lehrer am International Institute of Handanalysis (IIHA) suche ich stets nach neuen Wegen, wie es für meine Schülerinnen und Schüler einfacher wird, eine Hand sowohl analytisch als auch intuitiv zu erfassen. Darum habe ich das Drei-Schichten-Modell entwickelt. Die erste Schicht der Hand ist das Hauptthema dieses Buches, aber zum besseren Verständnis erkläre ich auch die zweite und die dritte Schicht – beide Schichten sind aber so umfangreich, dass ich hierfür weitere Bücher schreiben werde. Das vorliegende Buch ist also das erste einer Reihe.

Ich habe das erklärte Ziel, dass jeder Laie, der dieses Buch gelesen hat, mit der ersten Schicht eine Hand in groben Zügen lesen kann. Einfache Sätze und viele Abbildungen sollen dies ermöglichen. Bewusst baue ich immer wieder Übungen ein, so, wie ich es in meinen Ausbildungen auch mache. So bekommt man mit der Zeit nicht nur ein theoretisches Wissen, sondern auch ein intuitives Gefühl für die Herangehensweise an eine Handanalyse. Die Kunst des professionellen Handlesens – das kann ich jetzt schon sagen – liegt im Kombinieren und Verweben der verschiedenen Inhalte. Dies in einem Buch praktisch zu vermitteln, ist aber nicht ganz einfach. Dafür gibt es die Lehrgänge an unserem Institut (siehe Kapitel 14.1). Erste selbstständige Schritte in der Handanalyse machen zu können, bei sich selbst und anderen, den eigenen Blick für die Eigenart einer Hand zu schulen und genau beobachten zu können, das will ich mit diesem Buch erreichen. Aller Anfang ist schwer, doch soll er mit den folgenden Ausführungen leichter gemacht werden, damit sich eine Freude des Eroberns gleich zu Beginn festigen kann. In die Hände zu schauen und ihre Sprache lesen zu können, macht Spaß! Und es kann Menschen auf eine schöne Art miteinander verbinden. Wir alle sind komplexe und zueinander widersprüchliche Wesen. Wenn wir uns selbst besser verstehen lernen, können wir mitfühlender mit anderen werden.

Lies in deinem eigenen Buch! Die Hände sind dein ureigenes Buch.
Es gibt kein anderes Buch, das dir so konkret dein eigentliches Wesen zeigen kann und das, was es braucht, um aufzublühen.

2.5. Fünf Häute

Bevor wir im nächsten Kapitel auf das Drei-Schichten-Modell eingehen, möchte ich den Fokus öffnen und bewusst machen: Wir Menschen sind alle vergleichbar mit einer Zwiebel, die aus vielen verschiedenen Schichten besteht. Jede Schicht beinhaltet eine Information über unser inneres Wesen, über unseren momentanen psychischen Zustand und unsere Bedürfnisse. »Wie oben, so unten – wie innen, so außen«, besagt eines der sieben universellen Gesetze. Der berühmte Wiener Architekt Friedensreich Hundertwasser (1928-2000) hat sich diese Schichten vergegenwärtigt, sie als Häute bezeichnet und fogendermaßen zusammengefasst:

- erste Haut: natürliche Haut
- zweite Haut: Kleidung
- dritte Haut: Haus / Zuhause
- vierte Haut: soziales Umfeld und Identität
- fünfte Haut: globales Umfeld – Ökologie und Menschheit

Jede dieser fünf Häute gibt eine eigene Auskunft über den jeweiligen Menschen. Viele Fachleute befassen sich mit den fünf Häuten in irgendeiner Weise, sei es als Stilberater, Feng-Shui-Einrichter, als Stadtplaner oder als Philosoph der neuen Zeit. Für uns Handanalytiker ist natürlich die erste Haut am interessantesten, vor allem die Haut der Hand. Wer sich wohlfühlt in seiner Haut und sich authentisch gibt, ist umgangssprachlich eine ehrliche Haut. Bei wem die Innen- und die Außenwelt übereinstimmt, der ist ein stimmiger Mensch, wie wir dann umgangssprachlich sagen. Das Gleiche gilt für die Kleidung oder die Einrichtung einer Wohnung – alles lässt Rückschlüsse auf das Wesen und die Stimmung des Menschen zu. Aber wir bleiben in der spannenden Welt der Hände und schauen, welche Rückschlüsse hier möglich sind ...

3. Das »Drei-Schichten-Modell«

3.1. Die Handanalyse thematisch gliedern

Die vielen Aussagen, die in einer Hand abgebildet sind, lassen sich im Grunde genommen in drei thematische Schichten gliedern – das zeigt meine Praxiserfahrung mit über 20.000 gelesenen Händen. Das Drei-Schichten-Modell ermöglicht uns, die vielfältigen Informationen in der Hand systematisch aufzunehmen und sich nicht von Einzelheiten ablenken zu lassen. Die erste Frage bei jeder Handanalyse lautet immer: Was ist die zentrale Botschaft dieser Hand? Wir schulen also unseren Blick für die drei Schichten und prüfen dann schichtweise die Hand, die wir vor uns haben.

Das Modell hat zwei große Vorteile: Erstens kann man nur mit der Kenntnis der ersten Schicht bereits als Anfänger relativ schnell in die Handlesekunst einsteigen. Zweitens verliert man sich als Fortgeschrittener nicht in den vielfältigen Informationen. Wer eine Hand auf profunde Weise lesen kann, ist schnell einmal erschlagen von den vielen Botschaften, die einem da entgegenkommen. Wie schnell passiert es, dass man sich auf eine spezielle Linie stürzt und dann in der dritten Schicht hängen bleibt! Dabei verpasst man bestimmt das Offensichtliche, denn es liegt – nach meiner Erfahrung mit tausenden gelesenen Händen – meistens in der ersten Schicht.

Es liegt mir am Herzen, die wichtige Botschaft der Hände in die Welt zu tragen. Ich möchte das allgemeine Bewusstsein dafür erweitern, was eine Handanalyse für einen Menschen bewirken kann. Denn es geht um viel mehr, als nur um das Lesen der Linien. Wir Menschen sind von unserem Wesen her oft viel komplexer und interessanter, als wir selbst es vermuten. Und obwohl die Linien sicher schon viel über einen Menschen aussagen, sind sie bei Weitem nicht die Hauptattraktion der Hand, diese liegt in der ersten Schicht, bei Masse, Form und Volumen. Steigen wir also ein!

Erste Schicht

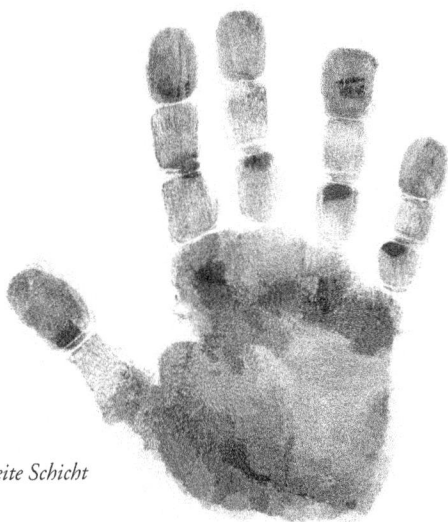

Zweite Schicht

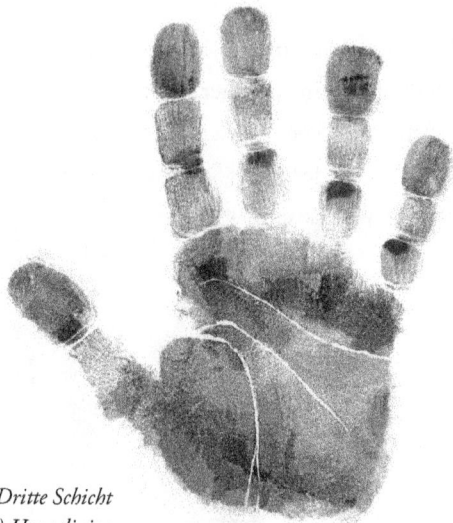

Dritte Schicht
A) Hauptlinien

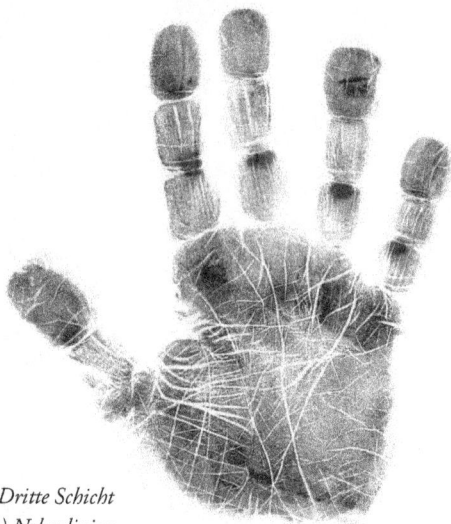

Dritte Schicht
B) Nebenlinien

Alle Schichten

3.2. Erste Schicht: Masse, Form und Volumen der Hand

3.2.1. Die Masse

Wie auch die Finger, die – je nach Hand – mehr oder weniger Masse aufweisen können, lässt sich der innere Teil der Handoberfläche, der Handteller, in verschiedene Zonen gliedern. Diese Zonen werden den zehn Planetenkräften unseres Sonnensystems zugeordnet. Grundlage für diese Kräfte und deren Eigenschaften bildet die Analogie zur Götterwelt der griechischen bzw. römischen Mythologie. Unser abendländischer Kulturkreis orientiert sich schon seit Menschengedenken an dieser Mythologie – sie basiert auf uraltem Wissen, das weit in der Menschheitsgeschichte zurückreicht. Die Griechen und später auch die Römer stellten sich Götterfiguren vor, welche die in uns wohnenden Kräfte symbolisieren sollten.

Die Verteilung der Masse einer Hand zeigt nun, in welchen mythologisch zuordnungstypischen Zonen viel Energie vorhanden ist und in welchen weniger. Diese inneren Kräfte können auch als Wesenszüge oder Persönlichkeitsanteile bezeichnet werden.

Liegt in der mythologischen Hand-Zone viel Masse, ist der entsprechende Wesenszug des Menschen stark ausgebildet, liegt in der mythologischen Hand-Zone wenig Masse, ist der entsprechende Wesenszug des Menschen schwach ausgebildet.

3.2.2. Die Form

An der Form, der äußeren Kontur einer Hand, kann man das grundlegende Temperament eines Menschen ablesen. Jedes Temperament präsentiert eine ureigene Lebendigkeit und Funktion. Somit zeigt mir die Form, wie ein Mensch funktioniert. Ich spreche dann von Form und Funktion. Ist jemand geradlinig und klar? Oder weich und nachgiebig? Oder bodenständig und stabil? Das mag jetzt fürs Erste banal klingen, doch in diese Richtung geht es. Für die Bestimmung der Handform beruft man sich auf die Vier-Elemente-Lehre der frühen griechischen Philosophen: Erde, Wasser, Luft und Feuer. Diese symbolisieren die vier grundlegenden Eigenschaften von allem Lebendigen auf unserem Planeten, sind in verschiedenen esoterischen Lehren enthalten und bilden daher auch eine wichtige Basis der Handlesekunst.

Die Form der Hand ist eines der am einfachsten auf Distanz lesbaren Zeichen, welches das Grundtemperament eines Menschen beschreibt – aber nur, wenn man dies auch wirklich beherrscht. Denn die Form einer Hand zu bestimmen, erfordert enorm viel Übung und einen geschulten Blick. Wenn eine Handform z. B. nur eine der vier Energien in sich trägt, beim Element »Erde« hätten wir dann einen sehr erdverbundenen Menschen vor uns, wäre dies auch für Anfänger relativ einfach zu erkennen. Aber die meisten Hände – wie auch die meisten Menschen – tragen zwei oder drei Energien in sich, und das auch noch zu unterschiedlichen Anteilen. Darum braucht es zur sicheren Bestimmung einer Handform viele gelesene Hände, mindestens tausend.

Die Form der Hand zeigt das Grundtemperament eines Menschen an. Dieses steht unabhängig von stark oder schwach ausgebildeten Charakterzügen. Jedes Temperament präsentiert eine ureigene Lebendigkeit und funktioniert auf seine eigene Art. Ich spreche dann von Form und Funktion.

3.2.3. Das Volumen

Die Volumenverteilung ist vor allem bei den Fingern gut sichtbar, natürlich auch im Handteller. Das Prinzip ist ähnlich wie bei der Massenverteilung. Zum Beispiel kann ein Finger mehr oder weniger breit sein. Dies zeigt an, ob ein Mensch sich mit den dem Finger zugehörigen Eigenschaften in der Öffentlichkeit ausbreiten und darstellen will oder ob er sich zurückhält. Das Gleiche gilt für die verschiedenen mythologischen Zonen im Handteller.

Das Volumen und die Masse sind nicht das Gleiche. Wenn man eine Hand abtastet, spürt man schnell: Es kann viel oder wenig Masse in einer Zone vorhanden sein. Wenn ich mit dem Finger

auf diesen Bereich drücke, kann er sich fest und kompakt an-
fühlen. Aber gleichzeitig kann diese Zone auch flach sein, also
ist hier zwar viel Masse, aber wenig Volumen vorhanden.

*Viel Volumen in der Hand zeigt viel Sichtbarkeit in der
Außenwelt, wenig Volumen zeigt wenig Sichtbarkeit in
der Außenwelt.*

3.2.4. Übersicht der ersten Schicht

Aus diesen in der Hand erkennbaren Mustern entstehen bereits
in der ersten Schicht eine erkennbare Dynamik sowie eine bestimmte Atmosphäre. Es ist also tatsächlich möglich, aufgrund
der ersten Schicht von Masse, Form und Volumen eine Menge
über die Persönlichkeit eines Menschen zu erfahren – und das,
ohne auch nur ein Wort über irgendeine Linie zu verlieren. Ist
das nicht spannend?

Im Folgenden eine Übersicht der Bereiche einer Hand, die auf
Masse, Form und Volumen hin untersucht werden können:

* Der Handteller
* Die Handtellerzonen

* Der Daumen
* Die Daumenzonen

* Die Finger
* Die Fingerabstände
* Die Fingerbiegungen
* Die Fingeransätze
* Die Fingernägel

- Die Fingerknoten
- Die Fingerzonen
- Die Fingerringe

- Die Hautverfärbungen
- Die Hautkonsistenz
- Die Hauttextur

- Die Flexibilität
- Die Temperatur
- Der Händedruck

3.3. Zweite Schicht: Fingerabdrücke – eine Welt für sich

Die zehn Fingerabdrücke (Die LifePrints®) sind in Form und Kombination bei jedem Menschen absolut einzigartig. In der Kriminologie spielen sie eine zentrale Rolle, daher kennen wir sie normalerweise. Aber wir können – und das ist der große Fortschritt in der Handanalyse – an ihnen auch die inneren seelischen Grundbedingungen eines Menschen ablesen. Die Fingerabdrücke zeigen für jeden Menschen einen individuellen Lebensplan auf und dieser Plan entfaltet sich im Laufe eines menschlichen Lebens immer mehr. Die zweite Schicht der Hand kann man daher auch als »Seelenplan« bezeichnen. Manche sehen in ihr die feinstoffliche Ebene der Seele, als Ergänzung zur grobstofflichen Ebene des Charakters. Ich persönlich verwende oft den Begriff »Matrix« oder »Bauplan des spirituellen Schicksals«.

Die Fingerabdrücke bilden sich bereits beim Fötus während der Schwangerschaft und sind ab der 16. Woche fertig ausgebildet. Unser Lebensplan steht also bereits vor der Geburt fest, ohne dass wir unsere Eltern, unsere Familie oder andere äußere Bedingungen unseres Lebens schon kennen würden. Übrigens sind auch bei eineiigen Zwillingen die Abdrücke verschieden, was bei einem genetisch identischen Bauplan erstaunlich ist.

Fingerabdrücke zeigen sich insbesondere auf den Fingerkuppen, bei einigen Menschen sind auch im Handteller Dermatoglyphen vorhanden. Je nach Genauigkeit ihrer Lage tragen auch sie eine bestimmte Bedeutung hinsichtlich des Lebensplans in sich.

Fingerabdrücke = Dermatoglyphen = Hautkurvungen oder Hauteinritzungen, auch Papillarleisten oder Leistenhaut genannt

Die zweite Schicht in der Hand, die zehn Fingerabdrücke, bilden ein absolut einzigartiges und höchst individuelles Abdruckmuster. Wenn man dieses Muster richtig entschlüsselt, offenbaren sich die Themen, die im Leben eines Menschen wie eine dauernde kräftige Unterströmung wirksam sind. Das Muster lässt erkennen, welche seelischen Schlüsselthemen einen Menschen tief in seinem Inneren bewegen. Dieser innere seelische Antrieb löst nach hermetischer Betrachtungsweise äußere Ereignisse aus und zieht diese wie ein Magnet ins eigene Leben. Oder anders gesagt: Aufgrund seiner inneren (seelischen) Disposition zieht ein Mensch schicksalhaft äußere Umstände in sein Leben. Diese zeigen sich zum Beispiel oft als Schicksalsschläge, die den betreffenden Menschen so stark herausfordern, dass er sich seelisch entwickeln und zu mehr Bewusstsein kommen muss! Tut er dies nicht, zerbricht er im schlechtesten Fall daran. Im besten Fall aber kann er mit der Zeit immer klarer erkennen, dass seine äußeren Lebensumstände einerseits Spiegel seiner inneren Zustände sind, andererseits die Voraussetzungen für inneres Wachstum schaffen.

Das Lebensziel, das sich in den Fingerabdrücken zeigt, kann man auch als einen Seelenanteil im Menschen sehen, der unbedingt leben will! Wird er über lange Zeit unterdrückt – zum Beispiel aus falsch verstandener Liebe und darausfolgender Überanpassung an den Partner oder die Eltern –, wird der Mensch krank. Es ist auch wichtig, zu verstehen, dass nicht die äußeren Umstände anzeigen, ob ein Mensch sein Lebensziel erreicht hat, sondern dass dieser sich so fühlt, als habe er es erreicht. Das Lebensziel zieht den Menschen in einen neuen Seelenraum – einen neuen Bewusstseinszustand.

Der Mensch muss mit seinem Charakter (erste und dritte Schicht) sowie seinen Veranlagungen (dritte Schicht) Wege und Mittel finden, diesen Lebensweg (zweite Schicht) mit all seinen Ereignissen zu bewältigen. Wie gut ihm dies gelingt, ohne die eigene Persönlichkeit zu verleugnen, das zeigt sich deutlich in den Händen. Somit können die Erkenntnisse aus allen drei Schichten zu einer vollständigen Handanalyse kombiniert werden.

»Schicksal und Seele sind zwei Namen für das gleiche Prinzip.«   *Novalis*

Dieses weite und vielschichtige Thema der zweiten Schicht wird in diesem Buch nicht behandelt. Die Fingerabdrücke, den Lebensabdruck, lesen zu können, ist und bleibt die Perle der Handlesekunst. Vater und Entdecker des Schlüssels zum

Fingerabdruck-Code ist Richard Unger aus San Francisco (USA). Er entdeckte den Zusammenhang zwischen dem uralten Wissen der Handlesekunst und den Ergebnissen der wissenschaftlichen Erforschung der Fingerabdrücke. Seine Entdeckungen aus dem Jahr 1979 hat er im Buch »LifePrints® – Lebensabdruck« zusammengefasst.

Als vermutlich erster Handanalytiker seit der Antike erforschte und beschrieb Unger in seinem weltweit einzigartigen System namens LifePrints®, wie man durch das Decodieren der Fingerabdruckmuster nicht nur die charakterlichen Anlagen eines Menschen, sondern auch sein über das ganze Leben gültige Grundthema bestimmen kann. Die LifePrints® eröffnen eine ganz neue Dimension in der Handlesekunst, die zu viel umfassenderen und individuelleren Aussagen führen kann, als es bisher möglich war.

Ein seriöses, fundiertes Wissen, Entschlüsseln und Deuten der LifePrints® wird ausschließlich am International Institute of Handanalysis (IIHA) gelehrt. Die Schule wurde in San Francisco im Jahre 1985 von Richard Unger gegründet. Das deutschsprachige Institut befindet sich in Wollerau in der Schweiz (www.iiha.com). Weitere offizielle Lehrer vom IIHA ersehen sie auf www.handanalysis.net (IIHA Faculty) und auf www.iiha.com (IIHA Fakultät). Der Begriff »LifePrints« ist rechtlich geschützt.

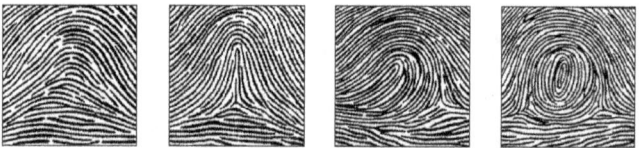

Vier Grundmuster der Fingerabdrücke - Bogen, Tannenbogen, Schlaufe, Wirbel

3.4. Dritte Schicht: Linien und Zeichen im Handteller

Die Linien und Zeichen auf der Hand bilden die dritte Schicht. Ich unterscheide zwischen den drei in jeder Hand gut sichtbaren Hauptlinien – Lebenslinie, Kopflinie und Herzlinie – einerseits und den zahlreichen vertikalen und horizontalen Nebenlinien andererseits. Zudem kann man in dieser Schicht weitere Zeichen lesen, wie zum Beispiel Sterne, Kreuze, Quadrate oder Blasen. Je nach Veranlagung des Menschen sind die Linien und Zeichen im Handteller mehr oder weniger vorhanden.

Die drei Hauptlinien sind schon beim Kleinkind erkennbar und verändern sich im Laufe des Lebens kaum oder zumindest nicht stark. Am meisten passt sich die Herzlinie an, denn diese sagt aus, wie sich der Mensch im Laufe der Zeit sozialisiert und auf andere zugeht. So kann sich z. B. ein verschlossener, schüchterner Mensch durchaus mehr seinen Mitmenschen gegenüber öffnen oder ein sehr temperamentvoller Mensch lernen, sich mehr zurückzunehmen.

Die Nebenlinien und die Zeichen in einer Hand bilden sich im Laufe der Zeit und machen sichtbar, wie die Psyche des Menschen mit den Ereignissen in seinem Leben umgeht oder umgegangen ist. Zudem zeigen sich vorhandene Begabungen, Neigungen oder sogar Talente. Aber auch lang anhaltende emotionale Belastungen, die verdrängt wurden, zeigen sich irgendwann in der Hand. Ein gebrochenes Herz, Gefühle der Überforderung, eine in starren Konzepten gefangene Denkweise: all das und viel mehr zeigt sich in der dritten Schicht.

So spannend diese dritte Schicht auch ist, beobachte ich leider oft, dass sich viele Handleser in ihrer Analyse gleich auf die einzelnen Linien stürzen und fast schon hypnotisiert sind von ihnen. Es gibt sogar schon Scan-Programme, die automatisierte Handanalysen nur über die Linien machen.

Die Linien sind ohne Zweifel höchst faszinierend und verraten viel über einen Menschen. Und doch sind sie nicht die Hauptattraktion der Hand. Wenn jemand nach Paris geht, dann will er doch zuerst den Eifelturm, den Louvre oder die Sacré-Coeur sehen. Es zieht ihn nicht zuerst in die kleinen Gassen der Stadt. Wie schnell verirrt man sich im Straßennetz, und so geht es einem auch im Linienverkehr einer Hand. Darum führe ich meine Schüler bei einer neuen Hand immer von der ersten Schicht, also den eigentlichen Sehenswürdigkeiten, wenn man so will, Schritt für Schritt zur zweiten Schicht über, in der die Fingerabdrücke den Lebensplan verraten. Schlussendlich landen wir in der dritten Schicht, in der die »Kleinigkeiten«, also die Linien und Zeichen, angesiedelt sind. Mehr dazu im nächsten Kapitel.

Dritte Schicht
A) Hauptlinien

Dritte Schicht
B) Nebenlinien

An dieser Stelle möchte ich auf folgende Fachausdrücke aus
der Handlesekunst eingehen:

Chirognomie = Geografie der Hand, also die erste Schicht
mit Masse, Form und Volumen

Chiromantie = Lehre der Linien, also die dritte Schicht mit
den Linien und Zeichen in der Hand.

Für die zweite Schicht, die Fingerabdrücke, gibt es keinen
*lateinischen Namen. Wir nennen sie **LifePrints**® – Richard*
Unger, als Entdecker der in den Abdrücken enthaltenen
Lebensbotschaften, hat diesen Namen rechtlich schützen lassen.
Er gilt somit für uns am IIHA als stehender Begriff.

3.5. Die vier Fenster des Wissens

Mit 33 Jahren bin ich erstmals mit der Arbeit von Stephen
Gallegos in Verbindung gekommen. Er spricht davon, dass uns
Menschen vier große Gaben geschenkt wurden, um zu lernen
und mit unserer inneren und äußeren Welt in Verbindung treten zu können. Durch diese Gaben, die wie Fenster sind, entdecken und erfahren wir auf unterschiedliche Weise das Leben.
Unsere ganze Existenz ist voller Lebendigkeit. Wir alle bewegen uns in einem unbeschreiblich komplexen und lebendigen
äußeren System, besser gesagt: Universum. Genauso vielfältig
und spannend ist aber auch unser Innenleben. Um uns darin zu
orientieren und um navigieren zu können, ist es wichtig, diese
Fenster auch für unsere inneren Welten zu öffnen.

1. Fünf Sinnesorgane

Durch unsere Sinne haben wir sozusagen fünf Fenster, durch die
wir in fünf total unterschiedliche Welten und Wahrnehmungs-
felder eintreten können: Wir hören, wir sehen, wir riechen, wir

schmecken und wir tasten die Welt in uns und um uns herum. Durch die sensorischen Wahrnehmungswege und Zugänge erfahren wir das Leben in seiner ganzen Vielfalt.

2. Denken

Durch unsere mentale Fähigkeit, das Denken, können wir die sinnlich wahrgenommene Welt objektiv erforschen und die »Realität«, also die Materie, ganz genau unter die Lupe nehmen, um sie über das sinnliche Erleben hinaus zu verstehen. Unser Gehirn »wohnt« in unserem Kopf – ich nenne ihn gerne den »Kontrollturm« – daher wird das Denken gerne als die wesentliche und wichtigste Wissensermittlung angesehen, vor allem auf der nördlichen Seite des Äquators. Die enorme Fähigkeit, Wissen zu erwerben über das Denken, ist ein Vergleichen, Benennen und Kategorisieren unserer Beobachtungen. Das schenkt uns wiederum die Fähigkeit, mit Worten zu kommunizieren und uns über Sprache miteinander zu verbinden.

3. Gefühle

Unsere vielschichtige Gefühlswelt ist ein Hinweisgeber für unsere Lebendigkeit. Gefühle sind Aufzeiger, Signalgeber, Indikatoren und Barometer. Sie wirken gewissermaßen als Meldungen, die uns sagen, ob unser Ist-Zustand im Leben erfüllend ist oder nicht. Sie setzen Orientierungsmarken: Was tut uns gut und was nicht. Sie verraten uns, ob unsere Bedürfnisse erfüllt werden oder nicht. Ob wir damit leben können oder nicht. Gefühle und Bedürfnisse können nicht getrennt werden – sie bilden das Kernstück unseres seelischen Empfindens und führen direkt zu der wichtigen Fähigkeit, Selbst- und Fremdempathie zu empfinden, das heißt Mitgefühl zu haben mit sich selbst und mit anderen Menschen – »Güte« ist das altertümliche Wort dafür – und echte Beziehungen zu pflegen. Denn liebende Verbundenheit gehört nicht zu den Aufgaben und Kompetenzen des Denkens! Gefühle tragen eine andere wertvolle Art des Wissens in sich: soziale Weisheit und Intuition.

Jetzt kannst du eins und eins zusammenzählen und weißt, was es bedeutet, wenn der Mensch sich von seiner Gefühlswelt abspaltet und sich nur noch in seinem Kontrollturm (mit den limitierten Sinnesreizen der Visualisierung) »einkapselt«. Den Tag vor dem Bildschirm zu verbringen, ist heutzutage ganz normal, genauso »normal« sind wir nicht (mehr) mitfühlend, liebevoll und gütig mit uns selbst und anderen. Lasse diesen Eindruck zunächst mal auf dich wirken, und dann ziehe selbst deine Schlüsse daraus. Entscheide, wie du weiter leben möchtest.

4. Imagination

Steve Gallegos spricht von einer »Tiefenimagination«, die in Verbindung mit unseren Gefühlen auftaucht. Gefühle lösen Bilder in uns aus, und beides zusammen bringt uns in Verbindung mit unserem wahren Selbst: Dort sind wir alle wahrhaftig echt und einzigartig. Die Welt des Vergleichens, Benennens und Kategorisieren hat hier keinen Platz. Es geht nur um die ganz persönliche, subjektive Erfahrung der inneren Lebendigkeit (Steve spricht von »Aliveness«). Es ist gleich, ob sie angenehm oder unangenehm ist, denn jedes individuelle Erleben ist einfach Lebendigkeit, und darin liegt der wahre Schatz des menschlichen Seins.

Imagination und Gefühle sind viel älter als das Denken und bringen dich mit allem, was je gelebt hat und lebendig ist, in Verbindung – über dein eigenes Leben hinaus. Imagination und Gefühle haben keine Grenzen, im Gegensatz zur mentalen Kapazität. Daher erlebst du die Ganzheit sowohl der äußeren Welt als auch deiner inneren Welt. Beides verbindet sich zu einer Einheit. Raum und Zeit lösen sich auf »magische« Weise auf. Letztlich bist du – wie wir alle – reines Bewusstsein.

Ich bin, der ich bin.
Ich bin Liebe.

Diese vier Fenster des Wissens – Sinne, Denken, Fühlen, Imagination – sind jedoch gleichwertig: Wir brauchen sie alle! Wichtig ist nur, dass wir einerseits unsere Gefühle (Intuition) und die Imagination nicht unter die Diktatur des Denkens stellen und andererseits nicht nur allein den Sinneswahrnehmungen Bedeutung schenken, ohne sie mit der Ratio in eine Verbindung zu bringen. Jedes der vier Fenster allein führt uns nur zu einem begrenzten Teil des Verstehens.

Jeder Mensch lernt im Laufe seines Lebens, mittels Strategien, Methoden oder »Werkzeugen« die Komplexität von Leben und vor allem von Lebensmustern überhaupt zu erfassen. Die Selbsterkundung über die Analyse der Hände ist dabei eine wunderbare Möglichkeit, die jeder leicht erlernen und anwenden kann – für sich persönlich und auch für andere Menschen. Sie ist eine besondere Chance, tiefer zu begreifen, was wir und wie wir uns erleben.

4. Arbeitsinstrumente des IIHA

4.1. Wie wir arbeiten

Das International Institute of Handanalysis besteht seit 1985 und ist das größte Zentrum für die moderne Handlesekunst des 21. Jahrhunderts. Bis heute haben über 500.000 Menschen über unser Institut Bekanntschaft mit ihren Händen gemacht, sei es in einer Handanalyse oder im Rahmen einer mehrjährigen Ausbildung. Wir können also auf eine umfangreiche Erfahrung zurückgreifen und zu Recht behaupten, dass wir uns mit unserer Tätigkeit im Bereich des gesicherten Wissens aufhalten und nicht in der Vermutung.

Wenn wir bei einem Klienten die Hände analysieren, arbeiten wir zuerst mit dem vorher erklärten Drei-Schichten-Modell. So können wir die vielen verschiedenen Informationen zuordnen und relativ schnell zusammenhängende, aber auch widersprüchliche Aspekte erkennen. Das Modell hilft uns, das zentrale Thema einer Hand bzw. eines Klienten rasch zu erfassen.

Im Anschluss daran kommen drei weitere Arbeitsinstrumente zum Einsatz. Hier ein kurzer Überblick, bevor sie ausführlicher beschrieben werden:

Die »Dynamische Handanalyse«

Man betrachtet eine Hand zuerst einmal mit einem offenen Blick und wartet darauf, dass der eigene Blick irgendwo hängen bleibt. Obwohl man über die drei Schichten eine analytische Betrachtung macht, bewegt man sich in jeder dieser Schichten auch intuitiv. Die zentralen Fragen sind: Wo bleibt mein Blick hängen? Wo ist etwas auffällig? Wo zeigt sich ein besonderer

Widerspruch oder eine gehäufte Wiederholung ähnlicher Faktoren? Die Atmosphäre einer Hand nicht nur rational, sondern auch intuitiv aufzunehmen, darum geht es bei diesem Arbeitsinstrument.

Die »Lutschbonbon-Technik«

Worte, Begriffe, Eigenschaften – wenn man sich die Worte auf der Zunge zergehen lässt, kommt man automatisch in die entsprechende Stimmung hinein. Sich in das Gefühlsleben des Klienten hineinzuversetzen führt zu einer empathischen Rückmeldung. Denn eine Handlesung soll keine rein analytische Übung sein, sondern ein Gespräch zwischen zwei Menschen auf Augenhöhe. Und dafür ist viel Mitgefühl erforderlich, das nur dann entsteht, wenn man sich in den anderen hineinfühlt.

Die »Drei Axiome«

Diese werden im letzten Schritt angewendet und beinhalten wichtige psychologische Grundsätze, die auch unabhängig von der Handanalyse angewendet werden können. Die Axiome machen bewusst, dass menschliches Leben bedeutet, Erfahrungen im Leben zu machen, sich in einer widersprüchlichen Dualität aufzuhalten und dem Faktor Zeit unterworfen zu sein. Diese Grundsätze in jeder Handanalyse präsent zu haben, vereinfacht den Umgang mit widersprüchlichen Informationen.

Man kann eine professionelle Handanalyse mit einem guten Handabdruck oder einer guten Fotografie der Hand vornehmen. Oftmals sind gewisse Informationen im Abdruck besser lesbar. Auf unserer Website (www.iiha.com)

wird in einem Film gezeigt, wie man mit Linolfarbe einen
guten Abdruck herstellt bzw. wie gute Fotografien von den
Händen gemacht werden.

Unterdessen bietet das IIHA auch Online-Handanalysen
an. Alle Informationen dazu sind unter iiha.com Beratung
zu finden.
Es ist also nicht immer erforderlich, den Klienten direkt
vor sich zu haben. Aber um herauszufinden, wo der Mensch
auf seinem Lebensweg und in seinem Bewusstseinsprozess
steht, ist es natürlich besser, wenn man direkt miteinander
sprechen kann.

4.2. Die »Dynamische Handanalyse«

4.2.1. Erste Kontaktaufnahme: Atmosphäre aufnehmen

Der erste Schritt bei der Dynamischen Handanalyse besteht
darin, die Atmosphäre einer Hand intuitiv aufzunehmen und
auf sich wirken zu lassen. Es ist wie ein Panoramablick: Du
stehst auf einem Berg und blickst in die weite Landschaft, die
vor dir liegt. Je mehr du diesen weiten, nicht fokussierten Blick
übst, desto mehr bekommst du ein immer besseres Gefühl dafür, was du wahrnimmst. Natürlich musst du zuerst die Regeln
und Interpretationsmöglichkeiten des Handlesens gelernt
und mental zur Verfügung haben. Dies sind vor allem die archetypischen Kräfte der griechischen Götterfamilie sowie das
Koordinatennetz in der Hand (siehe Kapitel 12). Aber wenn du
dieses Wissen einmal im Hinterkopf abgespeichert hast, kann
es bei der ersten Kontaktaufnahme mit der Hand erst einmal
nur um das intuitive Wahrnehmen gehen. Stelle dir die Frage

und nimm wahr: Welche Stimmung kommt in dir auf, wenn du die Hand betrachtest? Du beobachtest nur und notierst deine Wahrnehmungen. Es geht um das Wahrnehmen und nicht um das Interpretieren und Bewerten, das ist ganz wichtig.

Nach der intuitiven Wahrnehmung kommt das Hineinfühlen. Dafür wendet man die Lutschbonbon-Technik an (siehe Kapitel 4.3). Dieses Hineinfühlen braucht Zeit, darum nimm dir die Zeit und schaue mit deinem Herzen. Es wird sich lohnen! Stürze dich nicht gleich auf die erste auffällige Linie im Handteller, sonst übersiehst du wahrscheinlich das Wesentliche der Hand. Denn das Wesentliche befindet sich in der Regel in der ersten Schicht, in der Masse, der Form und dem Volumen der Hand.

Danach erst ist die zweite Schicht wichtig – ich prüfe die Fingerabdrücke und entschlüssele den Lebensplan des vor mir sitzenden Menschen. Die erste und die zweite Schicht lege ich dann inhaltlich übereinander und vergleiche sie miteinander. Die Frage, die sich dann stellt, ist: Welches Temperament (erste Schicht) hat sich für welche Lebensreise (zweite Schicht) angemeldet? Es kann also sein, dass ein feinsinniges und philosophisches Temperament (Wasser-Hand) sich für den Lebensplan entschieden hat, eine »Primadonna« zu werden (eine bestimmte Life-Prints-Kombination). Dieser Mensch möchte also in seinem Leben in irgendeiner Disziplin der Beste seines Faches werden und von anderen Beachtung und Anerkennung bekommen.

Ein solches Lebensziel ist natürlich mit Durchsetzung und Kampf verbunden, auch mit Rückschlägen, Niederlagen und Frustration. Dies psychisch zu bewältigen, ist nicht unbedingt die Stärke eines gefühlsbetonten Wesens, denn solche sind oftmals sehr sensibel und schmerzempfindlich. Also kann man davon ausgehen, dass sich in der dritten Schicht, bei den Linien und Zeichen, entsprechende Stress-, Abnutzungs-, Überforderungs- und Anpassungserscheinungen zeigen. Das prüfe ich ebenfalls nach und somit sind alle Informationen aus den drei Schichten beisammen.

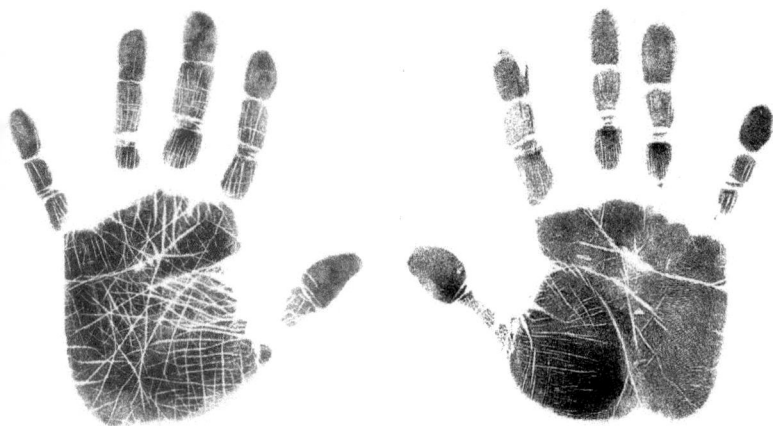

Dies ist der Ablauf einer Dynamische Handanalyse, über den ich mich am besten einer neuen, unbekannten Hand nähere. Die Dynamik, die Interaktion innerhalb einer einzelnen Schicht und danach in allen drei Schichten in Kombination erzeugt eine Atmosphäre, ein für den geübten Handanalytiker klar ablesbares Energie- und Themenfeld. Dieses wird dem Menschen vis-à-vis dann so vermittelt, dass er es bildhaft aufnehmen, wahrnehmen und in sich verankern kann. Auch dieser nächste Schritt, das klare und gleichzeitig behutsame Vermitteln der Botschaften in der Hand, ist ein wichtiges Element in der Dynamischen Handanalyse.

Entwickle ein Gefühl für das, was du siehst und wie sich dieser Mensch in seiner Welt fühlt. Die Hände werden sich dir auf magische Art offenbaren. Diese Offenbarung ist die Geschichte des Menschen, der vor dir sitzt und sich dir anvertraut. Sei stets respektvoll und dankbar und nähere dich behutsam an. Jeder hat seine ureigene Geschichte und fast jeder liebt es, sie jemandem zu erzählen, wenn dieser Jemand wirklich zuhört.

Trotz analytischen Vorgehens greife ich auf meine Intuition und meine Erfahrung zurück. Am Schluss sollten alle drei Schichten gleich gut durchleuchtet sein. Wichtig aber ist, zuerst das große Bild, das in einer Hand angelegt ist, zu erkennen. Sonst wird vielleicht das Offensichtliche, das direkt vor den Augen liegt, verpasst.

4.2.2. Zweite Kontaktaufnahme: Berührung, Fühlen, Tasten

Dann folgt die zweite Kontaktaufnahme: Wenn ich mit meiner Hand eine andere Hand berühre, laufen in meinem Inneren bereits ganze Filme ab. Nur schon ein Händedruck spricht Bände und ich erkenne bereits einzelne charakterliche Züge eines Menschen. Ein versierter Handanalytiker hat viele Kanäle, wie er mit einem Menschen in Verbindung kommen kann und so über Sicht und Berührung ins Innere tritt. Genauso ist es, wenn jemand zu mir zu Besuch kommt und ich ihn in mein Haus bitte. Somit betrete auch ich ein Haus nur dann, wenn ich darum gebeten werde. Es ist auch immer höchst interessant, das Gesicht und den Körper zu der entsprechenden Hand in Beziehung zu setzen und Beruf, Lebensstil und Weltbild mit den Händen zu vergleichen. Es ist wie eine Offenbarung und löst in mir immer wieder eine Faszination für die Vielfältigkeit des Lebens aus. Keine Hand gleicht der anderen. Jeder Mensch lebt in seinem ganz eigenen Universum. Den Menschen so zu sehen, wie er wirklich ist – und nicht nur, wie er sich gibt –, ist immer wieder eine sehr intime Erfahrung zwischen dem Handleser und seinem Kunden.

Ich lese Hände und berühre den Himmel.

4.3. Die »Lutschbonbon-Technik«

4.3.1. Der Weg vom denkenden zum fühlenden Analysieren

Alle Teile einer weisen bestimmte Eigenschaften auf, die Rückschlüsse auf die Persönlichkeit des Menschen zulassen. Diese Eigenschaften sind im vorliegenden Buch grob beschrieben, in die Tiefe gehende Ausführungen werden in unseren Lehrgängen am IIHA vermittelt. Sind bei einer Hand bestimmte Teile und somit bestimmte Eigenschaften ausgeprägt vorhanden, können diese im entsprechenden Kapitel nachgeschlagen werden. Aber – und das ist wichtig – diese Worte sollen nicht nur gelesen und verstanden werden. Sie sollen vielmehr auch gefühlt werden. Das ist ein zentraler Punkt in der Dynamischen Handanalyse. Und wie geht das am besten?

Meine Erfahrung zeigt, dass man als Handleser nicht nur aus dem Kopf heraus agieren sollte, sondern vor allem aus dem Herzen. Darum: Wiederhole die in diesem Buch aufgezählten Begriffe und Eigenschaften, die einem Quadranten, einem Archetypus, einem Verbund, einem Finger usw. zugeordnet sind, immer und immer wieder. Lass die Energie dieser Worte auf dich wirken und dir diese Wirkung auf der Zunge zergehen. Diese Methode bewährt sich meiner Erfahrung nach immer wieder, wenn es darum geht, sich in einen neuen Kunden einzufühlen. Nur dann ist anschließend ein Gespräch auf Augenhöhe, von Mensch zu Mensch möglich.

»Man sollte die Wahrheit dem anderen wie einen Mantel hinhalten, damit er hineinschlüpfen kann – und ihm nicht wie ein nasses Tuch um den Kopf schlagen.«

Max Frisch

4.3.2. Mit dem Herzen schauen

Schaue mit deinem Herzen, nicht nur mit deinem Verstand. Verweile, lass dich von den Händen leiten und beachte, wo dein Auge landet, während du deinen Blick weiterwandern lässt – so lange, bis du zufrieden bist – und dann erst wähle etwas aus. Einem Anfänger fällt es zu Beginn natürlich leichter, mit nur ein, zwei Beobachtungen zu beginnen. Danach kann er weitere Faktoren einer Hand hinzunehmen. Du kannst auch Orakel spielen und schreibst zum Beispiel die Eigenschaften des stärksten Quadranten (siehe Kapitel 8) der Hand auf jeweils einen Zettel und ziehst dann blind einen heraus. Genauso machst du es mit dem stärksten Finger (siehe Kapitel 11). Dann hast du zwei Begriffe vor dir, von denen du jeweils noch eine Stärke und eine Schwäche bestimmen kannst.

Schreibe alle vier Worte auf und achte darauf, welche Stimmung sie in dir auslösen. Jedes Wort, jede Eigenschaft hat eine Energie in sich. Diese kannst du in dich aufnehmen. Lass dir Zeit dafür. Wende die Lutschbonbon-Technik an, indem du dir diese Begriffe sozusagen auf der Zunge zergehen lässt. Versuche, damit innerlich zu kreisen, dich damit dynamisch zu verbinden.

Welche Bilder, welche Eindrücke tauchen in dir auf? Lass die Informationen in aller Ruhe auf dich einwirken, bevor du zu sprechen beginnst. Das primäre Ziel ist nicht die saubere mentale Analyse, sondern die gefühlsmäßige Verbindung zu diesem Menschen. Tauche in seine Welt ein.

Die Indianer sagen: »Zuerst musst du tausend Schritte in den Mokassins eines anderen Menschen gehen, bevor du über ihn reden oder ihn verstehen kannst.«

Dieser Prozess beschleunigt das Handlesen. Du bist jetzt in die Dynamik der Atmosphäre eingetaucht und hast Verbindung zum inneren Wesen dieses Menschen aufgenommen. Nimm alle Eindrücke in dir wahr, lass dich davon durchdringen und beginne aus dieser Atmosphäre heraus, mit dem Herzen zu sprechen. Zeige die Qualitäten des stärksten Quadranten und des stärksten Fingers auf, die jeweiligen Vor- und Nachteile – zuerst einzeln, dann in Kombination.

4.3.3. Mit Worten eine Wirkung erzielen

Worte sind nicht leere Hülsen, sie sind wie beseelte Wesen. Jedes Wort hat eine informierende Schwingung. Mit Ton und Rhythmus des Sprechens und mit der Haltung und dem Gefühl hinter bestimmten Worten wird eine bestimmte Imagination und Atmosphäre erzeugt. Selbst jeder Buchstabe klingt und hat eine ganz eigene Schwingung. Worte erschaffen Zugang und Verbindung. Wenn jemand ein Mantra still in seinen Gedanken rezitiert, dann entsteht ebenfalls eine innere Schwingung, eine Atmosphäre. Das passiert eigentlich bei jedem Wort, das wir aussprechen oder denken, aber meistens sind wir uns dessen nicht bewusst. Ein Wort ist wie ein Stein, den man in einen See wirft und der so Wellen auslöst. Gehen wir noch tiefer und folgen dem Stein/Wort und sinken. Wir sinken in die Tiefe der Gefühle und dadurch kommen wir in Verbindung mit unserem wahren und uralten Selbst und unserer Imaginationskraft.

Und so, wie jeder Buchstabe, jedes Wort, jeder Satz und jede Sprache ihren ganz eigenen Klang hat, so ist es auch mit jedem einzelnen Menschen. Jeder ist ein individueller Resonanzkörper, ein eigener Klangkörper. Jeder ist ein individuelles Wesen, das individuell resoniert (aus dem Lateinischen: widerhallen, widerklingen). Wir sind wie Musikinstrumente, durch die wir unseren ganz eigenen Klang verbreiten. Ob du harmonisch und authentisch oder auch verzerrt klingst, wird davon bestimmt, wie harmonisch du gestimmt bist, also wie stark du deine subjektive Wahrheit leben kannst. Unabhängig von äußeren Umständen kannst du aber immer frei entscheiden, in welcher Stimmung du unterwegs sein möchtest.

Das »Lutschbonbon« ist eine bewährte Technik unseres Institutes, um die Stimmung eines Wortes zu erschmecken, zu erspüren und zu erfühlen. So kann man sich einer bestimmten Charaktereigenschaft gefühlsmäßig nähern. Das »WorteLutschen« soll für die tiefere Stimmung des Wortes und dessen Atmosphäre sensibilisieren, soll uns von der Ebene des Verstandes auf die Ebene des Herzens bringen und somit unsere kommunikativen Fähigkeiten im Gespräch mit dem Klienten erweitern. Sich in jemand anderen hineinfühlen und nicht nur hineindenken zu können, ist eine zentrale Fähigkeit in der Arbeit mit Menschen. Das Lutschbonbon soll eine Handanalyse ermöglichen, die hauptsächlich aus unserem Mitgefühl entspringt und nicht nur aus unserer rationalen Analyse. Damit können wir unsere Mitmenschen viel direkter erreichen. Und wenn sich jemand wirklich erkannt und verstanden fühlt, ist er auch erreichbarer für unsere Rückmeldungen. Er kann dann eher zulassen, dass sich etwas in ihm löst bzw. etwas in ihm ausgelöst wird.

4.3.4. Beispiel: Mango-Bonbon

Stell dir vor: Du nimmst ein Mango-Bonbon in den Mund. Dieser Mango-Geschmack verbreitet sich durch das Lutschen in deinem ganzen Mundraum und erzeugt individuelle Gefühle. Zum Beispiel beruhigt er dich, bringt dich zum Träumen und du siehst dich an einem schönen Strand. Der exotische Geschmack bringt dich in diese Stimmungslage, stimuliert deine Fantasie. Der Geschmack des Mango-Bonbons kann dich inspirieren und dich in eine andere Welt versetzen, die körperliche, emotionale und geistige Reaktionen auslösen kann. Natürlich kann der gleiche Geschmack bei jemand anderem abweichende Reaktionen auslösen. Wichtig ist nur: Der Geschmack des Bonbons löst etwas aus, eine Schwingung, mit der man in Resonanz kommen kann.

So kannst du verschiedene Stimmungen, Reaktionen und Atmosphären mit einem anderen Wort, das eine Eigenschaft beschreibt, in dir auslösen – zum Beispiel mit der Charaktereigenschaft einer bestimmten Handform:

1. Nehmen wir das Wort »verbinden«, dem wir eine Eigenschaft zuschreiben, ein gefühlvolles Temperament, das wiederum einer Handform mit viel weicher Wasser-Energie zugeordnet wird (siehe Kapitel 8.4).

2. Nimm dieses Wort wie ein Bonbon in den Mund und lass es auf der Zunge zergehen. Beobachte, was passiert.

Beobachte deine Gefühle, Gedanken und Körperreaktionen. Nimm wahr, welche Bilder in deinem Geist auftauchen, welche Töne und Gerüche damit verbunden sind.

3. Ich nehme bei mir zum Beispiel wahr, dass es bei diesem Wort in meinem Solarplexus immer wärmer wird und diese Wärme in meinen Brustraum strömt. Ich sehe fröhliche Kinder, die sich an der Hand halten, sich im Kreise drehen und aus vollem Herzen lachen. Ich spüre die Einheit des Kreises, wie alles im Fluss ist und strömt.

4. Wie sieht deine Reaktion aus? Entsteht ein Wohlgefühl oder eher ein Unbehagen? Dehnt sich etwas in dir aus oder zieht sich etwas zusammen? Wird es leicht oder schwer? Wird es warm oder kalt? Wo im Körper spürst du eine Reaktion? Achte auf deine Reaktionen, sowohl auf körperlicher als auch auf emotionaler und geistiger Ebene. Kommen bei dir Bilder auf oder hörst du etwas? Entsprechend deiner Reaktion kannst du feststellen, wie du zum »Verbinden« stehst und was es in dir auslöst, beispielsweise Mitgefühl für andere Menschen.

Ziel der Lutschbonbon-Technik ist, deine emotionale Intelligenz und deine Fantasie zu aktivieren und zu ihr in Beziehung zu treten. Diese Intelligenz ist überall und kann mit allem in dir Kontakt aufnehmen. Jede Zelle und jede Faser in dir ist ein Rezeptor dafür. Lass diese Intelligenz in deine Kommunikation bei der Handanalyse oder auch im Alltag einfließen. Du wirst staunen, wie du die Menschen mit deinen Worten berühren kannst.

4.4. Die »Drei Axiome« – Grundsätze

4.4.1. Erstes Axiom: Erfahrung ist nötig – die »Goldlöckchen-Regel«

Unsere Erde ist eine Arena für Seelenwesen in Entwicklung. Wir Menschen sind hier, um stetig an Bewusstsein zu gewinnen. Um ein erweitertes Bewusstsein zu erlangen, suchen Seelenwesen menschliche Erfahrungen.

Es gelten folgende Grundsätze, die in der Handanalyse immer zu berücksichtigen sind:

- Der Weg ist das Ziel. Das Ziel des Lebens ist der Erfahrungsprozess selbst, nicht ein bestimmtes Resultat.

- Je bewusster du an deiner Erfahrung wächst (und nicht daran zerbrichst), desto mehr zeigt sich mit der Zeit dein wahres Selbst.

- Je mehr sich dein wahres Selbst zeigt, desto mehr wirst du vom Leben erkannt, desto mehr blüht dein Lebenssinn auf.

- Je mehr dein Lebenssinn aufblüht, desto mehr wirst du in dein »richtiges« Leben kommen, desto mehr wirst du dein Leben lieben.

- Du brauchst all deine Erfahrungen, um eine verfeinerte Form deiner selbst zu werden. Nichts kann vermieden, alles muss erlebt werden, damit du es in dein Selbst integrieren kannst.

Das erste Axiom, die Goldlöckchen-Regel lautet: zu viel / zu wenig führt zu »gerade richtig«.

4.4.2. Psychologischer Exkurs

Der Begriff »Goldlöckchen-Regel« ist aus einem Märchen abgeleitet, in dem es um drei Bären und ein kleines Mädchen geht, das Goldlöckchen heißt. In dieser Geschichte probiert Goldlöckchen in der Bärenhöhle zuerst den zu heißen Brei, dann den zu kalten und zum Schluss isst sie den wohltemperierten auf. Anschließend setzt sie sich auf den zu harten Stuhl, dann auf den zu weichen, um dann im dritten Versuch den passenden zu finden – und so weiter und so fort: zu viel, zu wenig, gerade richtig.

Das Pendel muss zuerst ganz nach links ausschlagen, dann ganz nach rechts, und erst dann ist die ideale Mitte klar. Dann können wir beim rechten Maß, in der goldenen Mitte ankommen. So verläuft auch unser Lebensweg: Fehler zu machen und extreme Situationen zu erfahren, ist sehr wichtig für uns, dafür sollten wir uns nicht verurteilen. Denn nur so kann der Mensch ganz individuell für sich erfahren, wo sein persönlich richtiges Maß liegt. So kann es sein, dass man in der Handanalyse Hinweise extreme Ausprägungen eines Charakters oder eines Stresszustandes findet, zum Beispiel dünne untere Fingerzonen, ein krummer Finger, rote Färbungen im Handteller usw. Doch dies sind Zeichen eines laufenden Erfahrungsprozesses und sie können sich mit der Zeit wieder regenerieren – unter der Voraussetzung, dass der Mensch nicht in dieser einen Extremposition steckenbleibt, sondern der Prozess weitergeht und sich das Leben dieses Menschen über die andere Richtung wieder ausgleicht.

Auf jede Bewegung folgt eine Gegenbewegung, das ist die Polarität des Lebens. Es gilt, im übertragenen Sinn, das Lichtvolle in der einen und das Schattenvolle in der anderen Hand zu halten, beide Seiten auszuhalten und zu akzeptieren. Dies ist ein hoher Anspruch, vor allem, wenn es uns im Leben einmal hart trifft. Vor Menschen, die nach harten Schicksalsschlägen weich, offen und lichtvoll bleiben können, verneige ich mich innerlich tief, denn das ist das Schwierigste im Leben überhaupt!

Sinn, Zweck, Ursache und Ordnung hinter dem Leiden und dem Schmerz zu erkennen, ist unglaublich schwer. Entweder bemühen wir uns, Licht ins Dunkel zu bringen, das heißt unsere Schatten und die der anderen zu erkennen. Oder wir stecken den Kopf in den Sand, beschuldigen andere für unseren Zustand und machen uns somit vom Schöpfer zum Opfer. Es liegt also buchstäblich in unserer eigenen Hand, wie wir mit herausfordernden Situationen umgehen. Wächst du daran oder zerbrichst du daran?

4.4.3. Zweites Axiom:

Paradoxes Prinzip – das »Delicious Dilemma«

Der Planet Erde ist ein paradoxes Umfeld voller paradoxer Kreaturen. Wir Menschen sind alle Persönlichkeiten mit einem Ego und einer wahrnehmbaren Psyche. Gleichzeitig sind wir spirituelle Wesen mit einem unsichtbaren Lebenssinn. So sucht zum Beispiel unser Ego materielle Sicherheit, unsere Seele aber die Entwicklung für mehr Unabhängigkeit. Oder unser Ego sucht die Anpassung in der Gruppe, unsere Seele aber eine Entwicklung zur Individualität. Solche delikaten Dilemmas kommen sehr oft vor. Es gelten folgende paradoxe Aussagen:

- Das Universum ist sowohl absichtsvoll als auch zufallsgesteuert.

- Freier Wille und Schicksal offenbaren wahre Versionen der Realität.

- Das Streben nach Lebenssinn bringt uns in direkten Kontakt mit diesen Gegensätzen.

- Kein Paar Hände ohne die Gnade der Rettung. Kein(e) Held(in) ohne Achillesferse.

Das zweite Axiom, das paradoxe Prinzip ist das »Delicious Dilemma«, das zur Dualität gehört. Die dualen Gegensätze müssen integriert, nicht eliminiert werden.

4.4.4. Psychologischer Exkurs

Wer weiß von sich selbst nicht, dass er widersprüchliche Seiten in sich hat? Scheinbar unüberwindbare Widersprüche innerhalb unserer Psyche können zum Beispiel sein: Streben nach Freiheit und gleichzeitig Streben nach Bindung. Oder: eine ausgeprägte träumerische Seite und gleichzeitig ein starkes Bedürfnis nach Kontrolle. Oder: das Bedürfnis nach überschwänglichem emotionalen Ausdruck und gleichzeitig der Hang zu Präzision. Fast jeder Mensch hat irgendwo in seinem Wesen einen Widerspruch, bei dem es im ersten Moment unmöglich zu sein scheint, diese zwei divergierenden Eigenschaften unter einen Hut zu bringen – eine anspruchsvolle Lebensaufgabe. Jeder von uns ist hier, um auf seiner individuellen Entwicklungsstufe zu lernen. Hier beginnt für jeden die spannende Reise ins unbekannte Land der eigenen Individualität. Die Kunst liegt darin, die richtigen Schlüsse zu

ziehen. Es ist, als wären wir Sherlock Holmes in eigener An-
gelegenheit: damit herausgefordert, Unlogisches, Paradoxes
und Widersprüchliches irgendwie zu entschlüsseln.

Ich sehe immer wieder widersprüchliche Merkmale in den
Händen – da habe auch ich im ersten Moment oft keine
Ahnung, welche Botschaft hier dahinter steckt. Zum Beispiel
unterscheiden sich die rechte und die linke Hand sehr stark
voneinander. Oder die Fingerkuppen sind fein und spitz, aber
die Haut ist hart und rau. Oder die Form der Hand weist auf
ein vernunftbetontes Temperament hin, die Herzlinie aber auf
ein emotionales Gefühlsleben. Das ist die Normalität in der
Handanalyse, auch nach über 20 Jahren Erfahrung. So muss
ich meine Handleser-Detektiv-Kappe aufsetzen und schauen,
ob ich das Rätsel lösen kann. Jeder Mensch ist ein widersprüchliches Wesen und hat ein oder mehrere »Delicious Dilemmas«
in sich – ein Grund mehr, warum viele Menschen mit sich und
ihrem Leben überfordert sind.

4.4.5. Drittes Axiom: Wert der Persönlichkeit (Charakter)

Das Leben hat für jeden von uns einen bestimmten Plan parat. Diesen Plan kann man aus den Fingerabdrücken (zweite
Schicht) lesen. Der Charakter – sichtbar in der Form der Hand
(erste Schicht) – und unsere Eigenschaften – sichtbar in den
Linien (dritte Schicht) – sind Mittel zu dessen Erfüllung. Sie
sind wie eine Werkzeugkiste, die wir mitbekommen haben,
um diesen Plan umzusetzen. Unsere Persönlichkeit in ihrer ureigenen Form zu entfalten, ist wichtig, um mit dieser auf die
Ziele hinzuarbeiten, die sich unsere Seele zur Verwirklichung in
diesem Leben ausgesucht hat. Irrtümer, Krisen und Probleme
entstehen entweder dann, wenn wir versuchen, unsere Per-

sönlichkeit komplett zu ignorieren, oder wenn wir vergessen, dass sie nur das Mittel zum Zweck ist – nämlich unseren Lebensinn zu erreichen –, nicht aber der Lebenssinn an sich.

- Die Persönlichkeit ist sowohl hingezogen zum als auch abgestoßen vom Lebenssinn.
- Nur wenn die Persönlichkeit in genügender Weise »bereit« ist, wird sich die nächste Phase des Lebensplanes zeigen.
- Die Persönlichkeit bestimmt, ob der Lebensplan fließend belebt oder aber behindert wird.
- Um eine fortgeschrittene Version seines Persönlichkeitstyps zu werden, sind diese zwei Regeln zu befolgen:

Das dritte Axiom, der Wert der Persönlichkeit:
Regel 1: Sei dein Typ!
Regel 2: Integriere deine Gegensätze!

4.4.6. Psychologischer Exkurs

Deine in dir wohnende Lebensenergie zeigt sich vor allem über deine Persönlichkeit. Sie sucht laufend eine Form, um sich auszudrücken: »Energie ist nicht zerstörbar, nur wandelbar.« So lautet der Energieerhaltungssatz in der Physik, und der gilt auch für die Lebensenergie des Menschen. Deine Energie manifestiert sich und formt sich aus sich selbst heraus. Sie bahnt sich ihren eigenen Weg, auch gegen deinen bewussten Willen. Die Energie strömt durch uns durch und formt sich über unsere Gefühle und Gedanken. Und natürlich gilt: wie innen, so außen. Was innerlich nicht erkannt und umgewandelt wird, muss zwangläufig über ein äußeres Ereignis in unser Bewusstsein gebracht werden. Also begegnen wir im Außen uns selbst wieder und über dieses oder jenes Ereignis sehen wir immer in einen Spiegel. So haben wir die Möglichkeit, unsere inneren Energien zu erkennen, zu erleben und zu transformieren.

Das Unterdrücken, Verdrängen oder Tabuisieren deiner inneren Lebendigkeit lässt das, was in dir steckt, nicht verschwinden. Die Kräfte lösen sich nicht einfach auf, sondern werden einen anderen Weg finden, sich in deinem Leben zu zeigen, ob du willst oder nicht. Deine Hände zeigen deinen Charakter auf und somit deine persönliche schöpferische Fülle, deine ureigene Schöpfungskonzeption. Sie zeigen, was du vom Leben willst und was das Leben von dir will. Die Hände, bzw. ihr Muster auf der Haut, sind ein analoges Abbild deines Innenlebens, deiner Lebensenergien und deiner Ressourcen.

Aber immer wieder fragen wir uns: Welchen Regungen soll ich folgen und welchen nicht? Soll ich gewissen Impulsen nachgeben oder soll ich sie zurückhalten? Soll ich mehr auf mich hören oder auf andere? Wie halte ich eine gesunde Balance zwischen dem Impuls, mich dem Leben hinzugeben, und der Haltung, das Leben zu kontrollieren – also zwischen »Dein Wille geschehe« und »Mein Wille geschehe«? Was hat das Leben in mir, mit mir vor? Was will es von mir? Kann ich dem vertrauen, was in mir hochkommt und raus will? Was ist der Unterschied zwischen Sich-dem-Leben-Hingeben und Untätig-Herumsitzen? Was ist, wenn ich mich hingebe und es passiert erst einmal gar nichts?

Viele Fragen tauchen auf, auch viele Ängste, und plötzlich ist es eine ganz schöne Herausforderung, den eigenen Charakter und das eigene Leben auf eine für sich stimmige Weise zu leben. Sich seinen Neigungen hinzugeben, sich gehen zu lassen, ist die eine Seite. Hingegen in einem gewissen Maß auch Selbstkontrolle zu üben, bewusst auch gegenteilige Persönlichkeitsaspekte zu integrieren oder bewusst einen Gegenpol zu setzen, das ist mit dem dritten Axiom gemeint.

5. Die rechte und die linke Hand

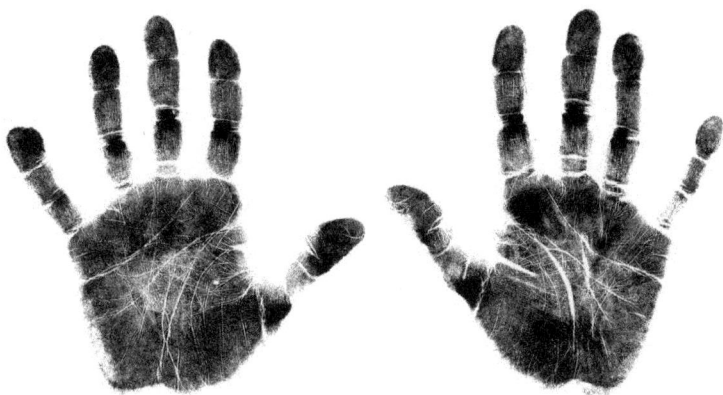

5.1. Beide gleich und doch verschieden

Wenn man seine beiden Hände aufmerksam betrachtet, stellt man oft fest, dass die linke und die rechte Hand nicht ganz gleich aussehen. Bei manchen Menschen unterscheiden sich sogar erheblich voneinander. Auch unsere beiden Gesichtshälften schauen nicht genau gleich aus und unsere Augen auch nicht. Der menschliche Körper ist nicht symmetrisch aufgebaut, die linke und rechte Seite sind immer unterschiedlich ausgeprägt.

Bei der Hand hängt dies natürlich auch davon ab, ob man Rechtshänder oder Linkshänder ist. Die aktivere Hand ist dann etwas muskulärer, stärker und vielleicht auch etwas breiter als die andere. Aber es gibt auch andere Faktoren in der Hand, die sich links und rechts unterscheiden können. Dies ist offen sichtbar bei den Linien im Handteller der Fall, aber auch bei der Handform, den Fingerformen und Fingerabdrücken.

Hat dies eine Bedeutung? Und wenn ja, welche? Sagt die linke Hand etwas anderes aus als die rechte? Handanalytiker sind sich da nicht immer einig und eine abschließende Antwort auf diese Frage kann die moderne Handanalyse bis heute nicht geben. Aber es gibt Tendenzen: Denn aufgrund der linken und der rechten Gehirnhälfte, bei denen es bekannt ist, dass sie die rationale und die kreative Seite im Menschen repräsentieren, kann man auch auf die beiden Körperhälften und insbesondere auf die beiden Hände Rückschlüsse ziehen.

Die rechte Hand zeigt die aktive Seite des Menschen und seine reale Außenwelt bzw. seinen Umgang damit. Die linke Hand steht für die passive Seite des Menschen und seine Innenwelt bzw. seine psychisch-seelische Beschaffenheit. Man kann also zum Beispiel gut ablesen, ob ein Mensch sich auch in der Öffentlichkeit (rechte Hand) so zeigt, wie er sich in seinem privaten Umfeld (linke Hand) bewegt. Sind die Unterschiede zwischen beiden Händen groß, kann dies ein Hinweis darauf sein, dass der Mensch zwei unterschiedliche Wesensanteile in sich trägt und je nach Situation die eine oder andere sichtbar wird. Er könnte beispielsweise als öffentliche Person eine bestimmte Rolle spielen, die er im privaten Umfeld dann wieder ablegt.

Jeder Mensch, egal ob Mann oder Frau, trägt immer sowohl eine männliche, aktive, gebende Seite in sich als auch eine weibliche, passive, empfangende Seite. Jeder Mensch ist sowohl »öffentliche Person« (rechte Hand) als auch »privater Mensch« (linke Hand). Da gibt es den professionellen Eishockeyspieler, der nach seiner Sportkarriere beginnt, künstlerisch tätig zu sein. Oder die Krankenschwester, die in ihrer Freizeit ausgedehnte Touren mit dem Motorrad unternimmt. Wie stark sich die beiden Rollenpositionen voneinander unterscheiden, kann in den beiden Handabdrücken gesehen werden.

Auf jeden Fall gilt, und das wiederum weiß ich aus eigener Erfahrung: Die Verbindung beider Hände und ihrer Eigenschaften zu pflegen, ist der Grundbaustein jedes harmonischen menschlichen Daseins. Es geht um Ausgewogenheit, um Gleichgewicht, Balance. Wie sprichst du dich mit deiner linken und deiner rechten Seite ab? Die Linke arbeitet für die Rechte und umgekehrt. Die Innenwelt wird von der Außenwelt inspiriert und die Außenwelt bildet die Innenwelt ab. Außen und Innen brauchen und bedingen einander. Beide Seiten sind gleichwertig. »Eine Hand wäscht die andere« heißt es so schön. Schenke also beiden Seiten die gleiche Aufmerksamkeit, gib ihnen die gleichen Chancen und die gleichen Rechte. Beide sind real: Suche und finde dein Glück in beiden. Lerne durch die Beobachtung an dir selbst und an anderen. Unterscheide bewusst, welche Rolle du in der Gesellschaft spielen möchtest und was dich als ureigenen Menschen auszeichnet.

5.2. Linke Hand: die Innenwelt

Im Folgenden eine umfangreiche Aufzählung möglicher Eigenschaften, die über die linke Hand repräsentiert werden:

- Zugang zum inneren Selbst
- innere Geborgenheit
- sich von der Intuition leiten lassen
- Beziehung zu sich selbst
- der private, innere Kreis
- die kleine Welt
- die leise Welt
- die weibliche Seite
- die mütterliche Seite
- etwas für sich selbst tun
- mit sich selbst alleine sein
- mit der Aufmerksamkeit bei sich selbst sein
- Innenschau
- Aus-Schalter für die Außenwelt
- Ein-Schalter für die Innenwelt
- das Außen draußen lassen / die Tür schließen
- Erwartung an sich selbst
- Bezug nehmen auf sich selbst
- Selbstkontakt
- Privatsphäre
- Mond-Hand: die emotionale, reflektierende Seite
- die empfangende Seite
- die kontemplative Seite
- die innere Erfahrung

5.3. Rechte Hand: die Außenwelt

Im Folgenden eine umfangreiche Aufzählung möglicher Eigenschaften, die über die rechte Hand repräsentiert werden:

- Zugang zum Du
- Geborgenheit im Außen
- sich von der Vernunft leiten lassen
- Beziehung zur Außenwelt
- der öffentliche, äußere Kreis
- die große Welt
- die laute Welt
- die männliche Seite
- die väterliche Seite
- etwas für andere tun
- in Verbindung / Kontakt mit anderen
- mit der Aufmerksamkeit bei anderen sein
- Außenperspektive
- Aus-Schalter für die Innenwelt
- Ein-Schalter für die Außenwelt
- das Außen reinlassen, die Tür ist offen
- Erwartungen an andere
- Bezug nehmen auf andere
- Fremdkontakt
- öffentliche Angelegenheiten
- Sonnen-Hand: die geistige Seite
- die gebende Seite
- die ausführende Instanz
- die äußere Realisierung

6. Obere und untere Handhälfte

6.1. Nördliche und südliche Hemisphäre

Eine Hand lässt sich in eine untere und in eine obere Hälfte gliedern. Die horizontale Linie wird mitte Mars durchgezogen, in der Mitte zwischen dem oberen Ansatz der Lebenslinie und dem Winkel wo der Daumen angesetzt ist. Siehe Bild auf S. 66.

Die Einteilung in eine obere, nördliche Hemisphäre und eine untere, südliche Hemisphäre verschafft uns in der Handanalyse einen ersten Überblick über die Energieverteilung im Wesen eines Menschen. Bei manchen Händen sehen wir keine bemerkenswerten Unterschiede in der Volumenverteilung von nördlicher oder südlicher Hemisphäre, in anderen hingegen schon.

Die untere Seite der Hand nenne ich den »warmen, emotionalen Süden«, die obere Hälfte, zu der auch die Finger gehören, den »kühlen, mentalen Norden«.

Was einen Menschen in seinem Inneren bewegt, zeigt sich im Süden der Hand: das Unbewusste, das Gemüt, der Instinkt, der Trieb. Was er nach außen hin darstellt, zeigt sich im Norden der Hand: das Bewusste, das Mentale, das Rationale, der Geist.

Es stehen sich also im übertragenen Sinn die unbewusste Unterwelt und die bewusste Oberwelt gegenüber. Im Handabdruck zeigt sich die Volumenverteilung deutlich: In welcher Welt lebt dieser Mensch mehr? Ist er eher ein instinktiver Mensch oder mehr ein rationaler? Agiert er mehr aus dem Unbewussten heraus oder mehr aus dem bewussten Bereich seines Seins? In welcher Hemisphäre ist mehr Energie? Im Norden oder im Süden? Oder stehen sich beide gleichberechtigt gegenüber?

Sieht man einen schmalen oder gequetscht wirkenden Süden, dann schenkt dieser Mensch wahrscheinlich seinen körperlichen, gemüthaften und sinnlichen Bedürfnissen zu wenig Aufmerksamkeit. Seine Lebensenergie wirkt dann – je nachdem wie der nördliche Teil seiner Hand aussieht – mehr im Geistigen und in seinen Plänen. Er schwebt in höheren Sphären, hat aber keine Bodenhaftung. Das kann das grundsätzliche Wesen eines Menschen sein, oder es zeigt sich hier ein Ungleichgewicht: Ein karges Dasein, in dem Genuss, Spiel, Spaß und Vergnügen viel zu kurz kommen.

Sieht man eine satte, breite südliche Hemisphäre, aber eher kleine und wackelig wirkende Finger, dann ist es wahrscheinlich, dass dieser Mensch seiner geistigen Ausrichtung, seiner Sinnfrage im Leben und seinen Zielen zu wenig Aufmerksamkeit schenkt. Seine Energie ist dann mehr auf die Befriedigung seiner unmittelbaren und sinnlichen Bedürfnisse ausgerichtet. Er lebt zwar zufrieden im Hier und Jetzt, verspürt aber kein Bedürfnis, sich mit seinen Zielen oder mit dem Sinn seines Lebens auseinanderzusetzen. Er bleibt im Materiellen hängen und erreicht nur selten den geistigen Bereich.

Es ist wichtig, sowohl dem geistigen Norden als auch dem gemüthaften Süden eine ausgewogene Aufmerksamkeit zu schenken und beide auszuleben. Jeder Mensch ist aufgefordert, auf seine individuelle Art ein gesundes Gleichgewicht zwischen seiner geistigen und seiner gemüthaften Welt herzustellen. Extreme Zeiten, in denen sich das Pendel stark auf die eine oder die andere Seite bewegt, sind Bestandteil unseres Lebens und Teil unsres Weges. Aber wenn wir zu lange in einen Extrem verharren, kann es uns krank machen. Daher ist es wichtig, sich dessen bewusst zu sein.

Wir achten in der Handanalyse zuerst auf die Verteilung von Masse, Form und Volumen, später dann auf die Lage und Menge der Haupt- und Nebenlinien in den beiden Sphären.

Norden:
Aussen/Erreichen und
Innen/Entdecken

Süden:
Aussen/Tun und
Innen/Sein

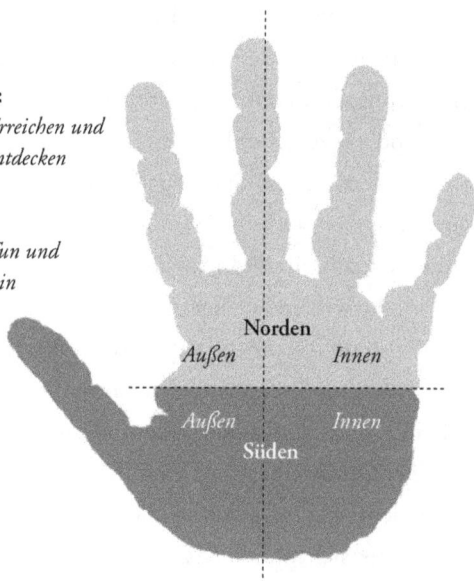

Norden
Außen | *Innen*

Außen | *Innen*
Süden

Übung mit dem Lutschbonbon:

Wähle aus den unten stehenden Abschnitten einen Begriff (oder mehrere) aus und wende die Technik an, wie ich sie in Kapitel 4.3 beschrieben habe. Lutsche zuerst jedes Wort einzeln und dann in selbst gewählten Kombinationen.

Schreibe gleich alles auf, was dir in den Sinn kommt. Achte immer auf deine Gefühlslage und auf deine inneren Bilder: Wo öffnet sich dein Herz und dein Brustkorb und wo schließt er sich und wird schwer? Spiele mit den Aufzählungen, lies sie zum Beispiel in einem

Zug durch und lasse dann die geballte Ladung auf dich wirken. Oder wähle einen einzelnen Begriff und tauche dann ganz tief in seine Energie ein.

Jedes Wort ist beseelt und eröffnet Welten.

6.2. Der kühle, mentale Norden

6.2.1. Eigenschaften

Haben wir Träume und Ziele im Leben? Gibt es eine Vision, die uns antreibt, und sehen wir einen Sinn in unserem Dasein? Sind wir ambitioniert, konzentriert, fokussiert, ja vielleicht sogar ehrgeizig? Trauen wir uns etwas zu und riskieren wir etwas? Sind wir mutig genug, unseren selbst gewählten Weg zu gehen und uns davon nicht so schnell abbringen zu lassen? Wer diese Fragen mit ja beantworten kann, wird wahrscheinlich eine gut ausgeprägte nördliche Hemisphäre in seiner Hand aufweisen.

Oder ist es gerade andersherum: Leben wir sehr im Moment? Leben wir in den Tag hinein und nehmen alles, wie es gerade kommt? Lassen wir uns schnell ablenken oder sogar vor den Karren anderer spannen? Essen, trinken, lieben, träumen und genießen wir das Leben in seinen vielfältigen sinnlichen Facetten, ohne ein höheres Ziel vor Augen zu haben? Wenn wir uns nicht auf ein geistiges Ziel ausrichten und uns stattdessen hauptsächlich nach anderen oder einer äußeren Norm richten, können unsere eigenen Fähigkeiten mit der Zeit verkümmern. Wir kultivieren dann unsere mentalen Gaben nicht, richten unser Leben nicht auf ein bestimmtes Ziel aus und dümpeln vor uns hin. Wer so lebt, hat oftmals wenig Spannkraft in der oberen Handhälfte. Die Finger wirken im Abdruck krumm und wackelig.

Aspekte:

Geist – Himmel – geistige Inspiration – alles Gute kommt von oben – die Gedanken sind frei – hier hebst du ab – Höhenflüge – hoch hinaus wollen – im Hoch sein – den Kontakt nach oben suchen – von oben nach unten agieren und schauen – das Leichte – das Elektrisierende – das geistige Paradies – Philosophie – Freiheit – Denken – Verstehen – Erklärungen – Lernen Wissen – Unterscheiden – Philosophieren – Vorbilder – Weltbilder – Inspirationen – Ideen – Lösungen – Visionen – Träume Utopien – Neuheiten – Konzepte

6.2.2. Zu viel nördliche Hemisphäre:

Verlust der Bodenhaftung – will zu hoch hinaus – Hochmut Wahnsinn – Größenwahn – abgehoben – gefühlskalt – distanziert – ignorant – oberflächlich – verzettelt – zerstreut – gefangen in der virtuellen Welt – gefangen in Illusionen – »Mindfuck« – Redeschwall – schnelllebig – immer wieder auf etwas fixiert – fehlender Bezug zum Innenleben

6.2.3. Zu wenig nördliche Hemisphäre:

Nichts hinterfragen – leichtgläubig sein – hörig sein – nicht selbstständig denken – Mitläufer sein – nur Triviales zählt Produkt des wirtschaftlichen Systems sein – keine geistigen Höhenflüge – geistiger Tiefflieger – ideenlos – unkreativ – enge Ansichten – enger Horizont – spricht immer über das Gleiche unüberlegt – stumpfsinnig – intolerant – voller Vorurteile stur – einseitig

6.3. Der warme, emotionale Süden

6.3.1. Eigenschaften

Nehmen wir unsere körperlichen, sinnlichen und emotionalen Bedürfnisse wahr? Erleben, befriedigen und kultivieren wir sie? Teilen wir sie mit anderen und teilen wir sie ihnen mit? Sehen wir unsere inneren (An-)Triebe als starke innere Kraft, die uns zu beglückenden Erlebnissen verhilft? Ist uns bewusst, woher unsere Energie kommt? Kreative Betätigungen, wie malen, töpfern, singen, tanzen, Sport betreiben, sind wunderbare Kanäle, um unsere inneren Energien im Fluss zu behalten. In der Chinesischen Medizin sagt man dazu: »das Qi im Fluss halten«. Oder ist es gerade andersherum: Schlucken wir unsere Emotionen herunter, weil wir Angst vor Konfrontationen haben? Ignorieren wir unsere triebhaften Bedürfnisse, die sich dann im Körper anstauen? Es ist, wie wenn jemand im Wasser untergetaucht wäre und wieder auftauchen möchte, ihn jemand oder etwas aber unten hält. Wir Menschen ersticken oft unsere Gefühle im Keim, vor allem, wenn sie uns im gut eingerichteten Leben in die Quere kommen. Wir verdrängen sie ins Unbewusste – in der Hoffnung, dass sie uns dann in Ruhe lassen – was natürlich nicht der Fall ist. Mit der Zeit sind emotionale Ausbrüche, Jähzorn oder aber Depression und Verbitterung die Folge. Wenn wir aber »voll im Saft« stehen wollen, sollten wir unsere emotionalen Energien auch in uns hochkommen lassen. Die Kunst ist, sie auf gesunde Weise zum Ausdruck zu bringen.

Aspekte:

Materie und Erde (irdische und reale Sphäre) – unmittelbare Erfahrungen und Eingebungen – sich von unten und innen nähren und orientieren – Kontakt nach unten und innen su-

chen – von unten nach oben agieren – von innen nach außen
handeln – aus dem Bauch heraus – von Grund auf ehrlich sein
in der Tiefe sein – Tiefenwahrnehmung – die innere Anbindung
und Rückverbindung – runterkommen – Bodenhaftung und
Verbindung zur Erde – Wahrnehmung des Körpers mit seinen
Bedürfnissen – Emotionen – physische Nahrung – Gesundheit
und Vitalität – aufnehmen – annehmen – verarbeiten – verdau-
en – ohne Grund glücklich und zufrieden sein – das Paradies
auf Erden erleben – grundlose Lebensfreude – die innere Fülle
und Erfüllung – sich in seiner Haut wohlfühlen – locker und
entspannt – weich – rhythmisch – der federnde Gang – das
Sinnliche – berauscht vom Leben sein – Trance – Rausch der
Tiefe – das Momentum – drin sein – im Flow sein

6.3.2. Zu viel südliche Hemisphäre:
Genusssucht – Konsumsucht – Sexsucht – Sucht auf allen
Ebenen – Berauschtheit – Maßlosigkeit – Unkontrolliertheit
Desillusioniertheit – Dekadenz – Unkultiviertheit – Stumpf-
sinn – sich gehen lassen – versumpfen – Gier – Begierde – Maß-
losigkeit – Sodom und Gomorra – Völlerei – Eifersucht Neid
Trägheit – Faulheit – Bequemlichkeit – Langsamkeit – Schwere
Impulslosigkeit – total gechillte Base – nichts bringt dich aus
der Fassung

6.3.3. Zu wenig südliche Hemisphäre:
Härte – Strenge – Kargheit – steif – nicht genießen können
ernst – kritisch – intolerant – gereizt – nervenschwach – freud-
los – leblos – energielos – armselig – sinnesarm – realistisch
nüchtern – einsam – geizig – kontrolliert – unnahbar – unerreichbar – verschlossen – undurchdringbar

7. Äußere und innere Handhälfte

7.1. Erfolgswelt versus Prozesswelt

Eine Hand kann nicht nur horizontal, sondern auch vertikal in eine Außen- und eine Innenseite aufgeteilt werden. Mit der Innenseite ist aber nicht der Handteller gemeint und mit der Außenseite nicht der Handrücken – es liegen beide Seiten im Handteller: Man legt beide Hände mit dem Handteller nach oben vor sich nebeneinander, sodass die beiden Daumen außen und die beiden kleinen Finger innen liegen.

Für die Beobachtung der Volumenverteilung zwischen der Außen- und der Innenhand ziehen wir also eine vertikale Linie vom Mittelfinger bis zur Handwurzel.

Die Außenseite mit dem Daumen nenne ich »ergebnisorientierte Greifhand«, die Innenseite mit dem Handballen »prozessorientierte Flughand«.

Der Daumen steht, wie in Kapitel 10 ausführlicher beschrieben, für Wille zum Erfolg, Tatkraft, zupacken können, sich anstrengen und Kontrolle. Die Hand kann nur dank des Daumens etwas festhalten und loslassen. Zudem ermöglicht der Daumen das feine Führen von Instrumenten – in grundsätzlicher Unterscheidung zum Tier. Darum repräsentiert die äußere Handhälfte der die ergebnisorientierte Seite im menschlichen Wesen.

Der kleine Finger steht, wie in Kapitel 11 ausführlicher beschrieben, für Austausch und Kommunikation. Hier geht es nicht darum, sich auf ein bestimmtes Resultat zu fokussieren oder ein gestecktes Ziel zu erreichen. Vielmehr zählt die Freude am Kontakt, das Spielen und Ausprobieren, das freie Fließen. Darum repräsentiert die innere Handhälfte die prozessorientierte Seite im menschlichen Wesen.

Es stehen sich also auf Erfolg und Status (außen) ausgerichtete Leistungswelt und auf Kreativität, Spiritualität und Beziehung ausgerichtete Prozesswelt (innen) gegenüber. Doch beide sind gleich wichtig. Der Handabdruck zeigt die Volumenverteilung bereits deutlich: Will der Mensch die Ergebnisse unmittelbar sofort sehen, aber den Weg dorthin nicht gehen? Oder bleibt er zu lange im Experimentieren und Probieren stecken und kommt nie an seinem Ziel an? Dies ist einerseits abhängig von Veranlagung und Wesen des Menschen, andererseits vom kulturellen und sozialen Umfeld, das diesen Menschen beeinflusst. Gerade in unserer westlichen Kultur sehe ich häufig Hände mit einer ausgeprägten ergebnisorientierten Außenseite. Kein Wunder, wenn messbare Leistung und sichtbare Resultat in der Gesellschaft wesentlich mehr Bedeutung haben als zielloses Treiben, Muße, absichtslose Kreativität und spielerisches Tüfteln. Doch eigentlich wissen wir: ohne Raupe keinen Schmetterling.

In der Handanalyse achten wir zuerst auf die Verteilung von Masse, Form und Volumen in der ersten Schicht, später dann auch auf die Lage und Menge der Haupt- und Nebenlinien (dritte Schicht) und die Verteilung der Fingerabdrücke und der Dermatoglyphen im Handteller (zweite Schicht / LifePrints®).

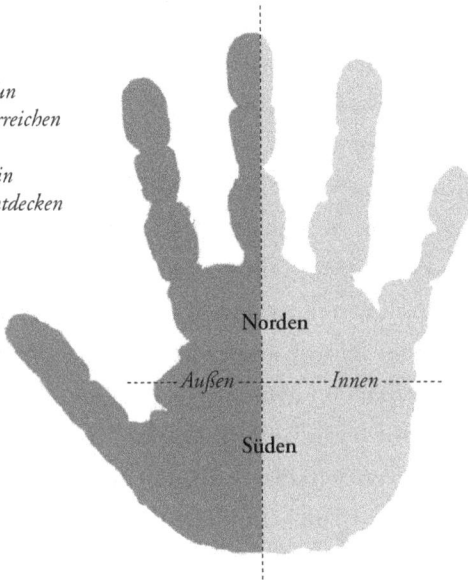

Aussen/Tun
Aussen/Erreichen
und
Innen/Sein
Innen/Entdecken

Norden

Außen · · · · · · · · · · · Innen · · · · · · ·

Süden

Übung mit dem Lutschbonbon:

*Wähle aus den unten stehenden Abschnitten einen Begriff (oder
mehrere) aus und wende die Technik an, wie ich sie in Kapitel 4.3
beschrieben habe. Lutsche zuerst jedes Wort einzeln und dann in
selbst gewählten Kombinationen.*

*Schreibe gleich alles auf, was dir in den Sinn kommt. Achte immer
auf deine Gefühlslage und auf deine inneren Bilder: Wo öffnet sich
dein Herz und dein Brustkorb und wo schließt er sich und wird
schwer? Spiele mit den Aufzählungen, lies sie zum Beispiel in einem
Zug durch und lasse dann die geballte Ladung auf dich wirken.
Oder wähle einen einzelnen Begriff und tauche dann ganz tief in
seine Energie ein.*

Jedes Wort ist beseelt und eröffnet Welten.

7.2. Die äußere Handhälfte – ergebnisorientierte Greifhand

7.2.1. Eigenschaften

Menschen, die mehr Volumen in ihrer äußeren Handhälfte haben, geht es also vor allem um ihre höchstmögliche Leistung und den bestmöglichen Erfolg im Leben. Neben dem Erreichen von Zielen ist ihnen auch das Besitzen von Dingen, Sicherheiten oder Statussymbole wichtig. Dabei sind sie sehr fokussiert, strebsam und oft auch ungeduldig. Sie sind getrieben, ihr gestecktes Ziel möglichst schnell zu erreichen. Dafür andere Menschen einzusetzen und sie zu manipulieren und kontrollieren, ist nichts anderes als Mittel zum Zweck. Außerdem kann sich Gier zeigen: Das, was man bereits hat, genügt nicht, es muss immer noch mehr und noch mehr sein.

Menschen mit einer ausgeprägten Außenhand tendieren in ihren Bestrebungen nach Geld, Besitz oder sonstigen weltlichen Dingen, nach Erfolg und Anerkennung oder auch danach, andere Menschen zu benutzen. Daher kommt der Begriff »Greifhand«.

Es stellen sich für sie daher sinnvollere Fragen: Kann ich mich auch einmal der Muße und dem Spiel hingeben? Kann ich auch einmal alles hängen lassen und mich entspannen? Erlaube ich es mir, gelassen zu sein, ohne dass alles, was ich tue, zu einem bestimmten Resultat führt oder einen bestimmten Zweck erfüllt? Oder genügt es auch, nur Freude daran zu haben? Muss jedes Gespräch, das ich führe, einen tieferen Sinn haben, oder kann ich ab und zu eine leichte Konversation genießen?

Aspekte:

Resultate – Ergebnisse – Leistung – Erreichen – Disziplin – Eroberung – Verbessern – Ehrgeiz – Fordern – Wollen – Ansprüche Messen – Vergleichen – Ursache – Kausalität – Logik – Objektivität – Rationalität – Realität – Materie – Außenwelt Öffentlichkeit – Berufsgesicht – Anstand – Respekt – Diesseits Haben – Besitzen – der Macher – Erschaffen – Schöpferkraft Umsetzungskraft – Haltekraft – Aushalten – Durchhalten Überlebenswille – Willenskraft – aktiv sein – Krafteinsatz Ehrgeiz – Spitzensport

7.2.2. Zu viel Greifhand:

Habgier – besitzergreifend – Kontrollzwang – zu ehrgeizig zu egoistisch – sich nie gut genug fühlen – nie genug haben Unzufriedenheit – Sorgen – der Weltenlust verfallen – Enge Zwänge – Neurosen – Müssen – Sollen – hart sein müssen täglich abliefern müssen – sich immer durchbeißen müssen erwachsenen sein müssen – immer stark sein müssen – pflichtgeplagt – im System gefangen – der äußeren Form verfallen die verschlossene Welt – körperliche Leiden – materielle Existenzängste – Leistungszwang – Verspannung – Stress – sich unter Druck fühlen – Festhalten

7.2.3. Zu wenig Greifhand:

Gleichgültigkeit – Mutlosigkeit – Selbstaufgabe – Mitläufer nichts tun für seine Ideale – keine Ziele verfolgen – falsche Bescheidenheit – Minimalist – sich gehen lassen – Träg-heit sich schnell zufriedengeben – Passivität – fehlender Tatendrang sich nicht wehren – alles hinnehmen – Ja und Amen Resignation – Abgestumpftheit – verlorener Lebenswille

7.3. Die innere Handhälfte – prozessorientierte Flughand
7.3.1. Eigenschaften

Bei Menschen, die mehr Volumen in ihrer inneren Handhälfte haben, geht es in ihrem Leben vor allem um ihre höchstmögliche Kreativität, die sie erfahren wollen. Sie folgen einem spirituellen Weg, leben also nach ihren eigenen Werten und nicht nach denen der Gesellschaft. Sie orientieren sich nicht unbedingt an äußeren Zielen oder Idealen, sondern wollen sich frei von all dem fühlen. Sie wollen nichts erreichen, nur sie selbst sein. Ihr Tun ist auf kein bestimmtes Ziel ausgerichtet, kein Weg ist wichtiger als ein anderer. Sie agieren oft in sich versunken und selbstvergessen, spielen wie ein Kind. Sie tauchen immer wieder in den Moment der Ewigkeit ein und erleben, was aus dem Nichts plötzlich auftaucht. Für sie ist alles gut, so, wie es ist, nichts muss aktiv verändert werden, nur passiv betrachtet. Menschen mit einer ausgeprägten Innenhand haben die Tendenz, nach nichts streben zu wollen. Das Leben ist für sie wie Fliegen, sich von der Schwerkraft lösen, abheben und sich mit allem eins fühlen Daher der Begriff »Flughand«.

Es stellen sich für sie aber sinnvollere Fragen: Kann ich mich für eine bestimmte Richtung entscheiden und auch dranbleiben? Wie kann ich die vielen Eindrücke, die ich während meiner inneren Reisen sammle, in der Außenwelt manifestieren, so, dass andere Menschen auch daran teilhaben können? Kann ich meinen Ideen eine konkrete Form geben? Kann ich meine Projekte abschließen, auch wenn sie noch nicht perfekt sind? Bin ich gewillt, in Aktion zu treten und auf ein bestimmtes Ziel hinzuarbeiten? Bin ich es mir wert, Erfolge feiern zu dürfen?

Aspekte:

Entwicklungsprozesse – entspannt sein – gelöst sein, locker sein – Freiheitsgefühl – kreative Tiefe – surrealistisch – Subjektivität – unlogisch – Jenseits – unfassbar – metaphysisch paranormale Welten – Transzendenz – Transfor-mation Wandel – sich immer wieder neu (er-)finden – Selbstexperimente – Selbsterforschung – Selbsterkenntnis – Selbstwahrnehmung – Reflektieren – Glaubensätze wandeln – sich öffnen – neue Lebensweisen entdecken – Fantasie – Unvoreingenommenheit – Unsicherheit aushalten, um Freiheit zu gewinnen – Urvertrauen – Alice im Wunderland – Medialität Verbindung – Privatsphäre – Träumen – Mitteilen – Austausch weich sein – passiv sein – leer sein – aufmerksam sein – wach sein – präsent sein – geschehen lassen – zulassen – loslassen aufnehmen – empfangen – mitgehen – im Hier und Jetzt sein Hingabe – Ruhe – Stille – Innehalten – Kontemplation

7.3.2. Zu viel Flughand:
Illusionen – Weltentfremdung – Selbstentfremdung – Überreflexion – ewiger Sinn-Sucher – Isolation – Vakuum – Auflösung – abgehobenes Künstler-Dasein – abgehobenes spirituelles Dasein – im Spüren und Fühlen verloren – ewiger Frager – hinterfragen – hörig sein – Träumer – instabil sein Abhängigkeit – Süchte – abdriften – wegdriften – Haltlosigkeit Realitätsverlust – unselbstständig sein – abhängig sein

7.3.3. Zu wenig Flughand:
Fantasielosigkeit – gefühllos sein – realitätsfixiert – Banalität Langeweile – Leblosigkeit – Ideenlosigkeit – Humorlosigkeit geistlos sein – kein Entdeckungsdrang – null Faszination – null

Energie – null Interesse – keine Tiefe – keine Kreativität – keine
Spiritualität – keine Neugier – fehlende Persönlichkeit – durchsichtig sein – profillos sein

Übung mit dir selbst:
Strecke beide Arme aus mit der Fingerstellung der Greifhand.
Schwinge deine Arme hinauf und hinunter wie ein Vogel seine
Flügel. Welche Empfindungen kommen in dir hoch? Willst du
zupacken? Willst du etwas greifen, etwas festhalten? Kommen
Gedanken hoch, wie: »Das ist meins! Das will ich haben!«? – Das
repräsentiert die ergebnisorientierte Greifhand: Greifen, um zu
haben, Festhalten, nicht loslassen zu wollen oder zu können.
Strecke nun beide Arme aus mit der Fingerstellung der Flughand.
Welche Empfindungen kommen in dir auf? Schwinge wieder deine
Arme hinauf und hinunter wie ein Vogel seine Flügel. Kommt ein
Gefühl von Abheben-Wollen oder Fliegen-Können in dir auf? Oder
von einem Eintauchen in die Welt der Fantasie? – Das repräsentiert
die prozessorientierte Flughand: nichts wollen, nichts erreichen,
nur da zu sein und in den Träumen zu schweben.

Ich hoffe, du spürst einen Unterschied. Gehe ganz in dein
Fühlen hinein. Lass dir Zeit. Die Kunst ist, diese beiden
Seiten in sich wieder in Harmonie zu bringen. Jeder Mensch
hat diese beiden Seiten. Werde dir bewusst: Was will ich wirk-
lich haben? Was will ich wirklich sein?

Der Mittelfinger repräsentiert die Mitte der Hand
und kann sowohl zur Greifhand als auch zur Flughand
genommen werden. Probiere beide Versionen aus, einmal
mit und einmal ohne den Mittelfinger. Spürst du einen
Unterschied in deiner Gemütslage, wenn der stabilisierende
Mittelfinger miteinbezogen ist oder nicht?

8. Die vier Quadranten in der Hand

8.1. Vier Elemente – Erde, Wasser, Luft und Feuer

Nachdem wir uns mit der mentalen, nördlichen und der emotionalen, südlichen Hemisphäre der Hand sowie mit der äußeren (ergebnisorientierte Greifhand) und inneren Handhälfte
(prozessorientierte Flughand) befasst haben, gehen wir nun
einen Schritt weiter und teilen die Hand in vier Quadranten
ein. Jedem dieser Quadranten können bestimmte charakterliche Eigenschaften zugeschrieben werden, basierend auf den
Eigenschaften der nördlichen, südlichen, äußeren und inneren
Handhälften. Diese verfeinerte Betrachtungsweise führt uns
zu den vier Elementen, welche die Basis von vielen spirituellen
Konzepten unserer abendländischen Kultur sind.

Die Vier-Elemente-Lehre wurde in der griechischen Philosophie etwa im 5. Jahrhundert v. Chr. begründet. Zusammengefasst, besagt diese Lehre, dass alles Leben auf dieser Welt aus
den vier Grundelementen besteht – Erde, Wasser, Luft und
Feuer – und aus jeweils verschiedenen Anteilen dieser Elemente
zusammengesetzt ist. Der Vollständigkeit halber: Es gibt auch
noch ein fünftes Element, die Quintessenz, den sogenannten
»Äther«, aber das ist ein anderes, weitläufiges und spannendes
Thema, auf das wir hier nicht eingehen können.

Von den vier grundsätzlichen Elementen weist jedes, physika-
lisch gesehen, ureigene Eigenschaften auf. Diese können nicht
nur auf das physische, biologische Leben, sondern auch auf das
psychische Innenleben eines Menschen übertragen werden. So
bilden die vier Elemente zum Beispiel auch die Grundlage der
Astrologie, wo sie den zwölf Tierkreiszeichen zugeordnet wer-

den. Auch die zehn Planten bzw. die zehn archetypischen Kräfte aus der griechischen Mythologie können jeweils einem der vier Elemente zugeordnet werden. Die Dynamische Handanalyse arbeitet ebenfalls mit diesen vier Elementen, denn diese Grundprinzipien prägen das Wesen eines jeden Menschen. Jeder hat zu unterschiedlichen Anteilen diese Elemente in sich und diese drücken sich ganz individuell in seiner Persönlichkeit aus.

In unseren Händen zeigen sich die vier Elemente über:

- die vier Quadranten (siehe nächstes Kapitel),
- die Handform, die Form der Finger, der Fingerspitzen und der Fingernägel (siehe Kapitel 8),
- Form, Ausprägung und Anzahl der Linien (dritte Schicht, in Kapitel 9 angedeutet, nicht näher in diesem Buch beschrieben),
- die Typologie der Fingerabdrücke (zweite Schicht/ LifePrints[®], nicht in diesem Buch beschrieben).

8.2. Lage und Bedeutung der Quadranten

Die vier Quadranten werden im Handteller erkennbar, wenn man die horizontale Linie zwischen der südlichen und der nördlichen Hemisphäre und die vertikale Linie zwischen der äußeren Greifhand und der inneren Flughand übereinanderlegt. Daraus entsteht ein Fadenkreuz, welches die Hand in vier Bereiche teilt, in vier Quadranten. Jeder Quadrant repräsentiert eines der vier Elemente und die dazugehörige psychologische Energie.

Element	Lage (1)	Lage (2)	Eigenschaft
Erde	südl. Hemisphäre	Greifhand	tun
Feuer	nördl. Hemisphäre	Greifhand	erreichen
Wasser	südl. Hemisphäre	Flughand	sein
Luft	nördl. Hemisphäre	Flughand	erkennen

Denken

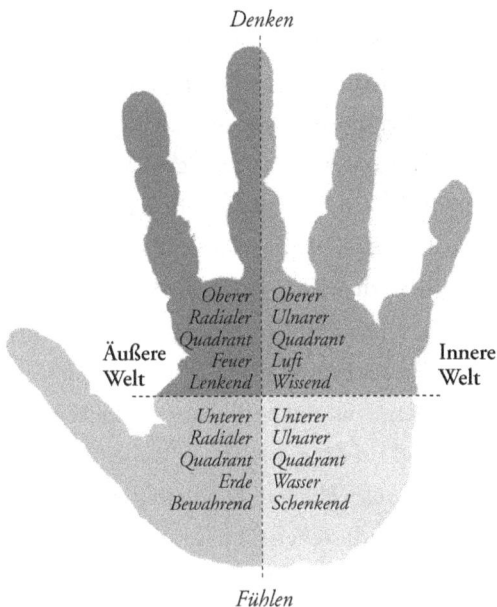

| Äußere Welt | | | Innere Welt |

Oberer Radialer Quadrant Feuer Lenkend

Oberer Ulnarer Quadrant Luft Wissend

Unterer Radialer Quadrant Erde Bewahrend

Unterer Ulnarer Quadrant Wasser Schenkend

Fühlen

Die Vier Quadranten
*Die Hände als Ganzes, wie auch jeder Teil der Hand
können in vier Quadranten geteilt werden.*

1. *Oberer Radialer Quadrant: Zone der Ambitionen
   Denken + Äussere Welt - Element: Feuer*
2. *Oberer Ulnarer Quadrant: Zone der Kreativität
   Denken + Innere Welt - Element: Luft*
3. *Unterer Radialer Quadrant: Zone der Familie
   Gefühle + Äussere Welt - Element: Erde*
4. *Unterer Ulnarer Quadrant: Zone der Spiritualität
   Gefühle + Innere Welt - Element: Wasser*

Jedes Element ist gleichwertig, jedes hat seine ganz eigene Sphäre und Atmosphäre, jedes will durch uns gelebt und ausgedrückt werden. Ob und wie wir dies in ausreichendem Maße tun oder nicht, zeigt sich in der Ausprägung der vier Quadranten. Ist einer der Quadranten stark ausgeprägt, weist dies auf einen Charakter hin, der diese Qualität stark auslebt. Hat also beispielsweise ein Mensch einen stark ausgeprägten Wasser-Quadranten, so ist er sehr verträumt, kindlich, verspielt und introvertiert. Ist der Wasser-Quadrant hingegen schwach ausgeprägt – bei uns westlich geprägten Menschen sieht man das leider oft –, weist dies auf ein Fehlen dieser Eigenschaften hin. Wenn der Erde-Quadrant ausgeprägt ist, lebt der Mensch seine materiell orientierte, sinnliche Seite aus und ist handlungsorientiert. Der Luft-Quadrant steht für eine ausgeprägte Gedankenwelt, der Feuer-Quadrant für hohe Ambitionen.

Alle vier Elemente zusammen bilden ein Gleichgewicht auf der weiblichen und auf der männlichen Ebene: Yin und Yang der Elemente sind ausgeglichen. Die Erde (bewahrend) und das Wasser (schenkend) stehen für das weibliche Prinzip und die Orientierung nach innen. Die Luft (wissend) und das Feuer (lenkend) repräsentieren das männliche Prinzip und den Drang nach außen.

Beim Betrachten der Hand werden also neben den beiden Hemisphären und den beiden Handhälften auch die vier Quadranten auf die Verteilung von Masse, Form und Volumen hin untersucht und miteinander verglichen. Das sind die ersten wichtigen Schritte, die eine Dynamische Handanalyse auszeichnen. Hier können wir mit geschultem Blick rasch erkennen, welche charakterlichen Grundeigenschaften ein Mensch stark auslebt und welche weniger, die er vielleicht sogar unterdrückt. Ob er das aufgrund seines Naturells macht oder weil er sich äußeren Gegebenheiten anpassen muss, ist Thema des Gespräches mit dem Klienten.

Übung für dich selbst:
Lege Musik auf und achte auf die Stimmung, die sie in dir erzeugt. Sie entfaltet sogleich ihre Wirkung, Stimmung und Magie. Durch ein bewusstes Wahrnehmen und über das Wissen, das du über dich selbst hast, kannst du gewünschte Stimmungen in dir erzeugen. Nimm nun deinen Handabdruck und vergleiche die miteinander in Beziehung stehenden vier Quadranten. Welcher ist am stärksten ausgeprägt? Welcher am schwächsten? Wo liegt der Schwerpunkt deiner Veranlagung und wo dein Schwachpunkt?

Mit der Beobachtung der vier Quadranten in einer Hand – dies ist für Anfänger zu Beginn im Handabdruck besser möglich als in der Hand selbst – kann man den vorhandenen Energiehaushalt im Menschen, und wie er diesen nach außen auslebt, sehr gut erkennen. Im Idealfall sind alle vier Quadranten mehr oder weniger gleich stark ausgebildet. In der Praxis ist dies aber oft anders: Der Alltag fordert seinen Tribut und das Leben mit seinen Hochs und Tiefs zeigt seine Spuren. Mit dem Quadranten-System bekommst du einen guten Einblick, in welcher Energie sich jemand vorwiegend bewegt. Im erdverbundenen Tun? Im wässrigen Fühlen? Im feurigen Wollen? Im luftigen Denken?

Das Gleichgewicht dieser vier Quadranten innerhalb seiner Persönlichkeit zu halten und zu beobachten, ist wichtig. Die Volumenverteilung kann sich im Lauf der Zeit verändern. Wenn du also bei einem Ungleichgewicht gezielt an dir und deinem Leben arbeitest, auf einen Ausgleich achtest, kann sich deine Psyche ausgleichen und somit auch deine Volumenverteilung in der Hand.

Im Folgenden sind die Eigenschaften der vier Quadranten mit den zugehörigen Elementen beschrieben. Es werden auch die zugehörigen archetypischen Kräfte benannt, die im folgenden Kapitel dann näher beschrieben werden. Die Grenzziehung zwischen den Quadranten ist nicht immer ganz scharf, darum kann teilweise eine archetypische Kraft in zwei Quadranten anwesend sein.

Übung mit dem Lutschbonbon:

Wähle aus den unten stehenden Abschnitten einen Begriff (oder mehrere) aus und wende die Technik an, wie ich sie in Kapitel 4.3 beschrieben habe. Lutsche zuerst jedes Wort einzeln und dann in selbst gewählten Kombinationen.

Schreibe gleich alles auf, was dir in den Sinn kommt. Achte immer auf deine Gefühlslage und auf deine inneren Bilder: Wo öffnet sich dein Herz und dein Brustkorb und wo schließt er sich und wird schwer? Spiele mit den Aufzählungen, lies sie zum Beispiel in einem Zug durch und lasse dann die geballte Ladung auf dich wirken. Oder wähle einen einzelnen Begriff und tauche dann ganz tief in seine Energie ein.

Jedes Wort ist beseelt und eröffnet Welten.

8.3. Erde-Quadrant

8.3.1. Lage in der Hand

Der Erde-Quadrant befindet sich in der rechten Hand unten rechts beim Daumen, in der linken Hand spiegelverkehrt. Die »Bewohner« dieses Quadranten sind die beiden archetypischen Kräfte »Venus« (Sinnlichkeit, Nähren) und »Mars« (Umsetzung, Wollen). Beschreibungen dazu befinden sich im Kapitel 12.

Je mehr Masse, Form und Volumen in diesem Quadranten vorhanden sind, desto mehr werden folgende Eigenschaften in der Handanalyse ein Thema:

8.3.2. Themen des Erde-Quadranten

das schöne Zuhause – das traute Heim – der blühende Garten die Familie – die Tradition – die Heimat – die besten Freunde der innere Kreis – die Wurzeln – Geborgenheit – Rückhalt die körperlichen Bedürfnisse – sich selbst und anderen Sorge tragen – Essen, Trinken, Bewegung, Erholung – Schutz und Sicherheit für sein Leben – die materiellen Bedürfnisse – etwas erschaffen – etwas erbauen – greifbare Ergebnisse – materielle Sicherheit – Geld – Wertanlagen – Ordnung halten

8.3.3. Eigenschaften der Erde-Energie

bewahrend – Boden – Körper – Materie (lat. mater = Mutter) Haltekraft – gleichbleibend – stabil – belastbar – stark – fest zentriert – verlässlich – berechenbar – beschützend – sicherheitsorientiert – strahlt Vertrautheit aus – still – ruhig – langsam passiv – formbar – ausgewogen – einfach – trocken – hart dicht – schwer – zurückhaltend – beruhigend – bei sich – gesammelt – gebündelt – besonnen – gelassen – geduldig

8.3.4. Zu viel Erde-Energie:

Schwere – Trägheit – Langeweile – Wiederholungen – gleichbleibend – festhaltend – gegen Veränderung – hart – stur – engstirnig – unflexibel – undurchdringlich – macht dicht – verschlossen – beklemmt – erdrückt – ernsthaft – kleinlich – uneinsichtig – nachtragend – misstrauend – alt sein – emotionslos
sein – düster – ertragend sein – festgefahren – verkrampft – ver-
steift – bockig – verstockt – stumpfsinnig – maßregelnd

8.3.5. Zu wenig Erde-Energie:

keine Linie haben – schwankend – unentschlossen – wechselhaft – abgehoben – Formlosigkeit – ohne Profil – Unruhe
inkonsequent – wankelmütig sein – unzuverlässig sein – nicht
greifbar sein – diffus sein – nervös sein – überbordend sein – orientierungslos – widerstandslos – durchsichtig sein – vernebelt
eine Sache nicht zu Ende führen – aufgeben – mutlos

8.4. Wasser-Quadrant
8.4.1. Lage in der Hand

Der Wasser-Quadrant befindet sich in der rechten Hand unten links beim Handballen, in der linken Hand spiegelverkehrt. Die »Bewohner« dieses Quadranten sind die drei archetypischen Kräfte »Mond« (Emotion, Träumen), »Pluto«
(Transformation, Instinkt) und »Neptun« (Urvertrauen, Hingabe). Beschreibungen dazu befinden sich im Kapitel 12.
Je mehr Masse, Form und Volumen in diesem Quadranten vorhanden sind, desto mehr werden folgende Eigenschaften in der
Handanalyse ein Thema:

8.4.2. Themen des Wasser-Quadranten

Bandbreite und Tiefe aller Gefühle und Emotionen – Wissen durch fühlen – das innere Wohlbefinden – heil und ganz sein mit sich und dem Leben im Frieden sein – die Träume – das Unterbewusstsein – der tiefere Sinn – der Inhalt im Leben die Spiritualität – die Kreativität – die Seelennahrung – die Fähigkeit, aufzunehmen – die Welt der Berührung und der inneren Rührung – die innere Gefühlsanbindung – Kind und kindlich sein dürfen

8.4.3. Eigenschaften der Wasser-Energie

schenkend – Gefühle (Herz) – fühlend – Fließkraft – fließend flüssig – instabil – fein – zart – sanft – weich – lieblich – zärtlich rein – reinigend – vertieft – sehnend – verträumt – harmonisch meditativ – schwelgend – wohltuend – bewegt – emotional offen – zugänglich – verbindend – farblos – formlos – geruchlos grenzenlos – hingebend – vertrauend – vergebend – sich ergießend – aufnehmend – aufspürend – können feinste Fibrationen und Schwingungen wahrnehmen - tief – liebevoll – gütig schenkt Auftrieb

8.4.4. Zu viel Wasser-Energie:

Anpassung – schlucken – Ansammlung – aufstauen – verloren sein – Hilflosigkeit – Instabilität – sich gehen lassen wankelmütig – launisch – überempfindlich – schwach – ein Hauch von Nichts – Fragilität – ziehend – saugend – Luft nehmend einengend – einnehmend – erdrückend – verschlingend Maßlosigkeit – grenzenlos – verdrehend – unberechenbar Disharmonie – Chaos – Unruhe – Angst vor Alleinsein Zweckbeziehungen – überfordert mit ihrer Hochsensitivität

8.4.5. Zu wenig Wasser-Energie:

Gefühllosigkeit – Empfindungslosigkeit – Beziehungslosigkeit
Einsamkeit – Freudlosigkeit – Oberflächlichkeit – unsensibel
sein – abweisend sein – spröde sein – zu beherrscht sein – unflexibel – nicht kreativ – Trennung – unglücklich – kontakt-
los kein Urvertrauen – Härte – kontrollierend – abwehrend
Gleichgültigkeit – resistent

8.5. Feuer-Quadrant

8.5.1. Lage in der Hand

Der Feuer-Quadrant befindet sich in der rechten Hand oben
rechts beim Zeigefinger, in der linken Hand spiegelverkehrt.
Die »Bewohner« dieses Quadranten sind die drei archetypischen Kräfte »Mars« (Umsetzung, Wollen), »Jupiter« (Ziele,
Ambitionen) und »Saturn« (Struktur, Verantwortung). Beschreibungen dazu befinden sich im Kapitel 12.
Je mehr Masse, Form und Volumen in diesem Quadranten vorhanden sind, desto mehr werden folgende Eigenschaften in der
Handanalyse ein Thema:

8.5.2. Themen des Feuer-Quadranten

Ziele im Leben – die großen Visionen, Ideale und Träume die
Fähigkeit, Prioritäten zu setzen – die Ambitionen und der
Ehrgeiz – sich und andere motivieren können – Kraft und Mut,
die Initiative zu ergreifen – Entschlossenheit und Disziplin
sich im Leben durchsetzen können – die Konfrontations-
fähigkeit – das Durchhaltevermögen – die Führungskraft – einflussreich sein können – die Freiheit im Leben

8.5.3. Eigenschaften der Feuer-Energie

lenkend – Licht (Leben) – Schubkraft – Energie – Aktivität
vibrierend – elektrisierend – vitalisierend – faszinierend – energetisierend – mitreißend – ansteckend – fröhlich – lebendig
emotional – intensiv – spannungsgeladen – einnehmend
strahlend – offen – authentisch – präsent – kräftig – kreativ
farbig – originell – verspielt – Hier und Jetzt – improvisierend

8.5.4. Zu viel Feuer-Energie:

laut – knallend – explodierend – zerstörend – überhitzt – exzessiv – dramatisch – voreilig – verrückt – durchgeknallt – durchgedreht – überdreht – durchgebrannt – maßlos – hektisch
stressig – nervig – aggressiv – zu fordernd – aufdringlich – provozierend – zu offensiv – überfordernd – grenzüberschreitend
unberechenbar

8.5.5. Zu wenig Feuer-Energie:

energielos – schlaff – träge – tatenlos – müde – teilnahmslos
alles hinnehmend – Resignation – Selbstaufgabe – reagierend
einfallslos – fantasielos – graue Maus – abgelöscht – abgestumpft – antriebslos – innerhalb der Komfortzone bleibend
stagnierend – langweilig

8.6. Luft-Quadrant
8.6.1. Lage in der Hand

Der Luft-Quadrant befindet sich in der rechten Hand oben
links beim kleinen Finger, in der linken Hand spiegelverkehrt.
Die »Bewohner« dieses Quadranten sind die archetypischen
Kräfte »Merkur« (Austausch, Kommunikation), »Apollo« (Authentizität, kreativer Ausdruck), ein Teil von »Pluto« (Transfor-

mation, Instinkt) und »Saturn« (Verantwortung, Struktur) sowie »Uranus« (Inspiration, Evolution). Beschrei-bungen dazu befinden sich im Kapitel 12.

Je mehr Masse, Form und Volumen in diesem Quadranten vorhanden sind, desto mehr werden folgende Eigenschaften in der Handanalyse ein Thema:

8.6.2. Themen des Luft-Quadranten

Kommunikation – Eloquenz – andere Menschen und die Welt erreichen können – der geistige Austausch – seine eigene Wahrheit mitteilen dürfen – das Sendebewusstsein die Redefreiheit – die Meinungsfreiheit – mit sich und der Welt ehrlich sein – sich für die Welt sichtbar machen – die Aufmerksamkeit erlangen – die mentale und geistige Ebene die Welt der Bildung – das Lehren und Vermitteln – der Unterricht – Lösungen und Ideen

8.6.3. Eigenschaften der Luft-Energie

wissend – Denken – geistig – luftig – leicht – schwebend – fliegend – gleitend – Weite – Raum – Freiheit – atmend – offen interessiert – neugierig – klar – klärend – aufklärend – objektiv kommunikativ – verbindend – verknüpfend – beobachtend verstehend – ausgleichend – Selbstreflexion – schnell – inspirierend – fantasievoll – kindliche Freude – beschwingt – heiter Entdeckungsdrang – Fliehkraft

8.6.4. Zu viel Luft-Energie:

Distanziertheit – Unnahbarkeit – Abwesenheit – Unklarheit Ungewissheit – abgehoben – Oberflächlichkeit – Unverbindlichkeit – Unberechenbarkeit – Idealisierung – Überheblichkeit

Arroganz – Sarkasmus – Skrupellosigkeit – Indiskretion, Herzlosigkeit – Kühle – nicht greifbar – überall – unzuverlässig rich-
tungslos – ziellos

8.6.5. *Zu wenig Luft-Energie:*
geistige Abstumpfung – Kopflosigkeit – mangelnde Abstraktion – kein eigenes Denken – unbelehrbar – unflexibel – fehlende Einsicht – Unklarheit – Unwissenheit – Verblödung – diffus sein – Freiheitsverlust – Schweigen – Trennung – Missver-
ständnis – Ignoranz – Desinteresse – Distanz – Langeweile
Blindheit – Vorurteil – Anhaftung

8.7. Psychologischer Exkurs: Tanz der vier Elemente
Gandalf – eine der Hauptfiguren in dem Film »Herr der Ringe« – kämpft in einer Szene mit einem brennenden Teufel und
sagt danach: »Ich bin durch Feuer und Wasser gefallen und ge-
storben und wieder auferstanden. Vorher war ich Gandalf der
Graue, jetzt bin ich Gandalf der Weiße.«
Haben nicht Feuer und Wasser die höchste Reinigungskraft?
Wird Wäsche nicht mit kochendem Wasser bei 95 °C gewa-
schen, damit sie ganz rein und sauber wird? Und das gilt nicht
nur für die materielle Ebene, auch in seelischer Hinsicht sind
es die emotionalen, unkontrollierbaren Energien »Feuer« und
»Wasser«, die uns – einzeln und in Kombination – am stärksten
reinigen und transformieren. Luft hingegen klärt, Erde wiederum festigt. So hat jedes Element eine andere Aufgabe in dem
ewigen Kreislauf des Lebens. Was bedeutet das?
Schamanen bzw. Magier lassen die Dinge geschehen, lassen
die Veränderung zu und geben sich ihrer inneren und äußeren
Natur hin. Sie schauen erwartungslos zu, sehen, was passiert,

und lernen daraus. Es sind magische Momente im Leben, wenn etwas geschieht, das man nicht mit seinem Willen herbeiführen kann. Ein Magier gibt die Kontrolle ab, lässt sich führen und lebt nach dem Leitsatz: »Dein Wille geschehe!« Im Gegensatz dazu steht der Zauberer – dieser arbeitet sehr bewusst mit seinem eigenen Willen, also nach dem Leitsatz: »Mein Wille geschehe!«

Wir Menschen verhalten uns eher wie – schlechte – Zauberer, denn wir arbeiten nicht bewusst mit unserem Willen und unserer Gedankenkraft. Wir visualisieren und manifestieren die von uns erwünschten Dinge und Zustände nicht so bewusst, wie wir es könnten. Und von der höheren Stufe des magischen Bewusstseins – den Dingen ihren Lauf zu lassen, weil alles in seine richtige Ordnung fällt, wenn wir loslassen – sind wir weit entfernt. Vielmehr vollführen wir einen stetigen Tanz mit den vier Elementen und damit verbunden mit den beiden Polen von »Mein Wille geschehe« und »Dein Wille geschehe«. Dies kann uns innerlich manchmal fast zerreißen.

Der Mensch manifestiert mit seiner Geisteskraft grundsätzlich immer irgendeinen Zustand in der äußeren Welt, aber in der Regel ist er sich dessen überhaupt nicht bewusst. Wenn etwas schiefläuft, gibt er jemand anderem die Schuld dafür – im Sinne von »Pech gehabt« oder »dumm gelaufen«. Aber man muss sich bewusst machen: Das Leben ist nicht etwas, das einem einfach so passiert. Das Leben sendet dir permanent Botschaften, es ist im Außen andauernd ein Spiegelbild dessen, was in deinem Inneren abläuft.

Der Tanz der vier Elemente findet sowohl in deiner Innenwelt als auch in deiner Außenwelt statt. Je bewusster du dir deiner selbst wirst, deiner Ziele, Wünsche, deines Daseins-Sinnes, umso mehr kannst du mit den Elementen spielen und umso weniger wirst du von ihnen und ihrem Spiel dominiert.

9. Die erste Schicht: Verkehrsregeln der Hand

9.1. Die Handform: Welches Temperament habe ich?

In diesem Kapitel bleiben wir bei den vier Elementen, wenden sie aber nun etwas anders an. Denn die vier Elemente zeigen sich nicht nur in der Ausprägung der Quadranten, sondern generell auch in der Form der Hand. Die Handform zeigt das grundlegende Temperament eines Menschen an, im Gegensatz zu den vier Quadranten, die auf die mehr oder weniger gelebten Eigenschaften eines Menschen hinweisen.

Sowohl die Quadranten als auch die Form der Hand betreffend, greifen wir auf die vier Elemente als Grundlage zurück, aber: Quadranten = die mehr oder weniger gelebten Eigenschaften des Menschen
Handform = das grundlegende Temperament eines Menschen

Handformen zu lesen, ist einer der spannendsten Aspekte der Handanalyse, aber nach meiner Erfahrung auch einer der schwierigsten. Selbst erfahrene Handleser sind sich bei der einen oder anderen Hand manchmal nicht ganz einig. Denn eine Handform ist immer so einzigartig wie das Wesen des Menschen. Mit der Form der Hand sind immer sowohl der Handteller als auch die Finger gemeint. Sie besteht immer aus einer ganz individuellen Mischung der Elemente Erde, Wasser, Luft und Feuer. Die »reine« Form (nur ein Element) gibt es natürlich auch. Sie ist relativ leicht zu erkennen, tritt aber eher selten auf.

Im vorherigen Kapitel habe ich die vier Elemente im Zusammenhang mit den vier Quadranten beschrieben. Bei der Bestimmung der Handform schaue ich aber nicht auf die Quadranten, sondern auf die Hand insgesamt. Man kann nicht unbedingt von der Ausprägung der Quadranten auf die Handform schließen. So kann jemand zum Beispiel eine Handform mit viel Wasser- und Luft-Energie aufweisen, aber einen ausgeprägten Erde-Quadranten haben. Natürlich ist es nicht selten so, dass eine Feuer-Hand einen ausgeprägten Feuer-Quadranten hat. Aber das ist eben nicht immer der Fall. Hier beginnt das geschulte Beobachten und Kombinieren mehrerer Informationen.

Es braucht viel Geduld, Übung und ein scharfes Auge, um die Form einer Hand richtig bestimmen zu können. Um diese Fertigkeiten zu erlangen, bedarf es einer profunden Ausbildung und vieler praktischen Anwendungen. Das *Drei-Schichten-Modell* ist nun eine Methode, mit der man schnelle Fortschritte im Erkennen von Handformen erzielen kann. Und sie kann den Einstieg in das selbstständige Üben vereinfachen. Einen erfahrenen Lehrer zur Seite zu haben, ist natürlich hilfreich, denn er kann dir bei Fragen eine Rückmeldung geben und so kannst du dein Auge immer besser schulen. Gerade für Anfänger ist es anhand des Abdruckes oft einfacher, die Handform zu erkennen, als bei der originalen Hand, vor allem, wenn sie eine Mischform aufweist.

In den folgenden Kapiteln beschreibe ich die wichtigsten Eigenschaften einer reinen Handform, Mischformen werden in diesem Buch nicht thematisiert. Mein Ziel ist, dass du eine einfache Handform bestimmen und Rückschlüsse auf das entsprechende Grundtemperament eines Menschen ziehen kannst.

9.1.1. Erde-Indizien

Eine typische Erde-Hand weist folgende Eigenschaften auf:
breiter und quadratischer Handteller – kurze und kräftige
Finger – eher quadratische Fingerzonen und Fingernägel – quadratische Form der Fingerspitzen – tiefe, grobe, kurze und wenige Linien – sehr ruhig und aufgeräumt wirkendes Liniennetz
Hautbeschaffenheit ist eher rau und dick – die Hand und die
Finger sind insgesamt eher hart und unflexibel.

9.1.2. Wasser-Indizien

Eine typische Wasser-Hand weist folgende Eigenschaften auf:
sehr schmaler Handteller – länglicher, unförmiger und rundlicher Handteller – lange, schmale, zarte und unförmige Finger (wie Schilfrohr) – schmale und längliche Fingerzonen und
Fingernägel – konische Form der Fingerspitzen (mit spitzer
Tendenz) – viele, feine, seidenartige und gebogene Linien
chaotisch wirkendes Liniennetz – Hautbeschaffenheit ist fein
und dünn – Hand und Finger sind eher weich und flexibel.

9.1.3. Feuer-Indizien

Eine typische Feuer-Hand weist folgende Eigenschaften auf:
langer, unförmiger und eher breiter Handteller, der nach oben
hin ganz wenig schmaler wird – kurze und kräftige Finger
unförmige, runde und eher quadratische Fingerzonen – spatelförmige (trapezförmige) Fingernägel – spatelförmige
Fingerspitzen (rund, traubenförmig, wie Streichholzköpfe)
viele, tiefe, grobe, kurze, eher runde Linien (wie von Zorro
gezeichnet) – chaotisch wirkendes Liniennetz – Hautbeschaffenheit ist eher rau und dick – die Hand und die Finger sind
insgesamt eher hart und unflexibel.

9.1.4. Luft-Indizien

Eine typische Luft-Hand weist folgende Eigenschaften auf:

länglicher, rechteckiger Handteller (die ganze Hand hat eine Form wie eine Schuhschachtel) – lange und rechteckige Finger rechteckige, längliche Fingerzonen und Fingernägel – konische Fingerspitzen (mit rundlicher Tendenz) – nicht viele, aber auch nicht wenige Linien, gerade, lang und klar – eher aufgeräumt wirkendes Liniennetz – Hautbeschaffenheit ist eher fein und dünn – die Hand und die Finger sind insgesamt eher hart und unflexibel.

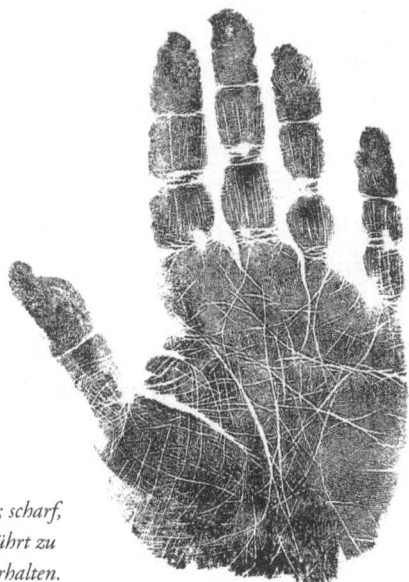

*Feuerlinie; scharf,
staccato führt zu
feurigem Verhalten.*

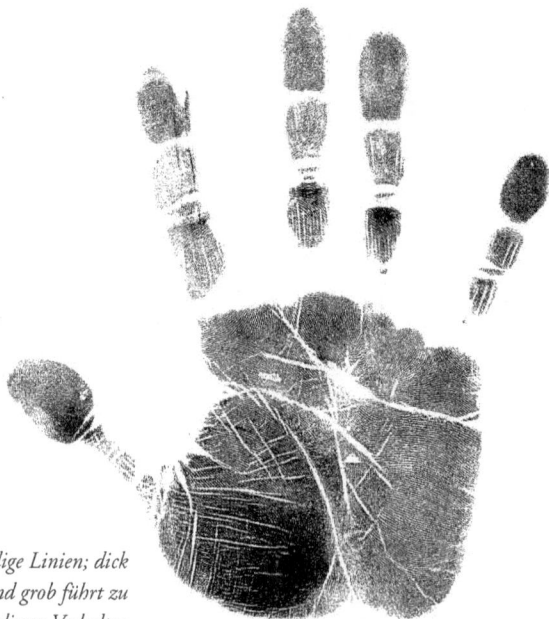

*Erdige Linien; dick
und grob führt zu
erdigem Verhalten.*

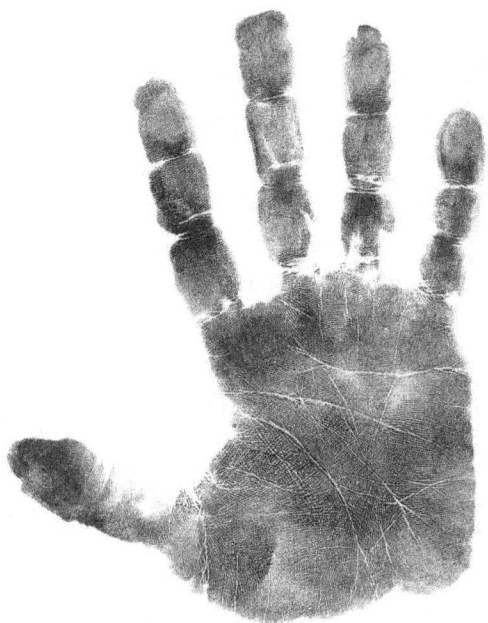

Luftlinien; lang, sorgfältig gezogen führt zu mentalem Verhalten.

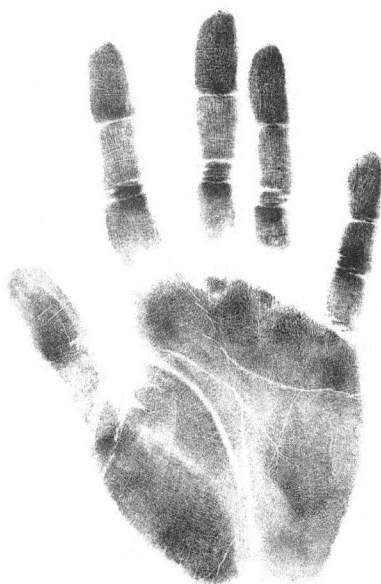

Wasserlinien; fein, seidenartig führt zu emotionalem Verhalten.

9.2. Breite der Hand: Wie stabil bin ich?

Die Breite der Hand gibt Auskunft über die innere Stabilität, die Standhaftigkeit und Ausdehnungskraft eines Menschen. Sie zeigt, wie stark sich ein Mensch mit dem, was er tut, oder mit dem, was er ist, sich in der Welt sichtbar ausbreiten möchte. Je breiter die Form, desto mehr Erdung im Leben ist vorhanden.

Je breiter ein Handteller ist oder die Finger sind, desto boden-ständiger ist ein Mensch. Negativ ausgelebt, bedeutet das: Den Betroffenen kann es oft schwerfallen, flexibel zu agieren oder sich auf sich verändernde Situationen einzustellen. Sie können stur oder bequem sein – oder beides. Die positiven Seiten sind: treu, verlässlich, praktisch, beharrlich, zuverlässig.

Die Steigerung in der Breite:
1. Erde (am breitesten)
2. Feuer
3. Luft
4. Wasser (am schmalsten)

Je breiter also Handteller und Finger sind, umso mehr befinden wir uns im Element »Erde«. Je schmaler Handteller und Finger sind, umso mehr sind wir im Element des formlosen Wassers. Letzteres ist widerstandslos, anschmiegsam und sehr anpas-sungsfähig. Zu viel Anpassung an die äußeren Umstände kann aber auch zu Identitätsverlust, fehlendem Profil und farblosem Dasein führen.

9.3. Länge der Hand: Wie lange denke ich nach?

Die Länge der Hand gibt Auskunft über die vorhandene menta-le Kraft eines Menschen. Je länger der Handteller und die Finger insgesamt sind, auch die einzelnen Fingerzonen oder eine Linie im Handteller (dritte Schicht), desto mehr zeugt dies von einer nach oben, zum Geistigen, zum Denken ausgerichteten Energie und – je nachdem – auch von hoher Konzentrationsfähigkeit. Je länger eine Hand oder ein Finger ist, umso stärker zeigt sich, dass sich jemand viele Gedanken macht, entweder in seinem Leben generell, das ist bei einer klassischen Luft-Hand der Fall, oder in einem bestimmten Themenbereich (siehe Kapitel 11).

Die Steigerung in der Länge:	1. Luft (am längsten)
	2. Wasser
	3. Feuer
	4. Erde (am kürzesten)

Je kürzer und breiter der Handteller ist, desto mehr weist der Charakter dieses Menschen das bodenständige Element »Erde« auf. Also: Je breiter und kürzer, desto archaischer ist das Wesen. Umgekehrt gilt: Je schmaler und länger der Handteller ist, desto mentaler und ätherischer ist die energetische Ausrichtung. Eine weitere wichtige Beobachtung ist der Vergleich des Handtellers mit den Fingern: Ist der Handteller länger, gleich lang oder kürzer als die Finger? Diese Frage kann man zusammengefasst folgendermaßen beantworten:

- Lange Finger mit einem länglichen und rechteckigen Handteller führen in das Gebiet des Elements »Luft«.
- Lange Finger mit einem länglichen, schmalen und unförmigen Handteller zeugen vom Element »Wasser«.
- Kurze Finger mit einem langen, runden und unförmigen Handteller weisen auf das Element »Feuer« hin.
- Kurze Finger mit einem kurzen und quadratischen Handteller zeugen vom Element »Erde«.

9.4. Volumen der Hand: Wie viel Energie steckt in mir?

Das Volumen gibt Auskunft über den vorhandenen Energiehaushalt in einem Menschen. Es ist einer der aussagekräftigsten
Faktoren in der Hand und wird daher etwas ausführlicher beschrieben.

Je größer das Volumen des gesamten Handtellers und aller Finger ist, desto robuster ist ein Mensch generell. Es zeigt
sich dann viel tragende Energie in einem Menschen und hohe
Widerstandskraft. Diese Hand bzw. dieses Temperament ist
im Element »Erde« zu Hause. Solche Menschen stehen voll im
Leben, sind sehr belastbar und verfügen über stützende und
ausharrende Kraft. Sie kommen langsamer voran als andere,
dafür bleiben sie ausdauernd an einer Sache dran. Sie lassen sich
nicht schnell aus der Bahn werfen.

Hände mit sehr vollem Volumen haben auch Babys und Klein-
kinder, da sie in diesem Alter noch nicht stark in der mentalen (Luft-)Energie drin sind. Diese würde sich dann über weniger Volumen und zartgliedrige Hände und Finger zeigen.
Je weniger Volumen vorhanden ist und je dünner und flacher
der Handteller ist oder die Finger sind, desto mehr bewegen
wir uns dann aber in Richtung des Elements »Wasser«, in die
Auflösung. Menschen mit dünnen Handtellern und Fingern
sind sensibel oder nervös, ihnen ist schnell einmal etwas zu
viel, das Nervenkostüm ist nicht sehr robust. Oder sehen zum
Beispiel die drei Fingerzonen (siehe Kapitel 11.3) quadratisch aus und fühlen sich fleischig an, wirken hier Disziplin
und Leistung (Erde) und starker Wille (Feuer) – eine starke
Kombination, die aber auch Erschöpfungszeichen in der Hand
hervorrufen kann.

Auch bei einem emotional ausgehungerten oder seelisch erschöpften Menschen kann der Handteller flach sein. Die Mitte des Handtellers ist dabei besonders aussagekräftig: Je dünner dieser ist, desto weniger Belastbarkeit ist vorhanden. Dies kann auf ein generell melancholisch veranlagtes Wesen hindeuten, aber auch auf einen bereits länger bestehenden Mangel an Lebensfreude.

Weisen nur einzelne Bereiche einer Hand oder einzelne Finger ein volles Volumen auf, deutet dies auf entsprechend stabil und gesund ausgeprägte Wesenszüge des Menschen hin. Volle Volumenbereiche können natürlich auch in einer generell dünnen Wasser- oder Luft-Hand vorkommen. Die Zuweisung der Wesenszüge zu den entsprechenden Bereichen in der Hand ist in Kapitel 12 ausführlich beschrieben.

Die Eigenschaft eines energiereichen Berges im Handteller ist, dass er sich nach oben wölbt und sich beim Abtasten voll und elastisch anfühlt. Ist ein Berg hingegen flach oder fühlt sich schlaff an, ist in diesem Bereich wenig Energie vorhanden. Diese Eigenschaft wird also wenig ausgelebt oder sie ist in ihren Energiereserven erschöpft. Diese Menschen haben sich entweder übernommen, sind des Kampfes müde oder mit einem harten, kargen Leben konfrontiert. Oder aber, das kann auch sein, sie haben von sich aus einen asketischen und sparsamen Charakter und sind zu sich und anderen sehr streng.

Die Steigerung im Volumen:	1. Erde
	(am meisten Volumen)
	2. Feuer
	3. Luft
	4. Wasser
	(am wenigsten Volumen)

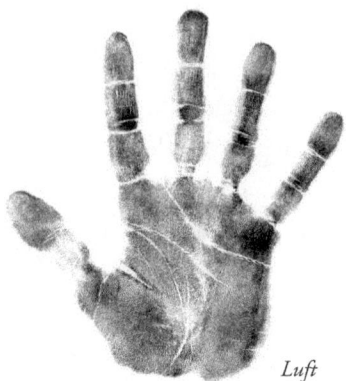

Luft

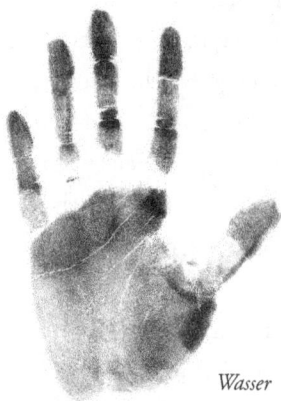

Wasser

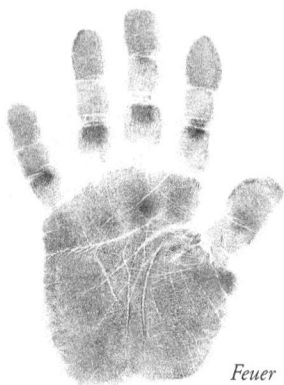

Feuer

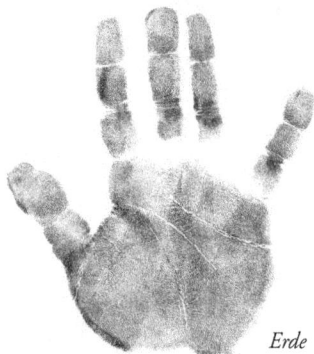

Erde

9.5. Biegung der Form: Wie fließt meine Energie?

Die Formen einer Hand können von schnurgerade bis kreisrund alle Biegungsgrade aufweisen. Die Konturen des Handtellers und der Fingerkuppen, die Fingernägel, der Daumen und natürlich die zahlreichen Linien der dritten Schicht – alle weisen mehr oder weniger gerade oder gebogene Formen auf. Man kann hier die Analogie der Landkarte heranziehen und sich einen Fluss vorstellen: Es gibt solche, die verlaufen wild und gebogen in der Landschaft, und andere, die verlaufen gebändigt und gerade. Und darum kann man zusammenfassend sagen:

- Je stärker die Biegungen, desto mehr unkontrollierte Energie ist in diesem Mensch vorhanden – je runder oder gebogener, desto mehr ist das Wesen des Menschen emotional orientiert, lebhaft und unbeherrscht.

- Je schwächer die Biegungen, also je gerader die Formen, desto kontrollierter fließt die Energie in diesem Menschen. Gerade und flache Formen weisen auf ein mental orientiertes Wesen hin, der Mensch ist vernunftbetont und wirkt beherrscht.

Alle gebogenen Formen einer Hand werden dem anpassungsfähigen Element »Wasser« oder dem unberechenbaren Element »Feuer« zugeordnet. Alle geraden Formen gehören zum mentalen Luft-Element oder dem stabilen Erde-Element. Jede Hand weist gebogene und gerade Formen auf, aber meistens ist eine bestimmte Tendenz zu einem bestimmten Temperament spürbar. Ist ein Bereich der Hand sehr stark gebogen und ein anderer sehr gerade, kann dies auf eine innere Spannung, ein »Delicious Dilemma« (wie in Kapitel 4.4.3 beschrieben) hinweisen. Biegung und Krümmung sind übrigens nicht das Gleiche:

Wenn ein Finger sich krümmt, ist dies kein Zeichen von emotionaler Energie, sondern zeigt eine übermäßig hohe emotionale Belastung an. Die Eigenschaft, die durch den entsprechenden Finger repräsentiert wird, ist aus dem Gleichgewicht geraten. (Siehe dazu Kapitel 11.12)

Die Steigerung in der Biegung:

1. Feuer
(am meisten gebogen)
2. Wasser
3. Luft
4. Erde (am meisten gerade)

Feuer

Wasser

Luft

Erde

9.6. Linienverkehr (dritte Schicht)

Obwohl dieses Buch vor allem die erste Schicht behandelt, also Masse, Form und Volumen einer Hand, seien hier die beiden wichtigsten Faktoren beschrieben, die eine Linie bzw. die dritte Schicht prägen. Es sind dies die Anzahl der Linien und die Tiefe der Linien.

Die Linien zeigen, wie Flüsse in einer Landschaft, den inneren Energiefluss der Gedanken und Gefühle eines Menschen auf. Von der Biegung wissen wir bereits: Eine gebogene Linie bedeutet unkontrollierte Energie im Menschen, eine gerade Linie bedeutet kontrollierte Energie. Und von der Länge wissen wir: Je länger, desto mehr Nachdenken, je kürzer, desto weniger wird studiert (und dafür mehr probiert). Aber auch die Anzahl der Linien und ihre Tiefe und ihre Lage im Handteller lassen eine ganze Menge Rückschlüsse auf den emotionalen, mentalen, instinktiven und intuitiven Energiefluss im Menschen zu. Nur schon damit könnte man ganze Bücher füllen …

9.6.1. Anzahl der Linien: bewegtes Innenleben?

Je mehr Linien du in einer Hand siehst, desto stärker ist das Wesen des Menschen vom Element »Feuer« dominiert: Da ist jemand leicht entzündbar, in jeder Hinsicht. Da ist viel Inspiration vorhanden, viel Kreativität, viele Ideen, viele Gefühle, viel Erregung. Viele Linien bedeuten: viel innerer Energiefluss, viel Denken, viel Fühlen, viele Eingebungen, viel Aktion und viel Reaktion. Dies alles ist aber nicht gleichbedeutend mit vielen Taten, denn dies gehört zum Element »Erde« – ist diese in anderen Faktoren der Hand nicht vorhanden, verpufft die Feuer-Energie genau so schnell, wie sie gekommen ist.

Je weniger Linien in der Hand sichtbar sind, desto mehr ist das

Wesen des Menschen vom Erde-Element geprägt: ruhig, besonnen, langsam, bodenständig, mehr Taten als Worte, Probieren
geht über Studieren, nicht hinterfragen und einfach machen.

Die Steigerung in der Anzahl der Linien: 1. Feuer
(meisten Linien)
2. Wasser
3. Luft
4. Erde
(wenigsten Linien)

Feuer

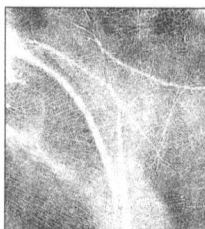

Wasser

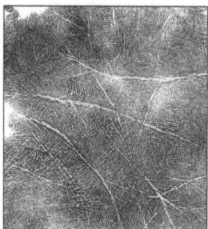

Luft

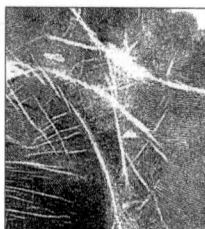

Erde

9.6.2. Tiefe der Linien: Geht mir schnell etwas unter die Haut?

Je tiefer eine Linie im Handteller eingezeichnet ist, desto tiefer geht der entsprechende Energiefluss auch im Innenleben dieses Menschen unter die Haut. Tiefe Linien zeugen vom Element »Erde«. Erde-Hände weisen ja im Vergleich eher wenige Linien auf. Worauf lässt das schließen? Welches Temperament hat ein typischer Erde-Mensch? Wahrscheinlich wenige innere Regungen, die aber tief unter die Haut gehen und lange nachwirken.

Je feiner, dünner oder flacher eine Linie erscheint, desto mehr befinden wir uns im Element »Wasser«. Typische Wasser-Hände haben im Vergleich relativ viele Linien. Was heißt das? Es sind zwar viele emotionale Regungen da, aber vielleicht nicht immer tiefgehende. Oft gilt: »Himmelhoch jauchzend, zu Tode betrübt« – heute Regen, morgen Sonne. Ein Mensch mit viel Wasser-Anteil in seinem Wesen kann manchmal ganz schön launisch und in seinen Stimmungen sehr wechselhaft sein.

Die Steigerung in der Tiefe:

1. Erde (am tiefsten)
2. Feuer
3. Luft
4. Wasser
   (am wenigsten tief)

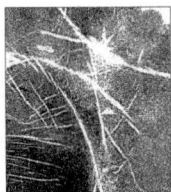 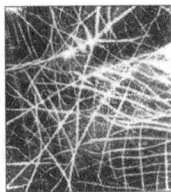  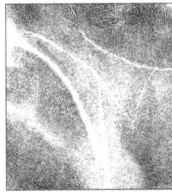

Erde   *Feuer*   *Luft*   *Wasser*

9.7. Konsistenz der Haut: Wie reagiere ich auf die Welt?

Wenn du eine Hand in der Handinnenfläche zu drücken beginnst, erspürst du die Konsistenz der Haut. Fühlt sie sich hart an, elastisch, weich oder sogar schlaff? Die Konsistenz gibt Auskunft darüber, wie der Mensch auf die Außenwelt und auf das Leben reagiert: weich und annehmend oder hart und abweisend. Die Haut ist unser Schutz und oft ist es so: Je empfindlicher der Kern ist, desto härter ist die Schale.

9.7.1. Harte Konsistenz

Je härter die Haut ist, desto mehr sind diese Menschen abgehärtet, belastbar und beherrscht. Gefühle zeigen sie nicht so schnell. Überall, wo Härte, Zähigkeit, Disziplin, Ausdauer, Durchschlagskraft und Widerstandsfähigkeit verlangt wird, kann diese Eigenschaft gute Dienste leisten: z. B. bei körperlicher Arbeit oder im Spitzensport.

Harte Hände gibt es aber auch bei solchen, die im Büro arbeiten. Das kann darauf hinweisen, dass sie Schicksalsschläge zu verkraften hatten oder schlimme Erlebnisse erlebten, die sie tief getroffen haben. Menschen mit harten Händen gingen vielleicht durch eine harte Zeit und konnten nur mit einem Schutzpanzer überleben. Mit dem Verarbeiten ihrer Erlebnisse kann auch die Haut mit der Zeit wieder etwas weicher werden. Eine harte Konsistenz kann aber auch ein Zeichen von Angst sein. Sobald sich Ängste aufbauen und nicht wieder abgebaut werden, spannen sich die Muskeln im Körper an. Gewisse Menschen konnten ihre Ängste nie zulassen, somit konnten diese auch nie gewandelt und losgelassen werden – sie sitzen noch im System dieses Menschen drin. Das zeigt sich unter anderem in einer harten, verspannten Haut.

Solche Menschen haben vielleicht keinen guten Zugang zu sich selbst und sie können auch für andere unerreichbar bleiben. Sie zeigen sich nicht gern der Außenwelt und nehmen auch keine Hilfe von anderen an. Die Haut ist unser Abgrenzungsorgan und wenn dieses übermäßig in Anspruch genommen wird, bildet sich ein Panzer.

9.7.2. Weiche Konsistenz

Je weicher die Haut in der Handinnenfläche ist, desto weicher sind auch diese Menschen in ihrer Art. Sie sind nachgiebig, gefühlsbetont, gemütlich, bequem und genießen gerne. Ist die Konsistenz aber zu weich, wenn sie bereits fast schlaff erscheint, dann haben solche Menschen zu wenig Spannung und Energie in sich drin. Es mangelt ihnen an Durchhalte- und Widerstandskraft. Ihr Verhalten gleicht dann eher einem superweichen Sofa, das keinen Widerstand bietet, in das man tief einsinkt und aus dem man fast nicht mehr hochkommt. Jede Bewegung und Aktion ist für diese Menschen schon fast zu viel. Sie fühlen sich schnell überfordert. Sich aufzuraffen oder sich zu überwinden, ist für sie fast unmöglich.

Die zu weiche Konsistenz einer Hand kann von einem sogenannten »Show-Stopper« zeugen. Damit ist ein Faktor gemeint, der alle positiven Qualitäten, die in einem Menschen angelegt sind, ausschalten kann, vergleichbar mit einem Sandkorn im Getriebe, welches das ganze Fahrzeug lahmlegt. Manchmal sind es die kleinen Dinge, die große Schäden verursachen, aber schwer zu finden und vielleicht auch schwer zu überwinden sind.

9.7.3. Elastische Konsistenz

Elastische Handinnenflächen haben eine gesunde Mischung von harter und weicher Konsistenz. Solche Menschen haben eine gute Mischung in sich und sind einerseits widerstandsfähig gegenüber dem Leben, aber auch nachgiebig und entspannt. Sie sind voller Tatendrang und mit sich und der Umwelt in einer guten Interaktion. Sie können sowohl gute Leistungen erbringen als auch gut entspannen. Elastische, lange und geschmeidige Muskeln haben immer mehr Kraft und Energie als harte und kurze Muskeln. Übertragen auf die Persönlichkeit des Menschen, heißt dies: Ein elastischer Geist und ein glückliches Herz führen zu einem beweglichen und gesunden Körper. Ich hatte einmal einen Kunden, der 100-m-Sprinter war und zur Weltspitze gehörte. Er hatte aber eine sehr harte Konsistenz in der Hand. Er war immer wieder verletzt und blieb auf seinem Level stehen. Schlussendlich hat er den Durchbruch nicht geschafft, was mich nicht verwundert hat. Denn nur ein beweglicher Geist und ein offenes Herz führen zu einem elastischen und gesunden Körper.

9.8. Textur der Haut: dünn- oder dickhäutig?

Wenn du mit deiner Hand über die Handfläche deines Gegenübers streichst, merkst du sofort, ob sich die Hauttextur fein oder rau anfühlt. Die Textur teilt mir mit, wie dünn- oder dickhäutig ein Mensch ist. Die menschliche Haut ist vergleichbar mit dem Fell der Tiere oder auch mit unseren Augen: Wenn die Haut einen Glanz hat und schimmert, zeugt dies von einem glücklichen und zufriedenen Gemütszustand.

9.8.1. Feine Textur

Je feiner und dünner eine Textur sich anfühlt, desto durchlässiger sind diese Menschen von ihrem Wesen her. Sie zeigt, dass ein Mensch empfindlich geblieben ist. Säuglinge kommen mit weicher Konsistenz, feiner Textur und flexiblen Fingern auf die Welt. Eine dünne Haut zu haben, wird in unserer Kultur leider nicht als etwas Positives angesehen. Doch wie viel reicher wird die Welt für jemanden, der sie fein und nuanciert wahrnehmen kann?

Lass dich nicht täuschen: Auch vermeintlich harte Männer, wie beispielsweise Boxer, können eine feine, dünne Hauttextur im Handteller haben und kleine, zarte Frauen hingegen eine sehr raue Haut. Auf jeden Fall können sich diese Frauen das Geld für Handcremes sparen: Die fehlende Feuchtigkeit muss von innen kommen, nicht von außen. Viel zu trinken, ist das eine, aber viel wichtiger ist es, sich weiterhin dem Leben zu öffnen und es zu riskieren, verletzlich und empfindsam zu sein, auch wenn dies manchmal wehtut.

9.8.2. Raue Textur

Wenn sich die Haut rau, trocken und dick anfühlt, dann leidet ihre Durchlässigkeit. Durch gewisse Sportarten bilden sich manchmal Schwielen an den Händen. Dies ist ein Zeichen, dass sich diese Menschen immer wieder überwinden und zäh sein müssen. Die Haut bietet somit einen besseren Schutz, den sie aus irgendeinem Grund auch brauchen. Die raue Hand muss nicht zwangsläufig durch die Arbeit entstehen. Ich habe Bauarbeiterhände gesehen, bei denen die Haut im Handteller zart und fein ist, und es gibt andere, die vor allem im Büro arbeiten und deren Haut rau, dick und trocken ist. Oft sind es die zarten Seelen, die sich mit einer rauen Haut vor der Welt schützen müssen.

Wenn ich die stark strapazierten Hände eines Fischers oder die eines Bergbauern sehe, dann deute ich diesen Faktor nicht. Dann achte ich eher darauf, ob hinter der rauen Schicht die Konsistenz immer noch ein wenig elastisch ist und die Haut und die Fingernägel immer noch eine gesunde Farbe im Bereich Rosa bis Hellrot aufweisen. Wenn die Nägel im Bereich von Gelb bis Schwarz verfärbt sind (nicht vom Dreck), die Haut aufgerissen ist und rote Wunden aufweist, dann sieht es weniger gut aus.

9.9. Flexibilität der Finger: Kontrolle oder Hingabe?

Bei jeder Handlesung biege ich auch alle Finger und die Daumen des Klienten und achte auf die Flexibilität. Diese enthält eine einfache, aber auch ganz wichtige Botschaft: Je flexibler die Finger, desto flexibler und nachgiebiger ist der Mensch, je starrer die Finger, desto standhafter und unnachgiebiger. Beim Daumen hat die Flexibilität die höchste Aussagekraft (siehe folgende Kapitel). Unabhängig davon, ob flexibel oder standhaft – durch das Bewusstsein seiner selbst kann jeder Mensch phasenweise auch das Gegenteil sein. Dies ist eine Frage des Bewusstseins, der geistigen Haltung und der Tragweite der Entscheidungen.

9.9.1. Die standhafte Eiche

Daumen oder Finger können starr wie ein Brett sein, nichts gibt nach, wenn man sie biegen will. Dies weist auf starrsinnige Menschen hin, die auf das Leben generell unflexibel reagieren, oder es soll jeweils nach ihrem Kopf gehen. Wenn ein wichtiges

Projekt oder ein guter Zweck dahintersteht, ist das wunderbar! Wenn jemand sich nicht von seinem Vorhaben abbringen lässt und konsequent dranbleibt, ist das eine positive Eigenschaft. Aber solche Menschen tun sich generell schwer, dort flexibel zu reagieren, wo eine Richtungsänderung oder Hilfe von außen manchmal nötig wäre.

9.9.2. Die flexible Weide

Es gibt Menschen, deren Finger und Daumen sich ganz leicht biegen lassen. Das ist ein Zeichen von großer Flexibilität und dass man das Leben so nimmt, wie es kommt. Solche Menschen planen nicht, müssen nicht alles unter Kontrolle haben und bieten anderen Menschen oder äußeren Umständen gegenüber wenig Widerstand. Ihre Eigenschaften sind vor allem: Nachgeben, Anpassen, Hingeben, Loslassen, sie lassen anderen ihre Freiheiten. Wenn der Daumen sich aber wie Gummi anfühlt, zeugt dies von einer gewissen Überdosis an Nachgiebigkeit, man ist dann wie ein Fähnchen im Wind, es fehlt an Durchsetzungskraft und Standhaftigkeit. Es gilt also auch hier, die richtige Dosis zu finden, wie mit dem ersten Axiom, der Goldlöckchen-Regel, beschrieben.

9.10. Farbe der Haut: Emotionen drücken durch

Eine gesunde Hautfarbe im Handteller bewegt sich im rosaroten Spektrum, aber abhängig vom Grundton der gesamten Hautfarbe kann sie sich auch in einem weißen bis gelblichen Bereich befinden. Wenn die Haut im Handteller oder auf den Fingern jedoch auffällig verfärbt ist, sich vom Grundton der gesamten Haut abhebt, ist dies ein Zeichen dafür, dass sich der Mensch in einem emotionalen Ausnahmezustand befindet.

Dieser Zustand sollte nicht, kann aber zu einem Dauerzustand werden. Dies ist dann ein Anzeichen dafür, dass man im Leben in irgendeiner Weise überfordert ist. Die Farbe zeigt den Gemütszustand eines Menschen, ist wie eine Warnflagge. Jede auffällige Verfärbung verlangt vom betroffenen Menschen eine Wandlung des Bewusstseins.

Es gilt zu beobachten, an welcher Stelle der Hand die Verfärbung auftritt. Die Bedeutungen der Finger sind in Kapitel 11 und die Bereiche des Handtellers in Kapitel 12 beschrieben. Manchmal kann es auch die ganze Hand betreffen. Der Ort, wo die Verfärbung sichtbar ist, zeigt die entsprechende emotionale Seite im Menschen, die leidet. Der Handballen unter dem kleinen Finger (Mond-Berg, siehe Kapitel 12) sieht häufig rot oder blau aus. Dies zeugt von unverarbeiteten, angestauten Gefühlen, in vielen Fällen auch von Alkohol- und Drogenmissbrauch. Diese Menschen leben oft in einer Illusion, haben Mühe, die Wirklichkeit anzunehmen. Sie fühlen sich einsam und brauchen viel Nähe, Liebe und Sinnhaftigkeit.

9.10.1. Rosa

Die Farbe Rosa ist ein Zeichen, dass alles mehr oder weniger in Harmonie und im Lot ist. Dies ist die gesunde Haut- und Nagelfarbe und deutet auf einen lebendigen, vitalen und gesunden Menschen hin.

9.10.2. Rot

Rot ist ein Zeichen von sauerstoffreichem Blut, von Intensität, Druck und Aktivität. Die Botschaft dahinter: »Ich habe genug von all diesen Limitierungen, Unterdrückungen und Vorschriften!«

Es muss sich das Bewusstsein von A nach B wandeln:
A: geladen sein, Verängstigung, Zorn, Frustration, Groll, Wut, Aggression, das Gefühl, ausgebremst zu werden
B: Unabhängigkeit im Handeln, keine Bevormundung, mehr Freiheit, eigene Wege gehen wollen, mehr Raum und Platz

9.10.3. Gelb

Eine sehr gelbe Hautfarbe ist generell ein Zeichen von zu viel Galle im Blut. »Er speit Gift und Galle« ist eine stehende Redewendung, oder: »Sie ist gelb vor Neid.« Gelb steht für Perfektionismus, Disziplin, Unnahbarkeit, Distanziertheit, dafür, souverän sein zu wollen, sich mit anderen zu vergleichen, alles unter Kontrolle haben zu wollen. Diese Eigenschaften sind oft bei Spitzensportlern sichtbar.

Es muss sich das Bewusstsein von A nach B wandeln:
A: Vorurteile, Verurteilung, Richten, Voreingenommenheit, giftig sein, Reizbarkeit, Kritik, Strenge, zu viel Disziplin, Ernsthaftigkeit, Forderungen
B: Weisheit, Klarheit, Freude, Leichtigkeit, Lockerheit, Entspannung, kindliches Sein

9.10.4. Blau

Die Farbe Blau auf der Haut ist ein Zeichen von sauerstoffarmem Blut. Dies steht für Schwermut und Traurigkeit. Dieser Zustand zeigt auch einen Mangel an Liebe und Warmherzigkeit an. Wer sich betrinkt, bis er blau ist, oder generell den »Blues« hat, ist zu stark auf der melancholischen und hoffnungslosen Seite des Lebens gelandet.

Es muss sich das Bewusstsein von A nach B wandeln:
A: Trauer, Kummer, Martyrium, Opferhaltung, Sinnlosigkeit
B: geliebt werden, Anerkennung, Akzeptanz, Wertschätzung, Nähe, Wärme, Geborgenheit, Verbindung

9.10.5. Weiß

Die Farbe Weiß ist – ähnlich wie bei Blau – ein Zeichen von mangelnder Durchblutung. Weiß assoziiert vornehme Blässe, Noblesse, Adel. Menschen mit weißer Haut sind von ihrem Wesen her vielleicht eher zurückhaltend, kühl, reserviert und distanziert. Sie können einen Hang zur Reinlichkeit haben, sind nicht oft draußen in der Natur und betätigen sich körperlich wenig.

Es muss sich das Bewusstsein von A nach B wandeln:
A: Taubheit, Leere, Oberflächlichkeit, Nüchternheit, Distanziertheit, Kälte, Neutralität
B: Lebendigkeit, Lebensenergie, Tiefe, Präsenz, Freude

9.10.6. Schwarz

Schwarze Verfärbungen an einer Hand sind kein gutes Zeichen, dieser Mensch ist alles andere als gesund. Dunkle Stellen zeigen an, dass da innerlich etwas abstirbt und verfault. Bei starken Rauchern sieht man zum Beispiel an den Fingernägeln, dass sie langsam gräulich bis schwarz werden. Die dunkle, unerlöste Seite im Menschen kommt an die Oberfläche. Hier sind sehr starke Transformationen erforderlich, wenn man seinen Gemütszustand wieder ins Lot bringen will.

Es muss sich das Bewusstsein von A nach B wandeln:
A: Lebensmüdigkeit, Todessehnsucht
B: Lebensfreude, Zuversicht, Lebendigkeit, Lebensenergie

9.10.7. Ganzheitliches Bild

Die Hautfarbe ist immer nur ein Faktor von vielen. Für eine ganzheitliche Beurteilung muss man immer die ganze Hand und ihre anderen Eigenschaften berücksichtigen. Meine Erfahrung zeigt: Die zuerst Beobachtete, das, was dir zuerst an einer Hand auffällt, ist meist auch ein wichtiges Thema im Leben dieses Menschen – und erst recht, sobald weitere Zeichen gefunden werden, die in die gleiche Richtung deuten. Im Gegenzug sucht man aber auch lösungsorientiert in der Hand nach unterstützenden Ressourcen, die ein Mensch in sich trägt, womit man dann den erforderlichen Wandlungsprozess einleiten kann. Es entsteht dann ein ganzheitliches und nicht nur ein problemorientiertes Bild. Jeder Mensch hat Schwächen und Stärken in sich.

Stelle dir eine harte, raue, unflexible und rotgefärbte Hand vor. Was kommt dir in den Sinn, nachdem du dies alles gelesen hast? Geht da nicht gleich ein Film ab? – So funktioniert die Handlesekunst.

9.11. Weitere Merkmale

9.11.1. Verletzungen und Ekzeme: wie außen, so innen

Verletzungen, Quetschungen, Narben und Ekzeme, die nicht gut verheilen, werden der Farbe »Rot« zugeordnet. Je extremer diese sind, desto extremer fühlte sich der verursachende Vorfall für diesen Menschen an. Wie innen, so außen: Das emotionale Leiden ist immer zuerst da, die körperliche Verletzung folgt danach. Es ist auch hier kein Zufall, an welcher Stelle der Hand (oder am Körper generell) der Mensch sich verletzt hat. Es ist faszinierend, wie wir alle mit dem Universum vernetzt sind – es gibt keine Zufälle.

Hier ein Beispiel: Ein Mann war mit dem Rad gestürzt und mit der flachen Hand auf einer Scherbe gelandet. Er hatte sich dabei am Ballen unterhalb des Daumens verletzt (Venus-Berg, siehe Kapitel 12.3.2). Ich fragte ihn, ob ihm vor dem Unfall das Herz gebrochen worden sei. Und siehe da: Seine Frau hatte ihn nach über 30 Ehejahren von heute auf morgen verlassen, was ihn emotional völlig aus der Bahn geworfen hatte. Warum hatte er sich nicht an einem anderen Ort verletzt, warum gerade an der Venus? Und warum ist er genau auf einer Scherbe gelandet und nicht daneben? Es ist für den Verstand nicht fassbar, aber es ist, wie es ist, auch wenn wir es nicht erklären können.

Wenn du dich an der Hand so stark verletzt, dass Blut fließt, geht dies ebenfalls in die Kategorie »Rot«. Je schlimmer die Verletzung, umso stärker ist die Not. Knochenbrüche weisen also auf einen sehr starken Notfall hin, ebenso das »Karpaltunnel-Syndrom« (Taubheitsgefühle, Kribbeln und Einschlafen im Bereich der Finger). Auch wenn du an deinen Nägeln kaust, bis die Nagelhaut rot entzündet ist, weist dies auf eine innere Spannung hin, je nachdem, welcher Finger betroffen ist.

Wenn eine Narbe aber gut verheilt und fast nicht mehr sichtbar ist, ist auch das Thema wieder gut in dir verheilt. Wenn sie noch gut sichtbar und schlecht verheilt ist, dann beschäftigt dich immer noch dasselbe Thema, unabhängig davon, wie viel Zeit seit dem Ereignis oder Unfall vergangen ist. Die Bereiche der Hand, die rote Flecken aufweisen, zeigen die Persönlichkeitsaspekte an, die emotional akut leiden.

9.11.2. Warzen: Warnflaggen

Warzen sind Warnflaggen für den Handanalytiker, sowohl innen, im Handteller, als auch auf der Hand-Außenseite. Sie deuten auf eine vergangene Notsituation hin, die sehr stark auf das Innere des Menschen gewirkt haben muss. Die Energie dieses schlimmen Vorfalls ist immer noch im Körper dieses Menschen abgespeichert, wurde aus der Not heraus aber isoliert und weggesperrt. Der Mensch konnte diese Energie nicht abbauen, verarbeiten und wieder in das psychische System integrieren, sondern musste sie einschließen und vergessen. Da ist etwas sehr Schmerzhaftes abgekapselt und verdrängt worden.

Es gelten die gleichen Eigenschaften wie bei einer roten Hautfärbung, aber ungemein intensiver. Auch hier schaut man, wo genau die Warze platziert ist. Diese Zone (siehe Kapitel 12) weist auf das zugehörige Thema der starken emotionalen Überforderung hin. Diese Überforderung muss entweder sehr lange oder aber schockartig, sehr kurz und intensiv, auf diesen Menschen eingewirkt haben. Dieses Thema in der Handanalyse anzusprechen, bedarf einer starken Feinfühligkeit.

9.11.3. Muttermale: Botschaften aus früheren Leben?

Es ist in der Handlesekunst nicht genau bekannt, was Muttermale in der Handinnenfläche bedeuten. Sie sind dort auch eher selten anzutreffen. Einige sagen, dass sie eine karmische Wunde repräsentieren. Wenn das Mal auffällig ist, schaue ich wieder, wo genau es in der Hand platziert ist. Dann erkläre ich meinem Kunden das Thema dieses Ortes. Manchmal reagiert er dann und es trifft die Sache, manchmal aber auch nicht. Das Handlesen hat – wie jede andere Methode auch – seine Grenzen in der Möglichkeit der Deutung.

9.11.4. Temperatur: kalt- oder heißblütig?

Ich werde immer wieder gefragt, was kalte oder warme Hände bedeuten. Ich kann es nicht mit Sicherheit sagen. Grundsätzlich weisen warme Hände eine gute Durchblutung auf und zeugen von Menschen, die gesund und vital sind, gut im Leben stehen und für etwas »brennen«. Sind die Hände immer kalt, kann dies bedeuten, dass sein Leben diesen Menschen kalt lässt, dass er zwar pflichtbewusst ist, aber ohne große Freude oder Visionen durch das Leben geht, oder dass er von sich aus ein kühler, distanzierter, nüchterner Mensch ist, der sich nicht so leicht von etwas begeistern lässt.

Aber diese Vermutung wäre bei der Handanalyse sorgfältig zu prüfen. Du kannst dieses Thema einfach im Hinterkopf behalten und vorsichtig nachfragen. Es ist gut möglich, dass Menschen mit Luft-Händen und / oder vielen geraden Linien eher kühle Hände haben und Menschen mit viel Feuer in der Handform und / oder vielen gebogenen Linien eher warme Hände, jeweils analog zu ihrem Temperament.

9.11.5. Händedruck: Packe ich das Leben an?

Wenn du jemanden begrüßt, machst du unmittelbar Bekanntschaft mit seinem Händedruck. Ein kräftiger Händedruck zeugt von Kraft und Präsenz des Menschen. Ist der Händedruck kraftlos und schlaff, ist es wahrscheinlich auch das Temperament dieser Menschen.

Auch hier kommt es auf die gute Dosis an: Manche drücken die Hände so stark, dass es fast wehtut. Ihnen fehlt ganz allgemein das Feingefühl für die jeweilige Situation. Sie handeln auch dort kräftig und überzeugend, wo vielleicht eine abwartende oder zurückgenommene Haltung angebrachter wäre. Sie können für andere zu fordernd und überfordernd sein. Ein zu schlaffer Händedruck weist dagegen auf Passivität, Lustlosigkeit und vielleicht auch Trägheit hin. Man muss den Menschen wahrscheinlich oft erst einen Schubs geben, damit sie sich in Bewegung setzen. Ihre Körperpräsenz ist nicht so deutlich und stark, denn sie leben mehr in ihren Gedanken und Träumen.

9.12. Beispiele: kranke und gesunde Hände

Es gibt noch weitere Indizien dafür, dass Menschen leiden und vom Leben gezeichnet wurden. Im Folgenden zeige ich ein paar Beispiele aus der Praxis. Sie machen deutlich, wie Hände im direkten Vergleich aussehen können, abhängig davon, wie ein Mensch mit sich und seinem Leben umgeht.

9.12.1. Geschundene, kranke Hand

Die folgende Hand weist viele Punkte auf: ein Zeichen von Auflösung und Zersetzung der eigenen Substanz. Obwohl wir am IIHA keine Gesundheitsprognosen machen, kann man in einem solchen Fall dem Klienten dennoch einen entsprechenden warnenden Hinweis geben.

Eine Hand voller Punkte (Pluto-Hand).

9.12.2. Vitale, gesunde Hand

In einem gesunden Körper wohnt ein gesunder Geist. Es ist ähnlich wie bei den Tieren: Wenn das Fell glänzt und die Augen leuchten, ist das Tier gesund und glücklich. Wenn beim Menschen die Haut der Hand einen feinen, leichten Fettschimmer hat, rosa glänzt und der ganze Linienverkehr mehr oder weniger in Ordnung ist, die Berge voll sind und die Finger gerade, die Fingernägel rosa und glatt, dann deutet auf eine gute Gesundheit hin.

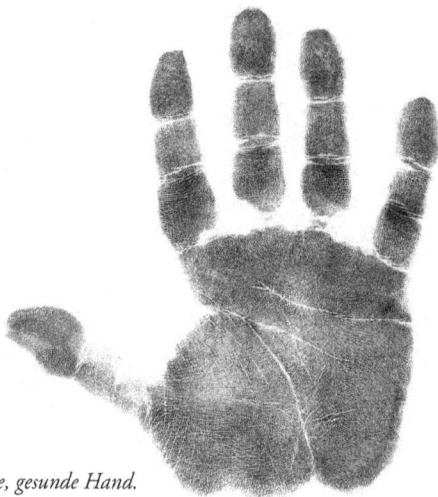

Vitale, gesunde Hand.

9.12.3. Hand vor / nach Elektroschock-Therapie

Wir erinnern uns: In der Hand kommen nicht nur unendlich viele, sondern die meisten Nervenenden überhaupt zusammen, vor allem in den Fingerspitzen. Sowohl eine hohe als auch eine geringe Nervenaktivität stellt sich im körperlichen System gut sichtbar dar. Hier eine Hand vor und nach einer dreimonatigen Elektroschock-Therapie. Es zeigt sich deutlich, dass die Linien sich dynamisch verändern und interaktiv reagieren.

Vor Elektroschock-Therapie   *Nach Elektroschock-Therapie*

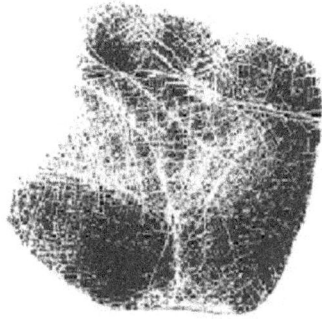

9.12.4. Hand vor / nach Koma-Phase

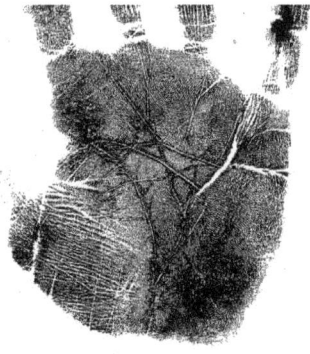

Ein ähnliches Beispiel, das aber in die andere Richtung geht:
Diese Handabdrücke einer Frau sind vor und nach einem
schlimmen Autounfall und dreimonatigem Klinikaufenthalt
(Koma) genommen worden. Im Vergleich zeigen die Abdrücke deutlich stattfindende und nicht stattfindende Ner-
venaktivitäten.

Vor Koma-Phase   *Nach Koma-Phase*

10. Der Daumen

10.1. Der Kutscher und seine Pferde

Allein über den Daumen könnte ich ein ganzes Buch schreiben. Und das mache ich vielleicht irgendwann auch. Denn der Daumen ist nicht einfach der fünfte Finger. Nein, es ist der Daumen, der den Menschen erst zum Menschen macht. Bevor ich näher auf diesen Kernsatz eingehe, hier zuerst eine kleine Metapher zum Einstieg:

Du kennst vielleicht den Spruch: »Die Pferde sind mit mir durchgegangen.« Alle in dir angelegten archetypischen Kräfte, alle in dir angelegten Elemente, auch deine Fingerabdrücke und deine Handlinien, sie alle sagen einzeln: »Ich will dieses ... und ich will jenes ... und ich will etwas ganz anderes ...« So fährt jeder Mensch mit seinem eigenen Wagen durchs Leben, und es sind mehrere Pferde davorgespannt: eine starke, zugkräftige, lebendige, aber oft auch widersprüchliche bis widerspenstige Truppe. Mal geht es schneller vorwärts, dann wieder langsamer. Mal laufen alle kreuz und quer, dann bleiben sie sogar stehen. Da fragt man sich: Und wo ist hier der Kutscher? Macht er irgendetwas – wenn ja, was?

Wenn der Kutscher schläft, geht die Reise irgendwohin oder nirgendwohin. Oder umgekehrt gesagt: Wenn die Pferde sich verselbstständigen, ist der Kutscher gefordert. Es ist der Kutscher, der den Wagen lenkt, der die Zügel in der Hand hält, der bestimmt, in welche Richtung der Wagen läuft. Der Kutscher ist das menschliche Bewusstsein. Und dieses repräsentiert sich in der Hand über den Daumen. Darum der Satz: Es ist der Daumen, der den Mensch zum Menschen macht.

Wenn dein höheres Bewusstsein erwacht ist, können dich deine Zugpferde nicht mehr zum Narren halten. Du wirst dir deiner inneren Kräfte immer mehr bewusst, realisierst, welche davon zusammenarbeiten und welche gegeneinander. Du wirst dir immer mehr bewusst, dass du diese Kräfte hast, sie aber nicht bist. Du bist der Kutscher und hast die Pferde. Manchmal musst du sie zügeln, manchmal musst du ihnen freien Lauf lassen. Und dann versperrt dir ein großes Schlagloch oder ein umgestürzter Baum den Weg. Und dann musst du dir überlegen, wie du und deine Kutsche das vom Leben präsentierte Problem jetzt am besten löst. Machst du einen Umweg? Oder nimmst die Axt und machst den Weg frei?

Der Daumen in deiner Hand sagt aus, wie der Kutscher veranlagt ist. Seine Masse, seine Form und sein Volumen sagen aus, wie stark dein freier Wille in deinem Wesen ausgebildet ist. Der Daumen sagt daher mehr aus als jeder andere Teil der Hand.

Quentin Tarantino – grosser Daumen und grosser Oppositionswinkel.

Bild: shutterstock_332648750

10.2. Der Daumen verleiht uns viele Fähigkeiten

10.2.1.... lässt uns das Leben in Angriff nehmen

Der Daumen zeigt uns vieles aus der Vorzeit der Zivilisation, die immer noch in uns lebt, auch wenn mancher meint, diesen Zustand überwunden zu haben. Der Daumen ist der Ursprung jeglichen Handelns, der Ursprung unserer Taten. Auf Antrieb folgt Verwirklichung. Das Resultat erfolgt aus dem Antrieb (Wollen) und der Umsetzung (Tat). Die Folge davon ist dann der Erfolg. Im Handabdruck zeigt sich die Dominanz oder die Schwäche des Daumens. Ein starker oder ein schwacher Daumen zeigt im Abdruck, ob jemand sein Leben unter Kontrolle hat, ob er es regulieren und lenken kann.

In jeder Handanalyse stellt sich beim Betrachten des Daumens die Frage: Hat der Mensch das Leben im Griff, im Sinne von: »Mein Wille geschehe«? Oder hat das Leben den Menschen im Griff, im Sinne von: »Dein Wille geschehe«?

Die Größe des Daumens im Verhältnis zur zugehörigen Hand gibt Aufschluss über die vorhandene Tatkraft. Also achte man im Handabdruck immer gleich auf die Länge, die Breite und das Volumen des Daumens. Manchmal ist er nur kurz, aber immer noch breit und mit viel Volumen ausgestattet, dann ist er immer noch ein gut ausgebildeter und starker Daumen. Menschen mit einem starken Daumen packen schnell an, gehen aber auch mal mit dem Kopf durch die Wand. Achte stets auf die vorher genannten drei Faktoren der Proportionen.

10.2.2. ... *lässt uns in Opposition gehen*

Der Daumen steht in Opposition zu allen anderen Fingern und kann somit auf Konfrontationskurs mit ihnen gehen. Er steht somit für die Fähigkeit zur Auseinandersetzung – sowohl mit anderen Menschen als auch mit sich selbst. Wenn zum Beispiel deine innere Jupiter-Kraft (Zeigefinger, siehe Kapitel 11.1) sagt, dass sie dieses und jenes will, kann der Daumen dann sagen, dass er es aber anders will! Oder die Jupiter-Kraft in dir will Freiheit, deine Saturn-Kraft aber Sicherheit, und so obliegt es deiner Daumen-Kraft, zu entscheiden, welcher Kraft du den Vorzug geben möchtest oder ob du einen goldenen Mittelweg findest. Die Ausprägung deines Daumens zeigt deine Bereitschaft und deine Fähigkeit an, selber innerlich so lange mit dir zu ringen, bis du mit dir und deinen verschiedenen inneren Kräften in einen Einklang gekommen bist.

Die Fähigkeit des Menschen zur Opposition bezieht sich also vor allem darauf, wie gut wir unseren freien Willen auf uns selbst übertragen können. Die Fähigkeit des Daumens hilft uns, unsere inneren Impulse unter Kontrolle zu halten, uns selbst zu regulieren. Wir haben die Wahl, länger aufzubleiben, um für eine Prüfung zu lernen, auch wenn wir bereits müde sind. Oder wir können den Reizen aus den Schaufenstern widerstehen und müssen nicht zwingend etwas kaufen, nur weil es uns gefällt. Doch das gesunde Gleichgewicht zwischen der (Selbst-)Kontrolle und dem Sich-Hingeben, dem Geschehen-Lassen, das ist ein stetiger Balanceakt in unserem Leben. Es ist ein innerer Prozess, der über das Instinkthafte des Tiers hinausgeht, ein Prozess, den nur der Mensch vollbringen kann.

*Hände mit zur Opposition angelegten Daumen
sind das Wahrzeichen des Menschen. Dass wir uns
vom Tierreich unterscheiden, liegt an der Tatsache,
dass wir einen Daumen haben, und nicht daran,
dass wir ein Gehirn haben.*

Der Daumen verhilft uns auch zur Feinmotorik. Wir können einen Stift herstellen und ihn dann mit Daumen, Zeigefinger und Mittelfinger halten, fein und konzentriert führen und so unsere Gedanken, Vorstellungen und Gefühle zu Papier bringen. Wir können etwas schriftlich, malerisch, fotografisch oder filmisch festhalten und es so für unsere Nachkommen archivieren. Dies alles ist nur dem Menschen möglich, nicht dem Tier. Wir stellen Werkzeuge her und vererben diese Errungenschaften weiter. Der Mensch baut komplexe Anlagen und Häuser, um den Elementen zu trotzen und seiner Fantasie Ausdruck zu verleihen. Er baut Autos und Flugzeuge, um schneller zu sein, als es ihm von Natur aus möglich wäre. All dies sind auch Errungenschaften des Daumens und nicht allein des Gehirns. Es ist vor allem der Daumen, der die Menschen zu Menschen macht, und nicht nur das Gehirn.

Übung mit dir selbst:
Versuche, mit dem Daumen zu den (unbewegten) Fingern zu gehen und umgekehrt mit den Fingern zum (unbewegten) Daumen. Was ist möglich? Was nicht? Der Daumen kann sich den Fingern gegenüberstellen, nur er kann zu den anderen Fingern hingehen, nicht umgekehrt. Somit ist klar, wer hier der Meister ist.

10.2.3. ... ermöglicht uns Manifestation

Der Daumen steht auch für unsere Kraft des freien Willens. Er schenkt uns die Gabe, unsere inneren Visionen, Vorstellungen, Ideen und Träume in der Außenwelt zu manifestieren. Wir sind aktive Schöpfer und Gestalter unseres Lebens, keine passiven Opfer. Die anderen Aspekte unserer Hand, die Finger, der Handteller und die Linien, repräsentieren die Quelle unserer Wünsche. Der Daumen aber ist etwas Besonderes: Er gibt uns die Wahlfreiheit und die Möglichkeit, uns unsere Wünsche zu erfüllen. Er steht für das Prinzip, das Wünschenswerte ins Machbare umzusetzen. Ob diese Wünsche dann wirklich alle umsetzbar sind, liegt sowohl in deiner Hand als auch in der des Schöpfers.

Etwas zu materialisieren, bedeutet, aus dem Nichts etwas zu erschaffen. Diesen schöpferischen Prozess erforscht die Wissenschaft schon seit langer Zeit. Und es wird vielleicht noch sehr lange dauern, bis Erkenntnisse vorliegen, die diesen Vorgang wirklich nachvollziehen.

Durch den Daumen haben wir auch die Fähigkeit bekommen, etwas zu halten, festzuhalten und wieder loszulassen. Über den Daumen können wir uns immer wieder neu entscheiden, die Dinge zu kontrollieren oder sie laufen und geschehen zu lassen. Die eine Frage lautet: Woran hältst du dich – mehr an dich selbst oder mehr an andere? Und die andere Frage lautet: Kontrollierst du zu wenig, zu viel, gerade richtig?

Es ist der Daumen, der es uns ermöglicht, Ideen zu manifestieren, umzusetzen, sie zum Erfolg zu bringen. »Il manus« kommt aus dem Lateinischen und bedeutet »Hand«. Das Manifestieren bezieht sich also auf die Hand, die etwas erschaffen kann. Natürlich ist es eine philosophische Frage, ob der Mensch wirklich einen freien Willen zur Manifestation hat oder nicht. Aber der Daumen kann uns schlussendlich eine Antwort darauf geben. Meine Meinung dazu ist: Der Daumen gibt uns die Möglichkeit, alles zu sein, was wir wollen. Ob wir etwas daraus machen oder nicht, liegt buchstäblich allein in unserer Hand.

10.3. Größe des Daumens

10.3.1. Länge, Breite, Volumen

Die Größe des Daumens im Verhältnis zur zugehörigen Hand gibt Aufschluss über die vorhandene Tatkraft des Menschen. Ist ein Daumen lang, breit und weist viel Volumen auf, ist er groß. Manchmal ist er nur kurz, aber ebenfalls breit und voluminös, dann ist er immer noch gut ausgebildet und stark. Solche Menschen packen eine Sache schnell an, gehen aber auch schon einmal mit dem Kopf durch die Wand.

Je länger ein Daumen ist, desto mehr denkt der Mensch über seine Handlungen nach. Je breiter der Daumen ist, desto mehr Sichtbarkeit braucht dieser Mensch. Je dicker ein Daumen ist, desto strapazierfähiger und regenerationsfähiger ist jemand.

10.3.2. Eigenschaften

Freier Wille – göttlicher Wille – guten Willen zeigen – Willenskraft – Durchhaltewille – Kontrolle – Zusammenhalt – Sammlung – Vollkommenheit – Gegendruck – Zurückhaltung Herrscher – Schöpferkraft – hat es im Griff – packt an – große Taten – Veränderungskraft – Handlungsautonomie – machen manifestieren – realisieren – erschafft Resultate – kann alles

erreichen – weiterführend – leistungsfähig – unternehme-
risch – umsetzungsstark – einwirken – beeinflussen – Selbst-
verwirklichung – Selbstregulierung – Selbstbeherrschung
Selbstlenkung – Selbstständigkeit – Unabhängigkeit – freier
Wille – Wahlfreiheit – festhalten – greifen – Bewusstsein – Beobachtungsgabe – nimmt Einfluss auf das Geschehen – die
Fähigkeit, zu dressieren und konditionieren – zähmen/erziehen

10.3.3. Zu viel Daumen-Energie:

Kontrollzwang – Leistungszwang – Erfolgszwang – Umsetz-
ungszwang – Manipulation – herrisch sein – Dominanz
Klammern – Festhalten – besitzergreifend – beherrschen wollen – aufdringlich – erdrückend – behauptend – unsensibel sein
Erwartungshaltung – nur nach außen gerichtet – uneinsichtig
unfähig zur Hingabe – kein Vertrauen haben können – unfähig, sich fallen zu lassen – unfähig, sich treiben zu lassen
unflexibel – Sturheit – Unnachgiebigkeit – Uneinsichtigkeit
Einzelgängertum – alles alleine machen wollen – sich nicht helfen lassen wollen

10.3.4. Zu wenig Daumen-Energie:

Überforderung – fehlende Gegenwehr – fehlender Gegendruck
aufgeben – Schwäche – Haltlosigkeit – Kraftlosigkeit – instabil
sein – sich treiben lassen – Opfer-Dasein – hilfsbedürftig sein
Unselbstständigkeit – Unfähigkeit – manipulierbar – kontrol-
lierbar – beherrschbar – ängstlich – schiebt alles auf – kann sich
nicht aufraffen – kann eine Sache nicht beginnen – kann eine
Sache nicht abschließen

Übung mit dem Lutschbonbon:

Wähle aus den obenstehenden Abschnitten einen Begriff (oder mehrere) aus und wende die Technik an, wie ich sie in Kapitel 4.3 beschrieben habe. Lutsche zuerst jedes Wort einzeln und dann in selbst gewählten Kombinationen.

Schreibe gleich alles auf, was dir in den Sinn kommt. Achte immer auf deine Gefühlslage und auf deine inneren Bilder: Wo öffnet sich dein Herz und dein Brustkorb und wo schließt er sich und wird schwer? Spiele mit den Aufzählungen, lies sie zum Beispiel in einem Zug durch und lasse dann die geballte Ladung auf dich wirken. Oder wähle einen einzelnen Begriff und tauche dann ganz tief in seine Energie ein.

Jedes Wort ist beseelt und eröffnet Welten.

10.4. Beispiele verschiedener Daumen

10.4.1. Großer Daumen

Je größer der Daumen ist, desto eher besteht der Wille zum Erfolg und zur Kontrolle. Solche Menschen wollen ihr Leben im Griff haben, den äußeren Umständen trotzen und der Umwelt ihren Stempel aufdrücken. Menschen mit großen Daumen sind die Erbauer, die Former und Macher. Eine große Herausforderung hingegen ist für sie die Hingabe. Die Dinge zu akzeptieren, wie sie sind, den Geschehnissen ihren Lauf zu lassen und dem Leben zu vertrauen, sind für sie lebenslange Lernprozesse.

10.4.2. Kleiner Daumen

Je kleiner ein Daumen ist, desto mehr besteht die Bereitschaft zu Hingabe und Akzeptanz, aber auch eine Tendenz, alles schleifen zu lassen. Überwindung, (Eigen-)Verantwortung, (Eigen-)Initiative und Selbstermächtigung sind dauerhafte Themen im Leben dieser Menschen. Man ist schneller mit den Ereignissen des Lebens überfordert und fühlt sich schneller höheren Umständen ausgeliefert. Dafür ist es diesen Menschen gegeben, Hilfe anzunehmen, sich dem Leben hinzugeben und den Dingen ihren Lauf zu lassen.

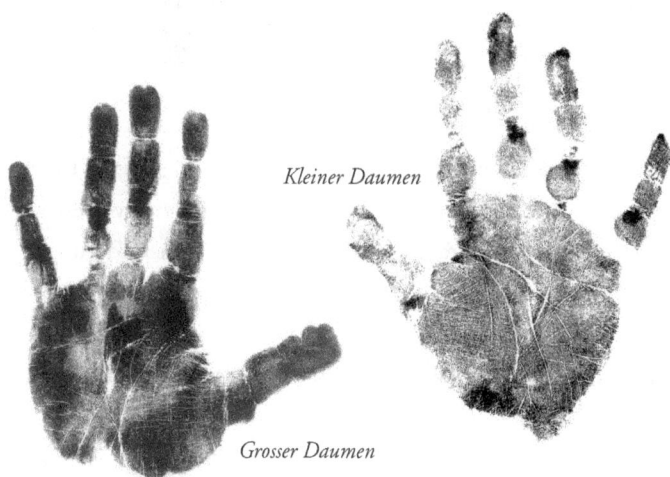

Kleiner Daumen

Grosser Daumen

10.4.3. Kurzer, voluminöser und breiter Daumen

Ein kurzer, voluminöser und breiter Daumen ist ein »Hauruck-Daumen«. Ein solcher Mensch hat enorm viel Energie, kann gut anpacken, will aber auch oft mit dem Kopf durch die Wand gehen. Man lässt sich von nichts und niemandem abhalten, darum wäre es gut, sich zuvor ein paar Gedanken über die Folgen seines Handelns zu machen, bevor man loslegt.

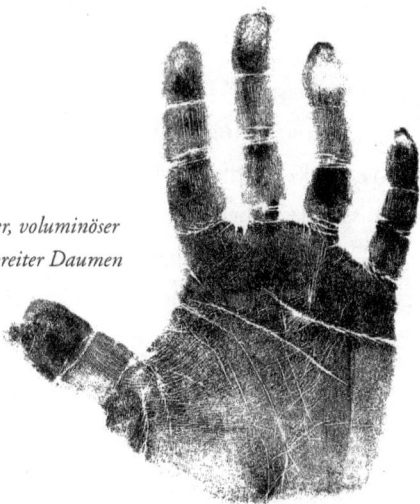

*Kurzer, voluminöser
und breiter Daumen*

10.4.4.Keulendaumen

Wer einen keulenförmigen Daumen hat, ist mit sehr viel Energie ausgestattet und kann mit seinem Willen Berge versetzen.
Solche Menschen brauchen immer wieder Herausforderungen
in ihrem Leben, in denen sie sich beweisen und hartnäckig an
etwas dranbleiben können. Wenn sie sich nicht in adäquaten
Projekten ausleben können, werden sie oft stur und starköpfig.

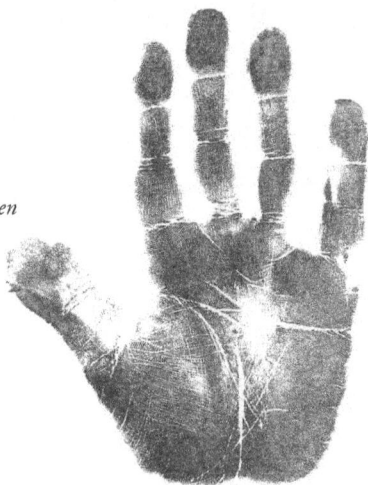

Keulendaumen

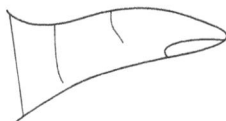

10.4.5. Flacher Daumen

Der flache Daumen zeigt jemanden, der sich stets selber unter Druck setzt. Meistens gehen solche Menschen über ihre Grenzen des Möglichen. Der Keulendaumen hat die erforderliche Substanz, der flache Daumen hingegen nicht und macht es mehr über den Zwang. Beide Menschentypen diskutieren bei der Umsetzung ihrer Wünsche nicht lange, dem Menschen mit dem flachen Daumen geht aber eher die Luft aus.

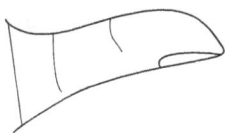

Normaler Daumen   *Flacher Daumen*

10.5. Der Oppositionswinkel

10.5.1. Wie viel Einflussnahme brauche ich?

Die Größe des Oppositionswinkels zwischen Daumen und Zeigefinger zeigt an, wie viel Einfluss jemand im Leben nehmen will: je größer der Winkel, desto größer der Wunsch nach Einflussnahme, je kleiner, desto weniger. Der Winkel zeigt an, wie weitläufig der Einflussbereich idealerweise sein müsste, damit dieser Mensch sich weder unterfordert noch überfordert fühlt. Oder anders gesagt: Der Daumen ist der Gärtner und der Oppositionswinkel zeigt die Wunschgröße seines Gartens an, die er braucht, um glücklich zu sein. Ob der Daumen diese Fläche im Leben auch wirklich bekommt, zeigt der Winkel nicht, das muss man in der Handanalyse nachfragen.

Daumen, die weit von den Fingern abstehen, das kann bis zu einem 90°-Winkel gehen, haben einen großen Oppositionswinkel und diese Menschen brauchen somit einen großen Aktions- und Wirkungsradius in ihrem Leben. Das kann eine eigene Firma sein, ein Verein, dem sie vorstehen, eine Mannschaft, die sie trainieren usw. Sie sind hungrig nach Leben und wollen hinaus in die Welt.

Daumen, die nahe bei den Fingern stehen, haben einen kleinen Oppositionswinkel. Solche Menschen sind eher introvertiert, genügsam und bescheiden. Sie fühlen sich wohler mit einem kleineren Wirkungsbereich, größere Projekte machen ihnen Angst und können sie überfordern. Sie müssen in ihrem Leben nicht unbedingt große Ergebnisse erreichen, sind zufrieden, wenn sie ihre zugewiesene Arbeit machen können und einen sicheren Lohn dafür erhalten. Sie setzen sich in der Regel keine hohen weltlichen Ziele und sind mit wenig äußerem Erfolg zufrieden.

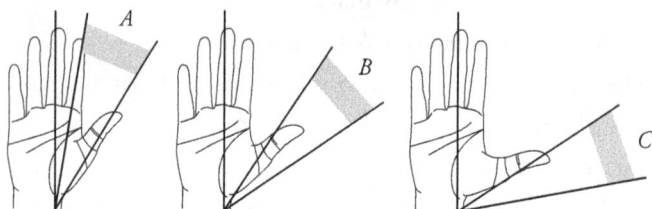

Kleiner Winkel (A), Mittlerer Winkel (B), Grosser Winkel (C)

10.5.2. Eigenschaften des kleinen Oppositionswinkels

- braucht fachliche und menschliche Führung (und nimmt sie meist auch an)
- kleine Herausforderungen und Verantwortungen
- eher passiv als aktiv – versteckt sich
- wenig belastbar – schnell erschöpft – im Extremfall ist der Wille gebrochen

10.5.3. Eigenschaften des mittleren Oppositionswinkels

- Angestellter, bspw. Projektleiter mit fachlicher Verantwortung
- eine zuverlässige Arbeitskraft
- arbeitet selbstständig im definierten Rahmen
- durchschnittlich belastbar

10.5.4. Eigenschaften des großen Oppositionswinkels

- braucht komplexe Projekte und weite Wirkungsbereiche, ein weites Territorium (bspw. einen großen Garten)
- selbstständiger Unternehmer
- maximale Tatkraft
- sehr belastbar

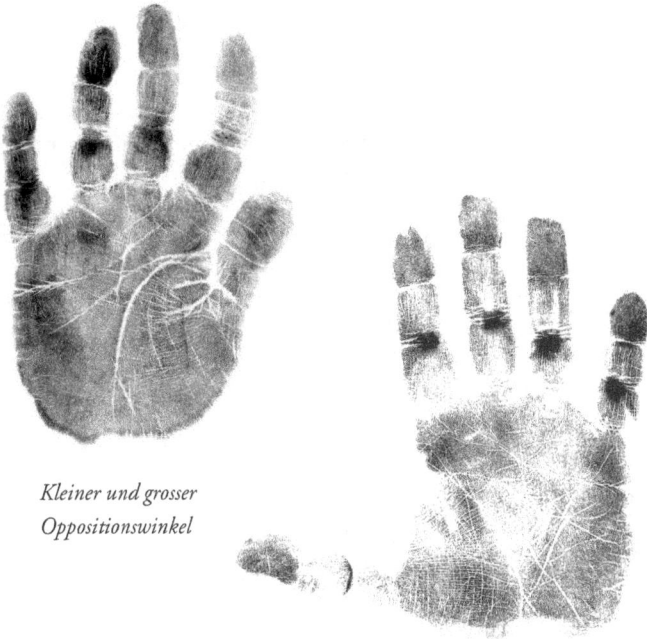

Kleiner und grosser Oppositionswinkel

10.6. Weitere wichtige Merkmale
10.6.1. Biegung

Was die Biegung generell aussagt, habe ich bereits in Kapitel 9.5 beschrieben. Beim Daumen erwähne ich sie darum noch mal explizit, da sie sehr aussagekräftig ist. Denn hier gibt sie Auskunft darüber, wie ein Mensch nach außen hin auftritt und wie er seine Erfolge erreicht: eher impulsiv und unkontrolliert (gebogener Daumen) oder rational und kontrolliert (gerader Daumen).

- Menschen mit gebogenem Daumen agieren mehr südländisch, warm und herzlich. Sie erscheinen eher unkontrolliert und impulsiv, sie lassen sich von ihren Emotionen und ihrem Herzen leiten, bringen Enthusiasmus in eine Aufgabe, sie haben ein offenes Naturell und ihre Gefühle geben den Ton an. Sie sprechen leicht auf atmosphärische Stimmungen an und können sich auf der Bühne gut darstellen.

- Menschen mit einem geraden Daumen agieren mehr nordländisch, kühl und distanziert. Sie erscheinen eher kontrolliert und rational, sie lassen sich von der Vernunft leiten, machen die Dinge nach Plan, tun Dinge aus einem bestimmten Grund, haben ein eher reserviertes Naturell und ihre Logik gibt den Ton an.

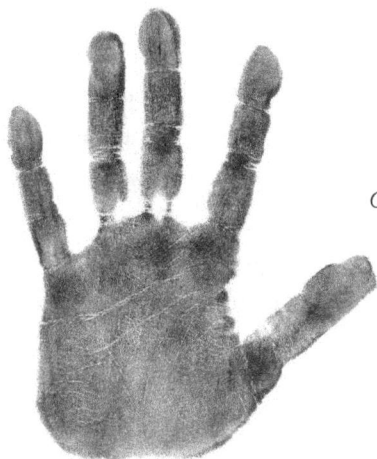

Gerader und gebogener Daumen

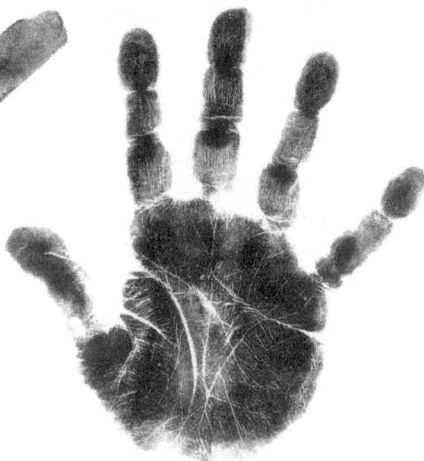

10.6.2. Flexibilität

Alle Finger können auf ihre Flexibilität bzw. Biegsamkeit hin geprüft werden (siehe Kapitel 11.14.3). Da der Daumen unter den Fingern eine besondere Stellung hat, weist auch seine Flexibilität eine besondere Aussagekraft auf. Daumen variieren in ihrer Biegsamkeit von »steif wie eine Eiche« bis »sehr beweglich wie eine Weide«. Je flexibler der Daumen, desto flexibler ist sein Besitzer, wie er mit dem Leben und dessen Resultaten umgeht. Die Flexibilität kann sich auch auf das Körperliche beziehen, denn oft haben Menschen mit einem biegsamen Daumen auch einen biegsamen Körper. Sie bewegen sich eher geschmeidig, weich, locker und fließend.

• Menschen mit Eichendaumen haben hohes Durchhaltevermögen, wenn etwas unvermeidlich ist, halten sie bis zum Ende durch. Sie sind nicht leicht ablenkbar und ziehen etwas durch. Sie können stur auf ihrem Standpunkt bestehen. Sie haben eher Angst vor Veränderungen und lassen sich ungern auf Prozesse ein.

• Menschen mit Weidendaumen sind in fast jeder Hinsicht flexibel. Sie gehen oft den Weg des geringsten Widerstandes, Hindernisse umgehen sie, um im Leben weiterzukommen. Sie warten auf eine gute Möglichkeit und springen dann auf den Zug auf. Sie lassen sich auch auf Prozesse ein, ohne zu wissen, wie das Ergebnis aussieht.

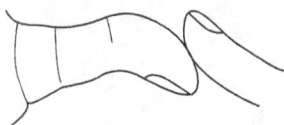

Weidendaumen (flexibel)   Eichendaumen (unflexibel)

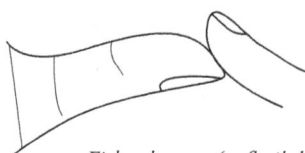

10.6.3. Drei Gelenke

Der Daumen besitzt drei bewegliche Gelenke, jedes steht für eine entsprechende Qualität und Fähigkeit. Das obere und mittlere Gelenk kann durch einen Gegendruck getestet werden, ob es eher hart, weich oder genau richtig ist. Härte in einem Gelenk kann von Disziplin herrühren, aber auch durch ein hartes Leben oder durch Angst entstanden sein. Weiche Gelenke sind ein Zeichen von Gelassenheit, Hingabefähigkeit und Vertrauen, aber auch von Passivität. Die Flexibilität kann bei jedem Gelenk unterschiedlich sein und es kann Abweichungen zwischen der linken und der rechten Hand geben.

• Das obere Daumengelenk repräsentiert die sachliche Ebene. Es zeigt unsere Fähigkeit, die Resultate unsrer Vorhaben zu kontrollieren.

- Das mittlere Daumengelenk repräsentiert die menschliche Ebene. Es zeigt unsere Fähigkeit, Menschen anleiten und zusammenhalten zu können.

- Das untere Daumengelenk liegt bereits im Handballen und repräsentiert die rhythmische Ebene. Es zeigt unsere Fähigkeit, nach unserer eigenen inneren Uhr und unserem eigenen Takt zu leben.

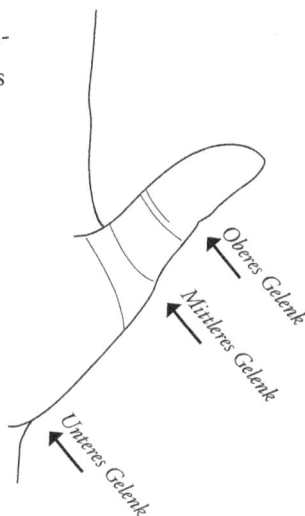

Oberes Gelenk

Mittleres Gelenk

Unteres Gelenk

10.6.4. Drei Zonen

Wie die Finger ist auch der Daumen in drei Zonen gegliedert. Jede dieser Zonen steht für ein bestimmtes Energiezentrum (Chakra) und birgt jeweils eine ganz eigene Dimension der Kraft in sich (siehe Kapitel 11.3). An dieser Stelle seien erst einmal nur die wichtigsten zugehörigen menschlichen Eigenschaften und Kräfte aufgezählt:

- Die untere Daumenzone steht für die Kommunikation, die Offenheit, die Kreativität und den Ausdruck des Menschen.

- Die Mittelzone des Daumens steht für die Weitsichtigkeit, die Unterscheidungs- und Entscheidungsfähigkeit sowie die Logik des Menschen.

- Die obere Daumenzone repräsentiert die Willenskraft, die Disziplin und den freien Willen des Menschen.

Wenn bei einem Handabdruck nur die obere Daumenzone sichtbar ist, also losgelöst vom übrigen Handabdruck er-

scheint, gilt dies als Zeichen, dass
der Mensch nur noch über seinen
starken Willen funktioniert. Er
lebt mechanisch und hat eigentlich keine Ahnung mehr, was er
mit seinem Leben anstellen soll.
Oder er ist mit seinem Leben
überfordert und weiß nicht, wie
er aus dieser misslichen Lage
herauskommen soll. Er hängt

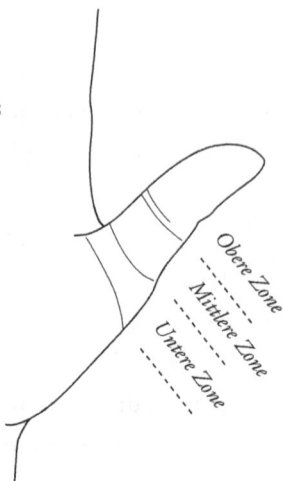

Obere Zone
Mittlere Zone
Untere Zone

dann buchstäblich in der Luft und hat Angst, im Leben abzu-
stürzen. Diesen Daumen nenne ich daher »Cliffhanger« – nach
dem gleichnamigen Film mit Sylvester Stallone.

"Cliffhanger-Daumen"

10.6.5. Daumenansatz

Der Ansatz des Daumens zeigt die im Menschen vorhandene
Fähigkeit, konkrete Resultate zu erbringen. Um den Ansatz zu
messen, stelle man sich eine vertikale Linie vor, die vom Hand-

gelenk bis zum Ansatzpunkt des Daumens reicht. Je größer diese Distanz ist, desto höher der Ansatz, je kleiner diese Distanz ist, desto tiefer der Ansatz.

- Bei einem hohen Ansatz ist die Rotation des Daumens eingeschränkt. Somit ist auch die Fähigkeit, sichtbare Ergebnisse zu erzielen, kleiner. Hindernisse werden als größer und zahlreicher wahrgenommen. Mehr Aufwand ist nötig, um gesetzte Ziele zu erreichen. Der Vergleich mit anderen kann am Selbstwert nagen.

- Bei einem tiefen Ansatz ist die Rotation des Daumens größer, gesteckte Ziele können daher einfacher erreicht werden. Es werden mehr Dinge erledigt. Solche Menschen haben ein starkes Selbstvertrauen und Selbstwertgefühl, aber wenn sie nicht genug gefordert sind oder ihnen nicht gleich alles in den Schoß fällt, langweilen sie sich auch schnell.

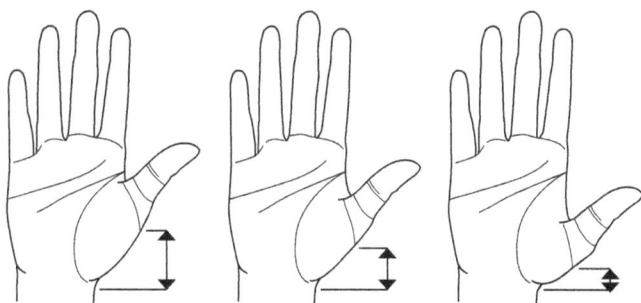

10.6.6. Daumenkuppe

Die Daumenkuppe kann unterschiedlich ausgeprägt sein: eckig, spatelförmig, rund oder spitz. Die Form der Kuppe zeigt, wie ein Mensch seinen freien Willen einsetzt, wie sich seine persönliche Willenskraft (mein Wille geschehe) mit dem höheren

Willen (dein Wille geschehe) verbindet. Die Spitze zeigt, auf welche Art ein Mensch sein Leben anpackt, wie er das Leben wahrnimmt und woran er sein Leben orientiert.

- Menschen mit einer eckigen Daumenkuppe setzen ihren Willen praktisch und vernünftig ein, sie orientieren sich an dem Realen, was man greifen und begreifen kann.

- Wer eine spatelförmige Daumenspitze aufweist, setzt seinen Willen direkt, temperamentvoll und energisch ein. Er orientiert sich am Außergewöhnlichen, Neuen und Unkonventionellen.

- Menschen mit einer runden und konischen Daumenkuppe setzen ihren Willen diplomatisch und rücksichtsvoll ein. Sie orientieren sich am Schönen, Ästhetischen, Idealen und geistig Kultivierten.

- Die spitze Daumenkuppe weist auf einen Charakter hin, der seinen Willen sanft und liebevoll einsetzt. Diese Menschen orientieren sich an der feinstofflichen Welt, an dem, was nicht materiell real ist und (in ihrer Wahrnehmung) dennoch existiert.

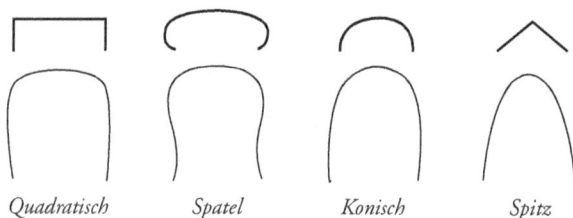

Quadratisch *Spatel* *Konisch* *Spitz*

10.7. Psychologischer Exkurs: innere und äußere Stabilität

Wir wissen nun: Der Daumen stabilisiert, hält zusammen und kontrolliert. Das Element »Erde«, der Saturn-Finger (Mittelfinger, siehe Kapitel 11) sowie d-Linie (Schicksalslinie) weisen ähnliche Eigenschaften auf. Diese vier Faktoren sind aber die einzig stabilen, alle anderen archetypischen Kräfte bringen auf irgendeine Art Bewegung ins Spiel.

Nun führen aber Härte, Starrheit und Kontrolle, also übertriebene Eigenschaften des Erde-Elements, nicht automatisch zur inneren charakterlichen Stabilität. Wenn große oder unerwartete Veränderungen im Leben sehr erdig veranlagter Menschen eintreten, verlieren diese schneller als andere das innere Gleichgewicht. Oder sie zerbrechen psychisch sogar an diesem Ereignis. Echte Stabilität entsteht somit nicht durch Starrheit. Sie entsteht vielmehr aus der Harmonie und dem gehaltenen Gleichgewicht aller vier Elemente, selbst wenn Erde das tragfähigste Element ist.

Wenn in einem Charakter aber das Element »Erde«, die sicherheitsorientierte Saturn-Kraft oder die erfolgsorientierte Daumen-Kraft nur untergeordnet vorkommen, können diese fehlenden Qualitäten auch nicht über äußere Stützen kompensiert werden. Vielleicht versucht dann ein Mensch, sich über einen starren Tagesplan, über eine bestimmte Ernährungsform oder starr definierte Religionsrituale zu stabilisieren. Aber es ist, wie auf Krücken zu gehen: Sie stabilisieren zwar den Körper, aber der innere Charakter bleibt schwach. Es fehlt im übertragenen Sinn an Rückgrat. Wahre Stabilität kann also nur von einer inneren Haltung kommen. Das geht vor allem über die eigene Willenskraft und über die innere Überwindung – man muss bewusst über seinen eigenen Schatten springen. In der täglichen Praxis kann man über Wiederholungen und Geduld zu dem Bewusstsein und der Einsicht gelangen: »Ja, ich habe es begriffen. Ich sehe ein, dass es nötig ist, diese Schritte nun zu tun, um mein inneres Gleichgewicht der Elemente wiederherzustellen!«

Im Spitzensport wird uns dies immer wieder eindrücklich aufgezeigt. Mit Willenskraft, der richtigen Einstellung und dem erforderlichen Wissen können wir Schwächen in Stärken umwandeln. Wir zahlen einen zu hohen Preis an Lebensqualität, Lebensfreude und Gesundheit, wenn wir die Kräfte in uns einfach schleifen lassen. Politik, Wirtschaft, Religion und Unterhaltungsindustrie ziehen aus unbewussten Menschen sicher ihre Vorteile: Sind wir überfordert, unselbstständig und orientierungslos, dann lassen wir Vieles mit uns machen und leisten wenig Widerstand.

Für innere und äußere Stabilität in seinem Leben zu sorgen, ist eine Frage der Einsicht, des Willens und der Umsetzung. Es ist ein Akt der Bewusstheit!

Ich möchte das Thema »Daumen« noch mit einem kleinen Rechenbeispiel abschließen, das ich persönlich sehr faszinierend finde:

- *Elemente:* Erde zu Wasser, Luft und Feuer => 1:3
- *mythologische Archetypen:* Saturn zu den übrigen => 1:9
- *Daumen:* die Kontrolle, der Gärtner, der Meister => 1:0

Somit steht es in dieser Gleichung 3:12. Wir haben satte zwölf Qualitäten, die für Bewegung und Unruhe im Leben sorgen, und magere drei dafür, dass nichts aus dem Ruder läuft. Wie soll man dies deuten? Meine Version: Wenn das Leben für den Menschen ein berechenbares, planbares und ruhiges Leben vorgesehen hätte, entspräche dieser Wunsch nicht wirklich der Verteilung der Naturgewalten in uns. Wie siehst du das? Denke einmal darüber nach.

11. Die Finger: Bäume im Garten

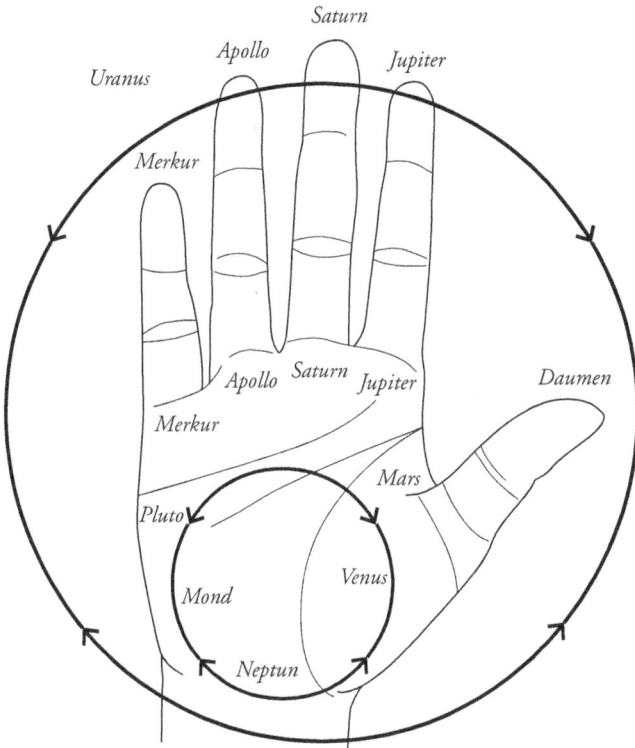

Zwei unterschiedliche Kreisläufe

- *Innen: instinktive, intuitive Basis: Neptun, Mond, Venus, Mars, Pluto*
- *Aussen: mentale Basis: Merkur, Apollo, Saturn, Jupiter, Uranus*

Von Innen nach Aussen im Uhrzeigersinn
Neptun, Mond, Pluto, Merkur, Apollo, Saturn, Jupiter, Mars, Venus
(Uranus zeigt sich an unterschiedlichen Orten)

Von Innen nach Aussen im Gegenuhrzeigersinn
Neptun, Venus, Mars, Jupiter, Saturn, Apollo, Merkur, Pluto, Mond
(Uranus zeigt sich an unterschiedlichen Orten)

11.1. Wer ist wer?

Nachdem wir den Daumen ausführlich behandelt haben, kommen wir nun zu den vier Fingern: Sie sind vergleichbar mit Bäumen in einem Garten: Sie sind für alle gut sichtbar, wenn man am Garten vorbeispaziert. Im Gegensatz dazu steht der Handteller, der das nicht sichtbare Erdreich mit dem Wurzelsystem repräsentiert. Die Finger stehen also für diejenigen menschlichen Eigenschaften, die für andere relativ leicht und schnell erkennbar sind. Hingegen steht das, was sich unterhalb der Finger befindet, also der Handteller mit Volumenverteilung und Linienverkehr, für die Persönlichkeitsanteile, die man als Außenstehender nicht sofort wahrnimmt, sondern erst dann, wenn man den Menschen näher kennt. Der Daumen spielt, wie im letzten Kapitel beschrieben, eine besondere Rolle, denn er ist der Gärtner im Garten: Er wacht über die Bäume und das Erdreich und betreut, pflegt und kontrolliert sie.

Stehen die Bäume gerade, stolz, gleichförmig und robust im Garten, sind sie gesund. Stehen sie dünn, krumm, sehr kurz oder wackelig da, sind sie ungesund. Oder etwas dezenter formuliert: Dies weist auf einen Mangel oder ein Ungleichgewicht hin. Besonders wenn das nach außen hin gezeigte Verhalten eines Menschen unehrlich oder vorgetäuscht ist, zeigt sich dies immer in der Fingerform. Denn wie du zweifellos selbst immer wieder bemerkst, verhalten sich viele Menschen oft gegenteilig zu dem, wie sie sich fühlen. Aber die Finger sind immer ehrlich und zeigen, ob ein Mensch gerade dasteht oder ob er sich verbiegt. Doch dazu später mehr.

In den folgenden Kapiteln werden die Finger in ihre Eigenschaften kurz beschrieben. Sie haben – stellvertretend für die repräsentierten typischen Kräfte – folgende Namen aus der griechischen Mythologie bzw. römischen Götterwelt (siehe auch Kapitel 12):

- Zeigefinger – Göttervater Jupiter
- Mittelfinger – ursprünglicher Göttervater (Göttergroßvater) Saturn
- Ringfinger – Sonnengott Apollo
- Kleiner Finger – Merkur, Gott des Heilens und des Austausches

11.1.1. Zeigefinger / Jupiter:
Ziele, Visionen, Ambitionen, Führung

Der Zeigefinger (Jupiter) zeigt, wo es langgeht. Er steht für unsere Ziele im Leben. Der Jupiter in unserer Hand zeigt: Sind diese Ziele materiell oder idealistisch ausgerichtet? Was wollen wir? Was erachten wir als erstrebenswert? Haben wir Ambitionen? Wollen wir etwas erreichen? Oder geben wir uns schnell mit dem Vorhandenen zufrieden?

11.1.2. Mittelfinger / Saturn:
Verantwortung, Pflicht, Sicherheit, Struktur

Der Mittelfinger (Saturn) bildet das Rückgrat der Hand. Er steht für die Stabilität, den Halt und die Struktur in unserem Leben, er zeigt, wie wir für unsere Sicherheit sorgen und ob wir Verantwortung übernehmen können. Seine Themen sind zudem das Pflichtbewusstsein, die Verlässlichkeit, Ernsthaftigkeit und Absicherung.

11.1.3. Ringfinger / Apollo:
Individualität, Strahlen, Einmaligkeit, Kunst

Der Ringfinger (Apollo) steht für unsere Individualität, denn jeder Mensch ist einzigartig, ist ein Kunstwerk, ein Werk der Schöpfung. Wie dieses Werk der Welt gezeigt wird, wie wir uns herausputzen, uns typgerecht kleiden, oder ob wir eher eine graue Maus sind, das zeigt dieser Finger an. Zeigen wir uns über unser Strahlen, über unser Charisma? Oder verstecken wir uns lieber, weil wir Angst vor Kritik oder Missbilligung haben?

11.1.4. Kleiner Finger / Merkur:
Austausch, Beziehung, Kommunikation, Heilen

Der kleine Finger (Merkur) steht für alle Lebensbereiche, in denen es um Austausch geht, sei es der geistige Austausch, der materielle oder der körperliche. Alles, was die Beziehung zu anderen (und somit zu sich selbst) betrifft, gehört in das Reich von Merkur. Bin ich ein guter Denker und Redner? Oder ein guter Geschäftsmann? Wie wichtig ist mir Sex und Intimität? Der kleine Finger verrät es uns.

11.2. Proportionen der Finger

Die Proportionen der Finger haben in der Handanalyse eine sehr große Bedeutung, denn in ihnen liegen viele aussagekräftige Informationen über die Veranlagung eines Menschen. Man beachtet aber immer nur die Proportionen der Finger untereinander, man vergleicht die Finger nie mit den Fingern der anderen Hand. In diesem Kapitel geht es auch nur um die vier Finger, der Daumen wurde aufgrund seiner speziellen Bedeutung im vorherigen Kapitel separat betrachtet. Die Finger werden in ihrer Länge, ihrer Breite und in ihrem Volumen betrachtet, diese drei Faktoren haben jeweils ihre ganz eigene Bedeutung. Die drei Zonen von jedem Finger entsprechen auch jeweils einem eigenen Themenfeld und werden darum einzeln angeschaut, aber mehr dazu erst im folgenden Kapitel. Schauen wir uns zuerst die Länge, die Breite und das Volumen eines Fingers an:

Länge
Je länger ein Finger ist, desto mehr ...
- Zeit verbringt jemand in der Thematik dieses Fingers.
- beschäftigt sich jemand mental mit der Energie dieses Fingers.
- denkt jemand über die Themen nach, die der entsprechende Finger repräsentiert.

Breite
Je breiter ein Finger ist, desto mehr ...
- will jemand die Dynamik des Fingers sichtbar in der Welt ausbreiten, vermehren.
- Raum nimmt man für die entsprechenden Qualitäten ein.
- Sichtbarkeit verschafft jemand der Thematik des entsprechenden Fingers.

Volumen
Je dicker ein Finger ist, desto mehr ...
- Energie steht diesem Menschen für die entsprechende Finger-Qualität zur Verfügung.
- Regenerationsfähigkeit ist vorhanden (sofern der Finger nicht weich ist).
- Ruhe strahlt jemand aus. Je dünner der Finger, desto nervöser ist jemand.

Wie schon in Kapitel 9.3 beschrieben: Wenn ein Finger auffällig kurz ist, sind die entsprechenden Qualitäten nicht stark im Bewusstsein des Menschen vorhanden. Er denkt nicht lange über das vom Finger repräsentierte Thema nach und es spielt auch generell im Leben keine so große Rolle:

- Wer einen kurzen Jupiter hat, macht sich keine großen Gedanken über seine Ambitionen, hadert aber eher mit seinem Selbstvertrauen, Machtspiele mag er gar nicht, kann sich aber zur Kompensation trotzdem aufplustern und andere schikanieren. Es gibt viele Führungspersönlichkeiten mit einem kurzen Jupiter (bspw. Barack Obama).

- Jemand mit einem kurzen Saturn rebelliert schnell einmal, wenn er in einen vordefinierten Rahmen gezwängt wird oder zur Pflicht gerufen wird.

- Jemand mit einem kurzen Apollo macht sich lieber unsichtbar, passt sich an und scheut die Bühne des Lebens.

- Wer einen kurzen Merkur hat, teilt sich anderen gegenüber nicht gern mit. Zudem muss er an seiner Wahrnehmung arbeiten sowie den ehrlichen Blick in den Spiegel riskieren.

Durchschnittshöhe   *Langer Apollo und*   *Langer Jupiter und Merkur,*
                             kurzer Jupiter   *und kurzer Apollo*

11.3. Drei Fingerzonen

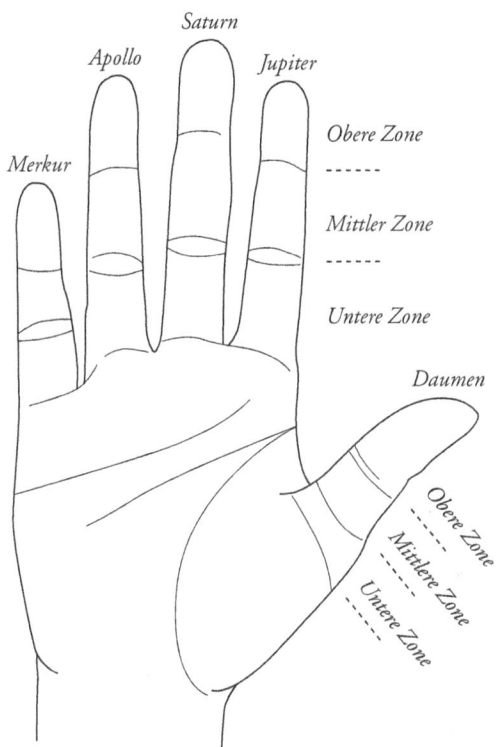

11.3.1. Drei Welten von Bewusstsein

Die Hände als Ganzes oder die Finger im Speziellen können in drei Zonen aufgeteilt werden: oben – mittig – unten.
Jeder dieser Zonen steht für eine eigene Bewusstseinswelt im
Menschen. Zudem repräsentiert jeder Finger einen bestimmten Themenbereich im Leben. Wenn wir also die vier Finger
nehmen, zählen wir insgesamt zwölf Zonen in jeder Hand. Der
Daumen zählt in diesem Fall nicht, seine drei Zonen werden
anders bewertet.

Ich werde nicht auf jede Fingerzone einzeln eingehen, das würde auch schon wieder ein eigenes Buch abgeben. Achte nur darauf, was dir bei diesen drei Zonen auffällt, und vergleiche sie miteinander. Ist eine Fingerzone zum Beispiel bedeutend länger als die anderen, zeugt dies von einer verstärkten Ausrichtung im Leben, viel Zeit in diesem Thema verbringen zu wollen. Ist eine Zone viel breiter als alle anderen, stellt sich der Mensch über diese Eigenschaft besonders gern dar.

Sind alle Fingerzonen oder alle Finger im Vergleich untereinander gleichmäßig geformt, spricht man die zugehörigen Themen in der Handanalyse nicht an. Ich spreche nur über diejenigen Zonen, die auffällig abweichen, also entweder sehr lang, sehr breit oder sehr schmal sind.

Und zur Wiederholung: Die Vergleiche ziehen wir immer nur innerhalb der Hand, verschiedene Hände werden nicht miteinander verglichen.

Die drei Fingerzonen korrespondieren analog mit den folgenden Themenbereichen:

- unten – Mitte – oben
- Körper – Geist – Seele
- fest – flüssig – gasförmig
- Kind – Eltern – Erwachsensein
- Erde – Alltag – Himmel
- Vergangenheit – Gegenwart – Zukunft
- Lust – Tun – Idee
- negativ – neutral – positiv
- Tamas – Raja – Sattwa
- Produktion – Transfer – Innovation

Zusammenfassend kann man sagen:

- Sind die unteren Zonen auffällig, weist dies auf ein aktives Triebleben hin, Sinnlichkeit, aber auch Trägheit können ein Thema sein. Je mehr die untere Zone bei einem Abdruck fehlt, was nicht selten vorkommt, desto weniger geerdet sind diese Menschen.

- Sind alle Mittelzonen in Masse oder Volumen sehr ausgeprägt, ist dieser Mensch sehr umsetzungsstark. Im Alltag zeigt sich, dass die geistige und die materielle Energie zusammenkommen.

- Zeigen sich alle oberen Fingerzonen ungewöhnlich lang, breit oder voluminös, handelt es sich um einen geistig sehr aktiven Menschen. Er lebt lieber im Reich der Fantasie als im konkret Machbaren.

11.3.2. Untere Fingerzonen: Triebe

Die unteren Fingerzonen repräsentieren die negativ geladene Energie, das Yin, die passive Seite, die Empfangszone von unten, die kinästhetische Seite, den Körper. Sie zeigen die Triebe, die Affekthandlungen und die Instinkte eines Menschen sowie unseren ständigen Kampf mit den Naturgesetzen der Erde. Diese Zone zeigt auf: unsere Körpersprache, unser Körpergefühl, wie wir die Welt mit unseren fünf Sinnen wahrnehmen, und unsere selbstbezogenen Verhaltensweisen.

Je runder und voller die unteren Fingerzonen sind, desto emotionaler und kindlicher, aber auch bequemer sind diese Menschen. Stichworte dazu sind: Ekstase, Heißhunger, Spielfreude, Bequemlichkeit, Spontanität, ausgeprägtes Triebleben. Je eckiger oder je schmaler sich diese Zone in dem Abdruck zeigt, desto mehr Verzicht, Disziplin, Härte und vielleicht sogar

Askese wird gelebt. In Phasen der Trauer können die unteren Zonen ausgelaugt erscheinen, können sich durch einen entspannten und sinnlichen Lebensstil aber mit der Zeit wieder auffüllen.

Die unteren Fingerzonen zeigen auch den Grad unserer Empfindlichkeit, Großzügigkeit, Maßlosigkeit und Zugänglichkeit auf, alles, was mit körperlicher Wärme und körperlichen Berührungen zusammenhängt. Die Frage, die sich stellt, lautet: Wie gut kannst du dich gehen und fallen lassen?

11.3.3. Psychologischer Exkurs

Untere Fingerzone = Vergangenheit = Kind-Ich

In der unteren Zone liegt der Teil von dir, der spielen will und der das Leben so nimmt, wie es kommt. Es geht hier hauptsächlich um die Freude und Lust am Leben selbst. Aus der eigenen, subjektiven Welt heraus zu leben, so, wie es Kinder tun. Es ist das herzhafte Lachen, das tief aus dem Bauch kommt. Ich nenne diese untere Zone auch die »Balu-Zone«, denn Balu ist der gemütliche Bär aus dem »Dschungelbuch«. Er singt den bekannten Ohrwurm: »Versuch's mal mit Gemütlichkeit«.

Je größer, breiter und runder die unteren Fingerzonen sind, umso mehr rückt das Thema Maßlosigkeit ins Zentrum. Diese Menschen müssen wie die Kinder stets im Zentrum der Aufmerksamkeit sein, sie glauben, alles drehe sich nur um sie. Sie können auch sehr einnehmend, besitzergreifend und erdrückend werden. Die erwachsene Form von Balu-Zonen wäre, sich gut um andere zu kümmern, aber auch wieder davon ablassen zu können – oder eine Bühne zu finden, wo sie ihre Show abliefern und ihre einnehmende Energie auf ein breites Publikum verteilen könnten.

Stichworte für die Lutschbonbon-Technik:
Sinnlichkeit – Erde – Genuss – Verbin-
dung zur Natur – Wurzeln Lust – Kon-
taktfreudigkeit – Körper – Spielen
Charme – Bauch-gefühl – Kind

Runde und volle
untere Zonen

Quadratische
untere Zonen

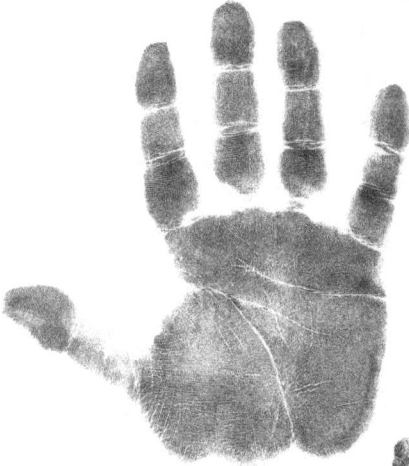

Schwache untere Zonen

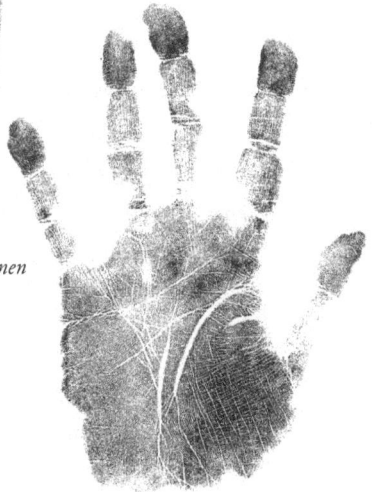

11.3.4. Mittlere Fingerzonen: Umsetzungsvermögen

Die mittleren Fingerzonen repräsentieren die neutrale Energie zwischen den körperlichen (unten, negativ) und geistigen Aspekten (oben, positiv). Der Mensch hat eine Idee, sucht sich das dafür benötigte Material und produziert damit ein Produkt. Die mittlere Zone zeigt also die Umsetzung, die Verwirklichung, das Manifestieren. Hier kann man ablesen, was der Mensch alles in seinem Leben besitzen will. Hier wird bearbeitet und balanciert, was die obere Plus- und die untere Minus-Zone vermitteln. Sie ist die Brücke oder die Transferzone in der Dualität zwischen aktivem Vermitteln und passivem Empfangen. Es dreht sich hier um materielle Fülle und Reichtum, unseren praktischen Alltag, unsere Arbeit, unser Tagesgeschäft, die Realität, die Welt des Machbaren. Es ist auch die Welt des Sparens, der Sicherheit, der Struktur sowie die Sammelzone von Erfolgen.

Wenn die Mittelzonen schwach ausgeprägt sind, heißt dies aber nicht automatisch, dass diese Menschen keinen Erfolg oder keinen materiellen Reichtum haben. Aber es weist darauf hin, dass dies nicht ihr primärer Ansporn im Leben ist. Sie sind bescheiden und materieller Wohlstand bedeutet ihnen nicht so viel.

11.3.5. Psychologischer Exkurs

Mittlere Fingerzonen = Gegenwart = Eltern-Ich

In der mittleren Zone sind wir in der Welt unserer mentalen Prägungen, in dem, was uns unsere Eltern beigebracht oder vielleicht sogar eingetrichtert haben: Maßregelungen, Verhaltensregeln, Traditionen usw. Es ist die Welt der persönlichen Meinungen und Sichtweisen, dessen, was als richtig und falsch angesehen wird oder als gut und böse. Die mittlere Fingerzone ist auch der Ort, wo man von anderen lernen und die Welt entdecken könnte, wenn man wollte. Hier werden Lebensmodelle und Weltbilder im Alltag praktiziert und umgesetzt.

Stichworte für die Lutschbonbon-Technik
praktisch – Alltag – Qualität – Materiell – Tun – Besitztum
Konsum – Umsetzung – Sicherheit – Brücke – Materie – Eltern

Starke mittlere Zonen

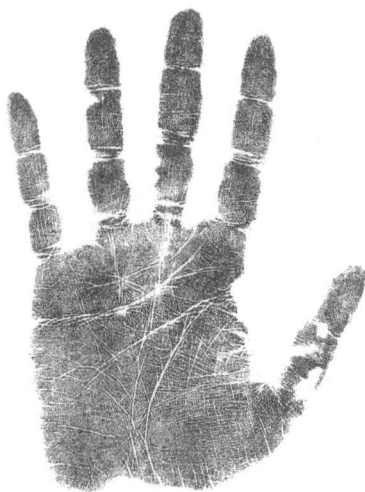

Schwache mittlere Zonen

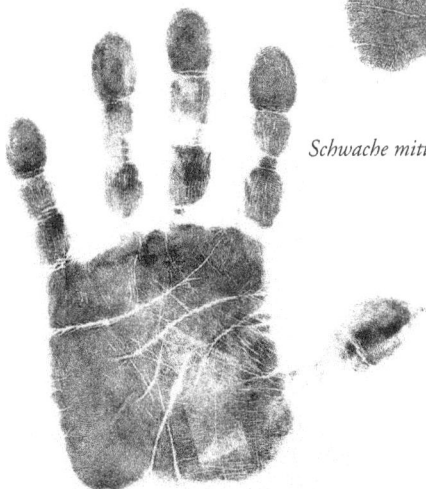

11.3.6. Obere Fingerzonen: Geist

Die oberen Fingerzonen repräsentieren die positive Energie, das Yang, den Strahlenkranz, den Kopf, die Empfangszone von oben, die transzendente Welt, die Erkenntnis. Es ist die Dimension der Träume, Visionen, Fantasien, inneren Bilder, des Abstrakten, der Metaebene, der Vorstellungskraft, der Horizonterweiterung und der Ideale. Die Kuppen sind die Sammelzonen von Wissen, Information und Zusammenhängen, sind unsere feinen Antennen durch unser Fingerspitzengefühl. Sie repräsentieren die geistige Welt und das Bedürfnis, die höhere Ordnung erfassen zu wollen, und unser Vermögen, mit dem göttlichen Prinzip in Verbindung zu treten und es zu empfangen. Sie zeigen auf, wie du die Welt abtastest und wie du eine gesunde Distanz zu den Dingen (in der mittleren Zone) einnehmen kannst.

Bei Kindern ist diese Zone noch kurz und klein, es dominieren dafür die unteren Zonen. Sie haben noch keine Ideen, keine Konzepte von der Welt und all ihren Geheimnissen und Gefahren. Sie können noch nicht abstrahieren.

11.3.7. Psychologischer Exkurs
Obere Fingerzonen = Zukunft = Erwachsenen-Ich

In der oberen Zone geht es um die Fähigkeit zur mentalen Differenzierung und um das eigenständige Denken, also darum, nicht im elterlich anerzogenen und gesellschaftlich konditionierten Denken stecken zu bleiben. Diese Zone zeigt an, wie selbstständig wir im Geist sind, wie gut wir jede Situation neu betrachten können oder wie gut wir von einer Sache oder Situation Abstand nehmen können und eine objektive Sicht auf die Dinge bekommen können, indem wir Prägungen,

Glaubenssätze, Gewohnheiten hinterfragen und neu beleuchten: An der oberen Fingerzone ist erkennbar, ob ein Mensch dazu gewillt und in der Lage ist.

Stichworte für die Lutschbonbon-Technik
Vorstellung – Himmel – Visionen – Konzepte – Geist – Abstraktion Ideale – Ideen – Theorie – Antennen – Träume – Fantasien – erwachsen

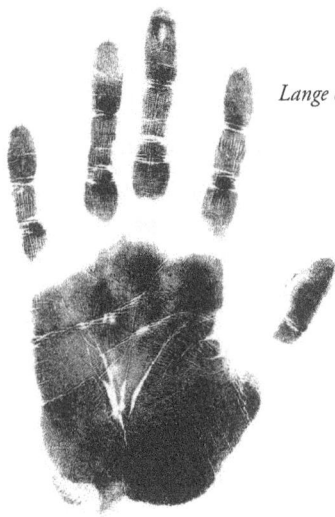

Lange obere Zonen

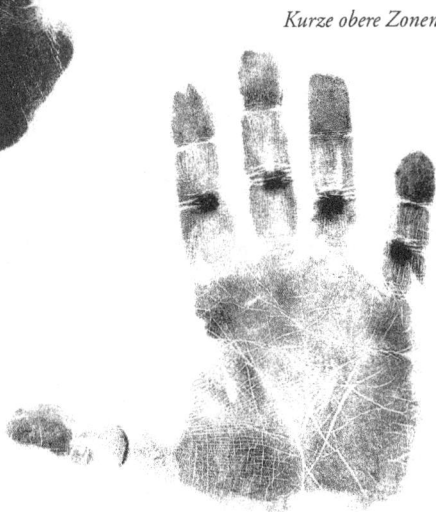

Kurze obere Zonen

11.4. Die Fingerberge
11.4.1. Energiedepot für die Finger

Die Fingerberge liegen im Handteller, gehören aber – wie die Wurzeln zum Baum – immer noch zu den Fingern. Achte auf den Zustand dieser Berge, denn sie sind die Depots, welche die Finger mit Energie versorgen. Hier haben die Bewegungsimpulse der Finger ihren Ursprung. Je höher er ist und je mehr Masse der Fingerberg hat, desto mehr Vorrat hat der Mensch von dieser archetypischen Qualität in sich gespeichert. Anhand des Zustandes der Fingerberge kann man erkennen, wie jemand seinen internen Energiehaushalt einsetzt und wie sehr er ihn pflegt oder auch vernachlässigt. Betreibt er Raubbau an seinen Ressourcen? Regeneriert er sich zu wenig? Lässt er zu, dass äußere Umstände zu einer hohen Abnutzung seiner inneren Substanz führen?

Für die Fingerberge gelten die gleichen Aussagen wie in Kapitel 9.4 mit den generellen Aussagen zum Volumen in der Hand. Im Folgenden ist das Wichtigste noch einmal zusammengefasst.

11.4.2. Volle Berge

Volle Fingerberge weisen auf einen gesunden und ausgeglichenen Menschen hin. Wenn auch noch alle Finger gerade und unverletzt sind, kann man davon ausgehen, dass ein Mensch ein für ihn stimmiges und richtiges Leben lebt. Eine hart arbeitende Hand eines Fischers kann immer noch gesund aussehen, auch wenn sie von der Sonne und dem Wasser strapaziert wurde. Oder stelle dir Kinderhände vor: Dort liegt unser Ursprung, da waren wir noch alle neu und unverbraucht. Ich habe Menschen gesehen, die mit über 70 Jahren noch vitale Hände mit obigen Merkmalen hatten. Ich konnte die Höhen und Tiefen ihres Lebens nicht in Erfahrung bringen, aber ich kann als Handanalytiker auf jeden Fall sagen, dass sie einen gesunden Umgang damit hatten.

Fühlen sich die Fingerberge nicht nur voll, sondern gestaut an, weist dies auf vorhandene, aber nicht gelebte Energiepotenziale hin. Hier kommt es darauf an, wie der zugehörige Finger aussieht. Ist er dünn, gebogen oder krumm, bahnen sich die vorhandenen Energien ihren Weg nicht an die Oberfläche und werden nicht ausgelebt. Warum nicht? Fehlt hier jemandem der Mut, ins kalte Wasser zu springen?

11.4.3. Flache Berge

Abnehmende, sich abbauende, rückläufige Fingerberge weisen auf zu wenig Energie hin. Es gilt nachzufragen, ob der Mensch sich in irgendeinem Lebensbereich zu stark verausgabt hat. Weisen die Fingerberge zum Beispiel noch eine harte Konsistenz der Haut auf, gilt dies als Schutzschild gegen zu starke Belastungen. Eine von Zartrosa abweichende Farbe zeigt nicht verarbeitete Gefühle an. Sind dann die Finger selbst auch noch dünn, krumm oder stehen wackelig da, ist die innere Not schon sehr fortgeschritten. Das weist auf einen Menschen hin, der nicht gut für sich schaut, sich ausnutzen lässt oder von seinem Leben überfordert ist.

11.5. Die Fingeransätze

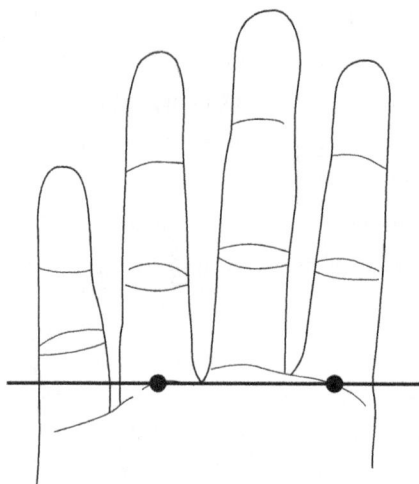

11.5.1. Unverzichtbare Bedürfnisse

Die Ansätze der Finger auf dem Handteller tragen ebenfalls eine eigene Aussage in sich. Unabhängig von den Handformen kann man insbesondere auf dem Handabdruck gut erkennen, ob einer oder mehrere Finger einen besonders hohen oder einen besonders tiefen Ansatz aufweisen. Auch hier gilt wieder: Nur wenn es etwas auffällig ist, wird es in der Handanalyse zum Thema. Ab wann ein Ansatz als besonders hoch oder tief einzuschätzen ist, zeigt sich erst durch viel Übung in der Praxis.

Die Fingeransätze zeigen unsere unverzichtbaren Bedürfnisse an. Sie werden zu einem Imperativ und wollen täglich befriedigt werden! Egal ob der Ansatz hoch oder tief ist, stets ist dies ein Ausdruck eines vom Menschen wahrgenommenen Mangels. Wie auch die Fingerkrümmungen sind auffällige Fingeransätze Hinweise auf Spuren des Lebens.

Bei den Fingeransätzen gibt es zwei Varianten, hinter denen die folgenden zwei Gedankenmuster bestehen. Diese sind zwar ähnlich, aber nicht gleich:

Hoch angesetzte Finger = *»Ich brauche mehr…«*
Hier besteht ein Bewusstsein von Gier bzw. Mangel. Egal ob dieses Bedürfnis bereits erfüllt ist oder nicht: »Ich brauche immer noch mehr.«

Tief angesetzte Finger = *»Ich bekomme zu wenig…«*
Hier besteht ein Bewusstsein von Minderwertigkeit bzw. Mangel. Egal ob dieses Bedürfnis bereits erfüllt ist oder nicht: »Ich habe sowieso zu wenig.«

Wieder dreht es sich in der linken Hand mehr um die Innenwelt und das Privatleben, in der rechten Hand mehr um die Außenwelt und das berufliche Umfeld. Wir alle sind bedürftig auf diesem Planeten: Wir brauchen saubere Luft, Wasser, Essen, Liebe, Zuneigung und tausend andere Dinge. Aber wer will schon bedürftig erscheinen?
Denk' einmal zurück an deine Tage an der Oberstufe. Da gab es die bedürftige Mathilda und den bedürftigen Fred. Wer will denn auf dem Abschiedsball zusammen mit diesen Außenseitern gesehen werden? Was genau war denn eigentlich ihr Makel? Ihre Bedürftigkeit, offensichtlich. Ihre Anwesenheit fühlte sich an wie Klammern. Nichts wie weg! Doch andererseits: Sind wir nicht alle so bedürftig wie Mathilda und Fred, zumindest in gewissem Maß? Bedürfnisse können so schwierig einzugestehen sein! Wie wunderbar, dass die Hand hier ehrliche Auskunft gibt und ein objektives Werkzeug als Leitlinie bietet.

11.5.2. Hoher Ansatz bei Jupiter

Du fühlst dich schnell despektierlich behandelt. Du brauchst ganz viel Respekt, auch wenn du ihn vielleicht schon bekommst, willst du immer noch mehr. Es ist ein Machtstreben und ein Zeichen von viel Stolz. Eine Kundin war das zweite Kind hinter ihrem Bruder. Er wurde auf allen Ebenen verehrt und gefördert und sie nicht. Sie musste sich in ihrer ganzen Kindheit stets durchsetzen und durchkämpfen. Es wurde ihr nichts im Leben geschenkt, sie kämpfte um ihren Platz in der Familie.

Später strebte sie stets mit allem die Spitze an, Verlieren und Niederlagen waren inakzeptabel. Wenn sie was wollte, dann wollte sie es und tat alles, um es zu bekommen oder um es zu erreichen. Sie entwickelte eine zu hohe Aggressivität, zu viel Ehrgeiz und Ambition. Für sie war nur das Beste gerade gut genug. Sie rannte stets den besten Angeboten nach, um in der Hierarchie steigen zu können. Sie konnte problemlos mit den Männern mithalten und liebte den Konkurrenzkampf, sich mit anderen messen zu können. Ihre hohen Anforderungen und Erwartungen an sich selbst hat sie natürlich auf alle anderen projiziert.

Natürlich ist das gleiche Phänomen auch bei Männern zu beobachten – ich sehe sie ehrlicherweise bei ihnen fast noch mehr als bei Frauen. Lerne zu differenzieren, wo dir diese Eigenschaft dienlich sein kann und wo nicht. Lerne, deine Größe auch in Niederlagen zu sehen und zu empfinden, und merke, wo du dich verheizt. Grundsätzlich sehe ich viel mehr Jupiter-Finger mit hohem als mit tiefem Ansatz. Ist dies vielleicht – wieder einmal mehr – ein Zeichen unserer Zeit?

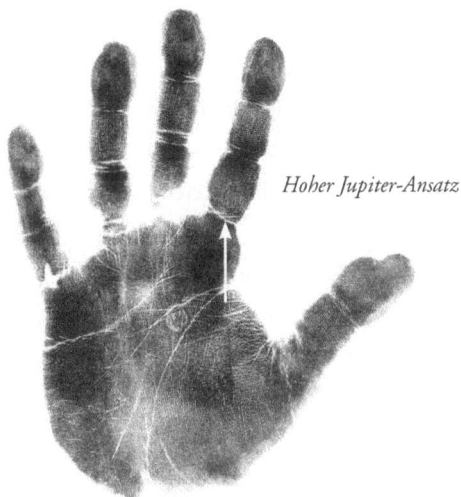

Hoher Jupiter-Ansatz

11.5.3. Tiefer Ansatz bei Jupiter

Dies zeigt ein zu starkes Zurücknehmen deiner selbst. Du agierst lieber im Hintergrund als im Vordergrund. Autoritätspersonen und Konfrontationen gehst du lieber aus dem Weg. Du zeigst dich eher bescheiden und schlicht, agierst freundlich und zuvorkommend. Wenn jemand dich aus Versehen stößt, entschuldigst du dich gleich. Du möchtest nicht als arrogant oder hochmütig gesehen werden. All den Respekt bekommst du

Tiefer Jupiter-Ansatz

genau durch das Verhalten, wie ich es gerade oben beschrieben habe. Als ich meine Ausbildung in der Handlesekunst in San Francisco im Jahre 2000 absolvierte, ist mir aufgefallen, dass viele dunkelhäutige Menschen einen tiefen Jupiter-Ansatz haben. Zufall? Oder erhalten farbige Menschen tatsächlich weniger Respekt? Wie auch immer: Es ist wichtig, zuerst den Respekt zu dir selbst nicht zu verlieren und ihn nicht von äußeren Dingen abhängig zu machen. Vielleicht bekommst du ja bereits genug Respekt, doch dein System kann es nicht richtig erkennen und aufnehmen.

11.5.4. Hoher Ansatz bei Saturn

Hier zeigt sich ein extrem hohes Bedürfnis nach Sicherheit. Sammelst du wie ein Eichhörnchen die Eicheln, damit du ja genug für den Winter hast? Ist dein Kühlschrank übervoll? Auch ein hoher Saturn-Ansatz kommt häufiger vor als ein tiefer. Deine Entscheidungen sind immer gut durchdacht, du gehst lieber kein zu hohes Risiko ein. Würdest du deine Arbeitsstelle kündigen, ohne vorher bereits eine neue Arbeitsstelle zu haben? Ins Leben zu springen ohne ein Sicherheitsnetz, das bedeutet eine

Hoher Saturn-Ansatz

riesige Gefahr für dich. Für dich zählt vor allem Stabilität und Kontinuität. Veränderungen siehst du grundsätzlich skeptisch entgegen. Vielleicht hast du schwere Zeiten mit großer Unsicherheit und Mangel durchgemacht und möchtest dies um keinen Preis nochmals erleben. Beginne mit ganz kleinen Schritten, dem Leben wieder mehr Vertrauen zu schenken, und übe, wieder in den Fluss des Lebens zu steigen. Kontrolle ist gut, aber ich finde Vertrauen besser.

11.5.5. Tiefer Ansatz bei Saturn

Ein tiefer Ansatz bei Saturn weist darauf hin, dass du stets das Gefühl von zu wenig Sicherheit hast, auch wenn dies objektiv gesehen gar nicht der Fall ist. Vielleicht spürst du eine latente Angst, deine Arbeit zu verlieren. Oder du hast immer wieder Geldprobleme. Zeigt sich der Mangel in vielen kleinen Dingen? Dies führt ebenfalls wieder zu sicheren Entscheidungen, der Beweggrund jedoch ist ein anderer. Nochmals zur Erinnerung: Ein hoher Ansatz zeigt, dass du viel Sicherheit brauchst, ein tiefer, dass du stets das Gefühl hast, zu wenig Sicherheit zu haben.

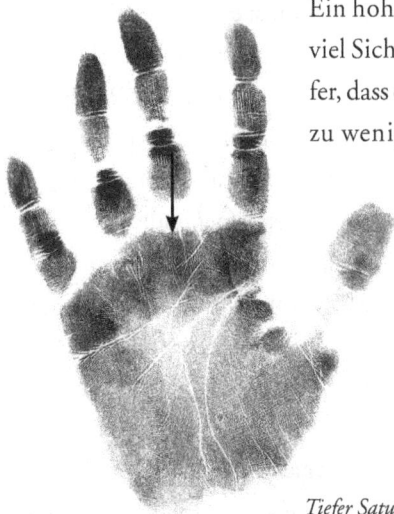

Tiefer Saturn-Ansatz

In der linken Hand führt ein tiefer Ansatz zu einem unsicheren Verhaltensmuster, das dich schnell unsicher werden lässt. Gewisse Menschen können dies ganz gut verbergen, aber es lohnt sich, hinzusehen, weil dir ein solches Gedankenmuster das ganze Leben schwer machen kann. Erkenne deine Ressourcen und deine Werte, lerne wieder, auf sie zu vertrauen und auf sie zu bauen, lieber kleine, aber dafür stetige Schritte zu tun.

11.5.6. Hoher Ansatz bei Apollo

Apollo hat meistens einen hohen Ansatz, der tiefe Ansatz ist eher selten. Du willst alle stets glücklich machen und von allen geliebt werden. Du brauchst viel Zustimmung und möchtest allen gefallen. Du willst auch mit allen Mitteln anders sein und auffallen. Dein Freund hat ein neues Fahrrad und, wenn du einen hohen Apollo-Ansatz hast, dann willst du gleich auch ein neues Fahrrad. Du willst im Zentrum stehen und von allen einen Applaus erhalten. Entweder entwickelst du dich zu einem Schleimer, damit du stets in der Gunst einer speziellen Person stehst, oder du versuchst einfach, bei allen beliebt zu sein, lädst stets alle ein und machst allen spezielle Geschenke. »Was immer du möchtest, mein Schatz, ich tu' alles für dich und erfülle dir jeden Wunsch.« Oder sagst du stets, was andere hören möchten? Findest du auch super, was andere super finden?

Die andere Version ist, dass du prinzipiell das Gegenteil von dem tust, was andere erwarten, einfach nur, um aufzufallen. Wenn andere aufstehen, setzt du dich hin, wenn andere früh kommen, kommst du zu spät, wenn andere mitmachen, verlässt du die Gruppe. Du brauchst viel Applaus, Anerkennung und Aufmerksamkeit, viel mehr als eigentlich nötig, und du tust es jeden Tag, bewusst oder unbewusst. Hast du deine richti-

ge Bühne gefunden, damit du diesen Drang auch ausleben kannst,
ohne Schaden bei dir und anderen anzurichten?

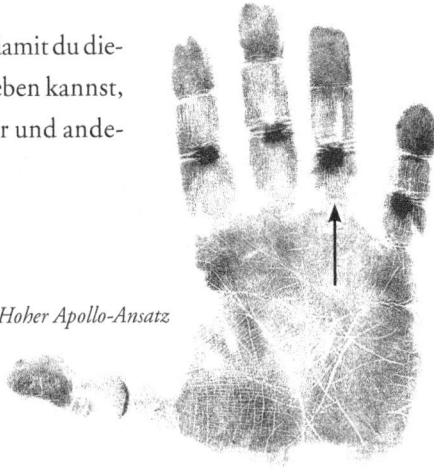

Hoher Apollo-Ansatz

11.5.7. Tiefer Ansatz bei Apollo

Wurdest du früher viel allein gelassen oder übersehen? Fühlst
du dich wie ein Fremder in einem fremden Land? Musstest du
viel alleine spielen und hattest wenige Freunde? Wurdest du
viel gehänselt? Was auch immer geschehen ist, hier hast du das
Gefühl, zu wenig Anerkennung zu bekommen. Dieser Glaube
erzeugt eine gewisse Form von Schüchternheit und du versuchst, dich anzupassen, damit du dazugehörst. Du willst nicht
mehr die graue Maus sein oder
ein Mauerblümchen. Hier ist
es wichtig, dich wieder zu zeigen, wie du bist, und darauf zu
vertrauen, dass du von anderen
Menschen aufgrund deiner in-

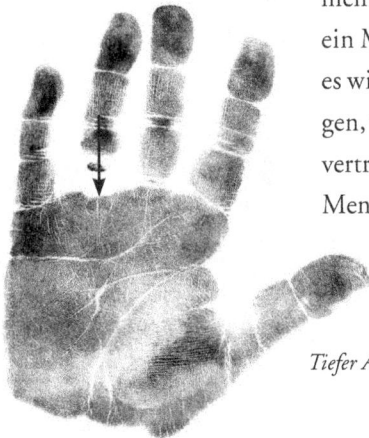

Tiefer Apollo-Ansatz

dividuellen Art bedingungslos geliebt wirst. Mach einfach als du selbst weiter, und bald wirst du wieder gesehen als der, der du bist. Wenn du dich nicht zeigst, wirst du nur Anerkennung bekommen für das, was gerade populär ist. Dies führt dann zum direkten Weg in die Einsamkeit und zu einem künstlichen Leben mit unechten Freunden.

11.5.8. Hoher Ansatz bei Merkur

Hohe Merkur-Ansätze habe ich noch nie gesehen. Der Merkur kann auf der gleichen Höhe wie der Apollo und die anderen Finger sein, aber einen höheren Ansatz gibt es wahrscheinlich gar nicht. Nach dem folgenden Kapitel wird auch verständlich, warum.

11.5.9. Tiefer Ansatz bei Merkur

11.5.9.1. Merkur: ein empfindsamer Lebensbereich

Tiefe Merkur-Ansätze kommen hingegen sehr häufig vor. Darum verwende ich für dieses Kapitel mehr Gedanken als bei den vorherigen. Merkur, der kleine Finger, wir erinnern uns, steht für Kommunikation, Austausch, Nähe, Beziehung, Intimität und auch für Heilen – ein wichtiger, aber auch sehr empfindsamer Lebensbereich bei uns allen.

An dem Modell der Fingeransätze hat Richard Unger lange geforscht und verschiedene Interpretationsmöglichkeiten ausprobiert. Es sollte schlussendlich acht Jahre dauern, bis er endlich Klarheit und Gewissheit hatte. Im Gegensatz zu den anderen Fingeransätzen hat Unger beim tiefen Merkur-Ansatz festgestellt, dass bei Frauen und Männern jeweils unterschiedliche Ursachen zugrunde liegen.

11.5.9.2. Tiefer Merkur-Ansatz bei Frauen

Hier liegt die Ursache in der Beziehung zwischen Tochter und Vater. Das Bedürfnis, das hier zu kurz gekommen ist, gilt der Nähe. Als Frau mit einem tiefen Merkur-Ansatz bist du mit einem emotional abwesenden Vater aufgewachsen. Er war – aus welchen Gründen auch immer – nicht in der Lage, in deine Welt einzutauchen. Du musstest dich also stets in seine Welt begeben, damit du seine Nähe und Gunst bekommen konntest.

Es kommt auch oft vor, dass der Vater physisch abwesend bzw. selten oder gar nicht anwesend war. So hast du als Frau gelernt, ohne männliche Zuneigung und Wärme auszukommen. Vielleicht wurden dir auch immer wieder leere Versprechungen gemacht und so hast du immer mehr das Vertrauen zum männlichen Prinzip verloren. Isolation, Distanz, Misstrauen, Angst, verlassen zu werden, Angst vor Nähe und Kälte haben sich in deinem Herzen einnisten können.

Es spielt natürlich immer auch eine Rolle, was du für ein eigenes Temperament mitbringst. Ein Erde-betonter Charakter kann dies besser verkraften als ein Wasser-betonter. Was bei den einen eine leichte Enttäuschung hinterlässt, erzeugt bei anderen eine tiefe Narbe.

Die Folge ist, dass du dich später in Beziehungen zu Männern selbst aufgibst und es ihnen immer recht machen möchtest, nur um ein wenig Nähe zu bekommen, um nicht verlassen zu werden und nicht alleine sein zu müssen. Es kann auch schnell zu einer Co-Abhängigkeit kommen: Du gibst dich zu leicht her, wirfst dich gleich jedem Mann an die Brust oder wirst zur leichten Beute. Oder es passiert das Gegenteil und du traust keinem Mann mehr, distanzierst dich völlig von ihnen und lässt keinen mehr nahe an dich heran. Du denkst dir: »Lieber kein Risiko eingehen, so werde ich auch nicht verlassen.« Also lebst du lieber alleine als in einer Beziehung. Die Sehnsucht nach Nähe und Verbindung bleibt aber natürlich bestehen.

Jede Nähe zu einem anderen Menschen beginnt bei der Nähe zu sich selbst. Fang' also an, diese Sehnsucht nach Nähe wieder auf dich selbst zu beziehen. Geh auf die Suche nach dir selbst, finde dein Herz wieder, gehe mit dir selbst eine nahe Beziehung ein. Dein Vater konnte es früher nicht, die Gründe dafür sind vielfältig. Aber heute bist du erwachsen und kannst dir deine Bedürfnisse selber erfüllen.

Wobei erfährst du Nähe zu dir selbst? Erschaffe intime Stunden mit dir selbst und entdecke, wer du bist. Welche sind deine wahren Bedürfnisse? Baue wieder einen Kontakt mit dir selbst auf und spreche anderen gegenüber aus, was du brauchst. Finde wieder eigene Interessen mit Tiefgang und lass' tiefe Wurzeln darin wachsen. Baue wieder eine Rückverbindung zu dir selbst auf und lerne, nein zu sagen, wenn dir etwas nicht gefällt. Verbringe Zeit mit Gleichgesinnten, rede viel über dich und höre auch anderen zu. Dies baut wieder Selbstvertrauen und Vertrauen zu anderen auf. Wache auf, beginne aus deinem Herzen zu sprechen, folge ihm und gib es nicht wieder für eine Beziehung auf. So baust du einen neuen inneren Magnetismus auf und wirst dabei Männer anziehen, die dich nicht gleich wieder verlassen werden.

Es ist wichtig zu realisieren: Die Arbeit beginnt immer bei sich selbst. Du bist als Braunbär zur Welt gekommen und die kalte Distanz hat dich zum Eisbären gemacht. Kehre wieder zurück zu deinem Herzen und in deiner Brust wird wieder die Sonne aufgehen. Lass' dich von ihr wärmen und so bekommst du wieder eine gesunde braune Farbe. Alles Weitere wird sich ergeben.

11.5.9.3. Tiefer Merkur-Ansatz bei Männern

Du hast stets versucht, der liebe Junge für deine Mutter zu sein. Du wolltest ihr keine Probleme machen und bist stets auf sie eingegangen. Vielleicht hatte sie schon zu viele Probleme mit deinem Vater und mit ihrem eigenen Leben. Du wolltest sie unterstützen, indem du artig warst und stets auf sie eingegangen bist. Vielleicht versuchtest du, viel zu schlichten, oder du hast deine Mutter viel getröstet in ihrer Einsamkeit und Verzweiflung. Du wolltest sie einfach nicht noch mehr überfordern und hast dich nicht voll und ganz geöffnet und dich ihr nicht zugemutet.

Das Resultat ist, dass du selbst nicht mehr weißt, wer du in deinem innersten Herzen eigentlich bist. Du erlebst später dieses Muster wieder und ziehst Frauen in dein Leben, die mit ihrem eignen Leben überfordert sind und dich als ihren Beschützer und Versorger brauchen – was du zu Beginn auch gern machst, denn du kennst es ja nicht anders. Aber du selbst bleibst dabei wieder auf der Strecke. So lange du nicht weißt, was dein Herz wirklich will, wird deine Liebesbeziehung hauptsächlich darauf basieren, dass du die Bedürfnisse deiner Frau erfüllst, nach dem Motto: »Was immer du möchtest, mein Schatz.« Doch die eigentlich wichtige Frage lautet: Was willst du?!

Die weiteren Schritte sind die gleichen, wie im vorherigen Kapitel über den tiefen Merkur-Ansatz bei Frauen beschrieben. Du nimmst Kontakt mit deinem Herzen auf, änderst deinen Umgang mit deinen eigenen Gefühlen, gehst besser mit ihnen um und lernst, sie auch einer Frau mitzuteilen, ohne dass du dies als eine Schwäche empfindest. Diese neue Frequenz wird dann unweigerlich eine andere Art von Frauen in dein Leben ziehen. In solch einer Beziehung kannst du dann wirklich ein Mann sein – ein Mann, der keine Angst vor Nähe und Berührung hat und sich einer Frau wieder mit seinem Herzen hingeben kann und nicht nur mit seinen Taten.

11.6. Kombination von Fingeransätzen
11.6.1. Hoher Jupiter und tiefer Merkur

Jetzt gilt es, die hohe Kunst der Handanalyse anzuwenden – das Kombinieren von zwei Informationen und später auch dreien und mehr. Das nennen wir dann Verweben. Beginnen wir mit einem Klassiker: Weil diese Kombination so häufig vorkommt, hat sie von uns am IIHA einen eigenen Namen erhalten: »Einsam an der Spitze«. Diese Kombination besteht aus dem hohen Jupiter-Ansatz mit der Botschaft: »Ich will mehr Respekt«, und dem tiefen Merkur-Ansatz mit dem Glauben: »Ich bekomme zu wenig Nähe.«

Wer diese Kombination aufweist, versucht über Ehrgeiz (Jupiter) mehr Nähe (Merkur) zu gewinnen. Leider geht diese Rechnung nie auf, denn die ersehnte Nähe, die Liebe und das Vertrauen bekommst du nicht über äußere Leistung, sondern nur durch innere Öffnung. Es wäre einfach, wenn du dir selbst auf die Schliche kommen würdest, aber auch dann braucht es immer noch ein ganz schönes Stück Arbeit an dir selbst. Aber am Schluss wird es sich doppelt auszahlen, denn die innere Arbeit führt nicht nur zu mehr Nähe, sondern auch zu höheren Leistungen.

Lerne, um Hilfe zu bitten, und zeige dich auch einmal hilfsbedürftig, das macht dich menschlich und liebenswert. Jeder Mensch braucht in irgendeinem Lebensbereich die Unterstützung eines anderen. Deine Unabhängigkeit, Freiheit und Stärke wirst du dadurch nicht verlieren! Verschenke dich selbst an deinen Nächsten, dein Vertrauen, deine Zeit und deine Ängste: dies wird tausendmal mehr geschätzt als jedes materielle Geschenk. Es kommt auf eine gute Balance zwischen Stärke und Verletzlichkeit an.

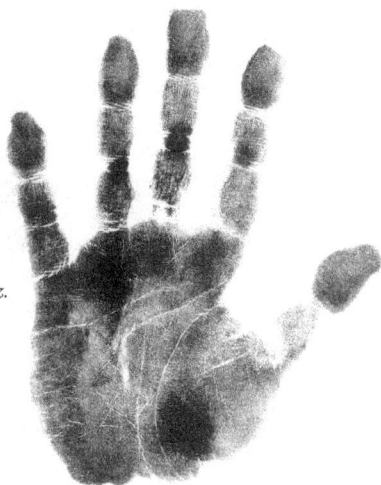

Hoher Jupiter- und tiefer Merkur-Ansatz.

11.6.2. Hoher Jupiter / Saturn und tiefer Apollo / Merkur

Das Thema ist ähnlich wie beim hohen Jupiter mit tiefem Merkur – einfach noch extremer ausgeprägt. Das heißt übersetzt: Du hast jeglichen Kontakt zu dir selbst verloren, agierst nur noch wie eine Leistungsmaschine und innerlich stirbst du langsam ab. Dieses Phänomen taucht in unserer westlichen, nach äußeren Erfolgen hin orientierten Welt leider immer mehr auf: Unsere Wahrnehmung wird bereits in der Schule auf diesen Fokus hin konditioniert und weniger bis gar nicht auf unser innerlich-subjektives Befinden. So werden wir emotional immer ärmer und agieren nur noch als willige Arbeitstiere in einer von Leistung angetriebenen Gesellschaft – was von vielen als normal angesehen wird. »Das Leben ist nun halt einmal so«, lautet dann die feste Überzeugung.

Aber, auch wenn es im ersten Moment schwierig erscheint, kann jeder Mensch immer frei entscheiden, ob er sich von äußeren Bedingungen antreiben lassen will, oder ob er sich mehr von seinen inneren Motiven leiten lassen möchte. Du hast die freie Wahl!

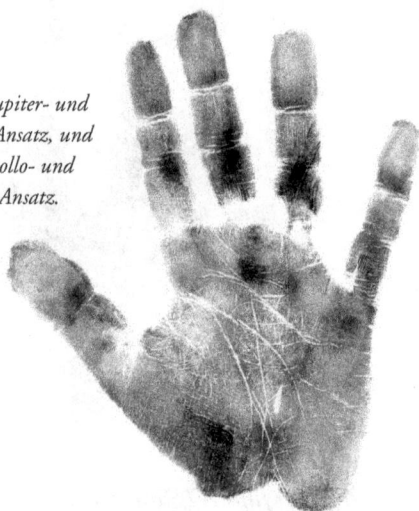

Hoher Jupiter- und Saturn-Ansatz, und tiefer Apollo- und Merkur-Ansatz.

11.6.3. Tiefer Jupiter und hoher Apollo

Das Gefühl, zu wenig Respekt zu bekommen (Jupiter), paart sich in dieser Kombination mit dem Bedürfnis, möglichst viel Anerkennung (Apollo) zu bekommen. Bist du zu einem Ja-Sager bei deinem Chef geworden? Holst du die Anerkennung nur für dich selbst ab und nicht für dein Team? Es schaut so aus, als würdest du einen dicken Ferrari fahren, du hast aber in Wirklichkeit nur ein Velo in der Garage stehen. Versuchst du, den (vermeintlichen) Mangel an Respekt mit Blenden wieder wettzumachen?

Stell dir vor: Du bist der Hauptakt und die Vorgruppe hat dir die Show gestohlen, weil das Publikum den Ohrwurm der

Vorgruppe weitersingt, während du auf die Bühne kommst. Und sie hören nicht auf, zu singen. Autsch! Oder ein Autohersteller verändert beim neuen Modell nur die Farbe und die Rückspiegel, nicht aber den eigentlichen Wagen. Gehörst du auch zu denen, die größer sein wollen, als sie sind? Komm' dir selbst auf die Spur und finde dein wahres Format, indem du dich echt zeigst und zu dir stehst, so, wie du wirklich bist. Und vertraue darauf, dass es Menschen gibt, die dich für das lieben, was du bist, und nicht für das, was du zu sein scheinst.

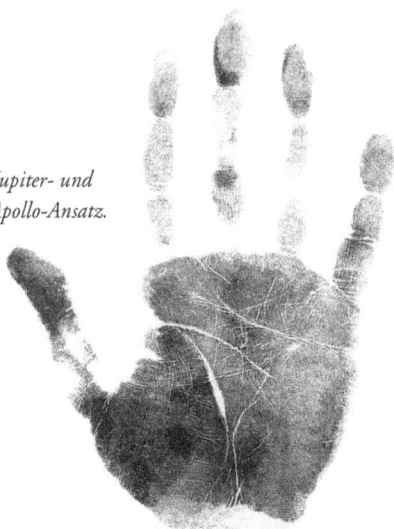

Tiefer Jupiter- und hoher Apollo-Ansatz.

11.6.4. Tiefer Saturn / Merkur und hoher Jupiter / Apollo

Die zwei tiefen Ansätze erzeugen das Gefühl von: »Ich bin es nicht wert (Saturn), geliebt (Merkur) zu werden.« Die Konsequenz, die dieser Mensch daraus zog, war, dass er alles dafür tat, um in der Welt stark über seine Leistung zu wirken (hoher Jupiter), und viel gemacht hat, um Anerkennung zu bekommen (hoher Apollo). Jetzt wird dieser Mensch zwar von allen geachtet, aber wird er geschätzt und geliebt für das, was er ist? Eine gute Frage in diesem Fall.

Tiefer Saturn- und Merkur-Ansatz, und hoher Jupiter- und Apollo-Ansatz.

11.7. Die Fingerknoten

11.7.1. Sinn für Ordnung

Dicke Fingerknoten zeigen sich im Handabdruck sehr gut aufgrund dunkler Stellen zwischen den Fingerzonen. Sie weisen auf einen Energiestau in den Fingergelenken hin. Diese Menschen haben im übertragenen Sinn interne Schleusen, in denen ihre wahrnehmende Energie gestaut und kontrolliert wird. Somit sind sie in der Lage, Fakten von Fiktion zu unterscheiden, exakt zu überlegen und zu argumentieren und Details zu erkennen, die andere übersehen würden.

Ein Mensch mit Fingerknoten kann gründlich nachdenken und wird dann bewusst entscheiden, ob die vorhandene Energie von einer Fingerzone in die andere wechseln darf. Also wird zum Beispiel immer zuerst darüber nachgedacht, ob eine Idee, ob ein Gedanke (obere Zone) in die Realität (mittlere Zone) umgesetzt werden soll. Fingerknoten weisen also nicht auf Spontanität hin, sondern auf das genaue Gegenteil: Denkpausen, Besinnung, Wälzen von Gedanken, Suchen von unsichtbaren Verbindungen und relevanten Zusammenhängen. Wichtig ist, dass dieser Mensch für diese Eigenschaften ein passendes Betätigungsfeld findet, in dem seine Genauigkeit, Pingeligkeit und kontrollierende Art positiv eingesetzt werden können. Sonst kann dies für seine Mitmenschen ziemlich mühsam werden.

Die Knoten haben eine festhaltende Energie und entsprechend der Absicht und Situation führt dies zur Absicherung oder zur Verhinderung. Sie verlangsamen nicht nur die Gedanken, sondern auch die Emotionen: Diese Menschen sind dann nicht unbedingt impulsiv, sondern haben ihre inneren Regungen eher im Griff. Alexander der Große hatte sicher keine Finger mit Knoten, denn er nahm kurzerhand das Schwert und durchschlug den gordischen Knoten.

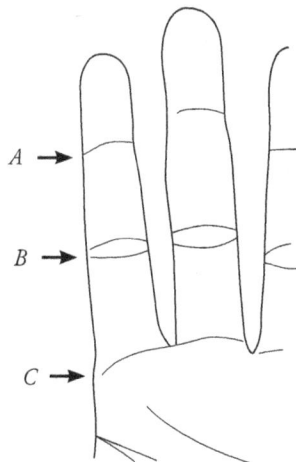

11.7.2. Knoten der mentalen Ordnung

Diese Knoten liegen zwischen der oberen und der mittleren Fingerzone (A).

Sie zeigen die Grenze zwischen abstrakter und materieller Welt – *der Kritiker* – fordert Ideen heraus – die eigenen Gedanken werden genau überprüft – man nimmt Details wahr – es ist eine genaueste Analyse möglich – geistig ist viel angesammelt.

11.7.3. Knoten der materiellen Ordnung

Diese Knoten liegen zwischen der mittleren und der unteren Fingerzone (B).

Sie zeigen die Grenze zwischen der materiellen und physischen Welt – der Perfektionist – der Organisator – Struktur und Ordnung in materiellen Dingen ist wichtig – der Schreibtisch ist aufgeräumt – Verträge werden genau durchgelesen – man ist detailverliebt.

11.7.4. Knoten der körperlichen Ordnung

Diese Knoten liegen zwischen der unteren Fingerzone und dem Handteller (C).

Sie zeigen die Grenze zwischen der bewussten physischen und der unbewussten instinktiven Welt – der Erbauer – persönliche Hygiene ist wichtig – man trägt qualitativ gute und saubere Kleidung – man schätzt ein geordnetes häusliches Leben – man hat hohe Ansprüche.

11.8. Die Fingerkuppen

11.8.1. Wie nehme ich Kontakt mit der Welt auf?

Die Fingerkuppen sind der oberste Teil der oberen Fingerzone. Die meisten Nervenbahnen unseres Körpers enden hier – offenbar sind es ca. 3.000 Nervenenden, einige Quellen sprechen von bis zu 9.000 Nervenenden. Die Wissenschaft hat sogar herausgefunden, dass die Fingerkuppen unsere sensibelste Stelle am Körper ist, noch sensibler als gewisse Zonen im Intimbereich. Die Kuppen sind die Fühler eines Menschen: Sie suchen und tasten die Umgebung auf ihre Beschaffenheit hin ab. Sie können auch als Antennen gesehen werden, die aufzeigen, welche Art von Information der Mensch aus der Umwelt aufnimmt. Die Form der Kuppe zeigt auf, welche Frequenz der Mensch wahrnimmt und wie er seine Umwelt begreift.

Wie bei vielen Faktoren in der Hand gibt es auch bei den Fingerspitzen vier Varianten, basierend auf den vier Grundelementen. Vieles, was für die Fingerspitzen gilt, kann auch auf die Form der Fingernägel (siehe nächstes Kapitel) übertragen werden.

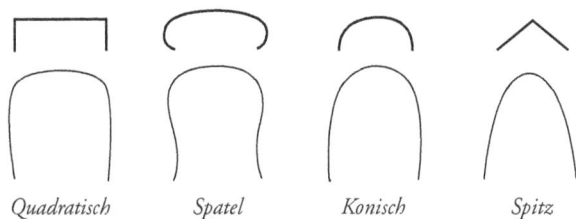

Quadratisch   *Spatel*   *Konisch*   *Spitz*

11.8.2. Quadratische Kuppen

Zugehörig zum Element »Erde«

Quadratische Spitzen weisen auf realitätsbezogene Menschen hin. Dinge werden genommen, wie sie sind, ein Impuls, diese zu verändern, besteht nicht sofort. Die Welt dieser Menschen besteht aus Fakten, dem Greif- und Sichtbaren. Man geht vom gesunden Menschenverstand aus und sieht die Dinge, wie sie sind. Die Wahrnehmung und Interessen bewegen sich im überprüfbaren und grobstofflichen Bereich.

Eigenschaften:
Realisten – Pragmatiker – funktionsorientiert – stabile Gedankengänge – zu nützlichen Ergebnissen führend – sachlich bewahrend – festhaltend – beobachtend – genau – exakt – diszipliniert – ordnungsliebend – gewohnheitsliebend – vernünftig feste Prinzipien – kritisch – anzweifelnd – unflexibel – vorsichtig – praktisch

Übertreibung: ein Kontrollfreak
Herausforderung: starrsinnig, träge, unflexibel

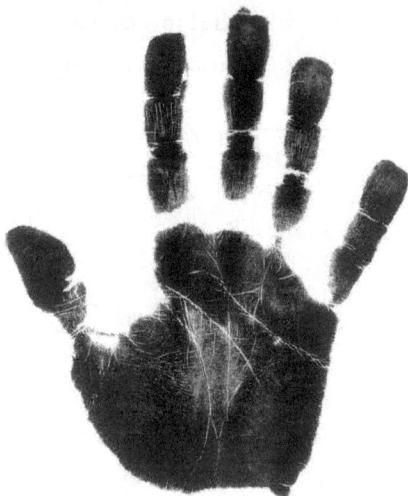

11.8.3. Spatelförmige Kuppen

Zugehörig zum Element »Feuer«

Die Fingerspitzen sehen wie Streichholzköpfchen aus, wie Gecko-Füße oder auch wie kleine runde und volle Trauben. Spatel-Spitzen sind ein Zeichen von viel Energie im Kopf: Hier wohnt ein feuriger Geist mit vielen zündenden Ideen. Menschen mit solchen Fingerspitzen wollen stets frei sein und sich von anderen abheben. Die Freiheit liegt für sie nicht nur darin, das zu tun, was man will, sondern eben gerade nicht zu tun, was man nicht will.

Eigenschaften:

Idealisten – Produzenten – Bewegung – Aktion – Originalität Erfindungsgabe – großer Einfallsreichtum – Geistesblitze verrückte Fantasien – wagt Kurioses und Ungewöhnliches die Interessen sind breit gefächert – Abenteuergeist – Entdeckergeist – Revoluzzer – experimentell – forschend – risikofreudig faszinierend – spektakulär – geistiger Wirbelwind grenzüberschreitend – verrückt – ungeduldig – unangepasst

Übertreibung: Exzentriker
Herausforderung: flatterhaft, schrill, reaktionär

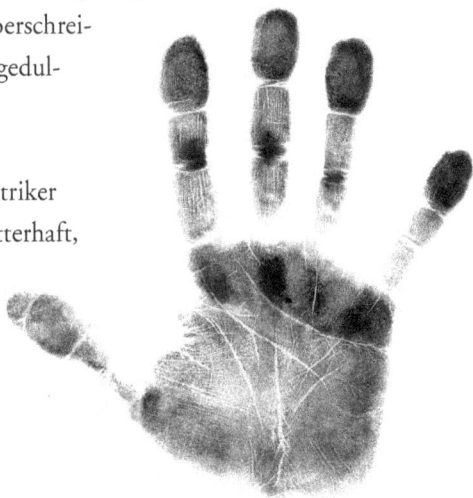

11.8.4. Konische / ovale Kuppen
Zugehörig zu den Elementen »Luft« und »Wasser«

Ovale Fingerspitzen sind ein Zeichen dafür, dass sich dieser Mensch eine harmonische Umwelt wünscht. Schönheit und Ästhetik sind wichtige Eigenschaften, die seine Umgebung erfüllen sollte. Es besteht die Tendenz, allen gefallen zu wollen. Konflikte und Streit werden als unschön erachtet, daher geht man diesen gern aus dem Weg. Wenn sich etwas rund und angenehm anfühlt, dann ist es für diese Menschen stimmig. Auch bei diesen Fingerspitzen haben die Menschen viel Fantasie und zudem einen Hang zum Träumen von einer besseren Welt.

Eigenschaften:
Ästheten – Idealisten – edel – elegant – sauber – stilvoll – schmeichelnd – achtsam – behutsam – rücksichtsvoll – freundlich offen – ausgleichend – schlichtend – gute Beobachtungsgabe kritikempfindlich – bequem – konfliktscheu

Übertreibung: Oberschmeichler
Herausforderung: harmonie-
süchtig, konfliktscheu,
ohne Profil

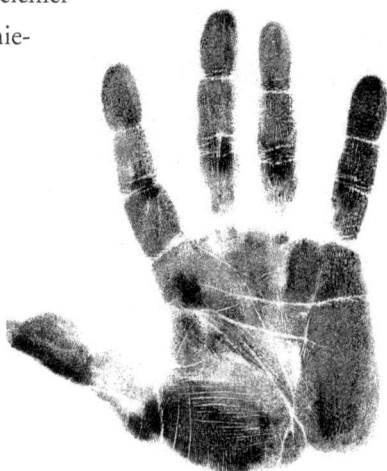

11.8.5. Spitze Kuppen

Zugehörig zum Element »Wasser«

Wer spitze Fingerkuppen hat, ist mit feinen Antennen ausgestattet. Hier entfacht sich schnell die Liebe zur heilen Welt, aber – im Gegensatz zu den runden Kuppen – eher auf die jenseitige Dimension bezogen. Feinstoffliche Energien kann die spitze Kuppe besonders gut aufnehmen, das Unsichtbare wird genauso real wahrgenommen wie die sichtbare stoffliche Welt. Diese Menschen sind sehr feinfühlig und nehmen Stimmungen wahr, die anderen entgehen.

Eigenschaften:
ätherisch – kosmisch – transzendierend – spirituell – gläubig
leichtgläubig – das Göttliche suchend – erhaben – Fantasten
Ekstase – Harmonie liebend – Lichtbringer – edel – abgehoben
unrealistisch – abdriftend – in Einbildungen gefangen

Übertreibung: ein Fanatiker
Herausforderung: abgehoben,
realitätsfern, Suchtgefahr

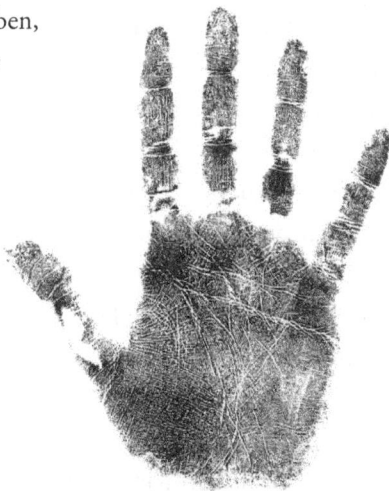

11.8.6. Sensitive Polster

Sensitive Polster können bei allen vier Varianten der Fingerspitzen vorkommen. Sie liegen im Zentrum der obersten Fingerzonen. Dort entdeckst du manchmal bei einzelnen oder
mehreren Fingern kleine Erhebungen, die, wenn man die Hand
waagerecht mit der Handfläche nach unten hält, wie kleine
Regentropfen aussehen. Diese weisen auf eine erhöhte taktile
Sensibilität hin. Solche Menschen weisen auch in ihrem Wesen
viel Fingerspitzengefühl auf. Was auch immer sie berühren, sie
sind sehr empfindsam, sie weisen ein hohes Maß an Mitgefühl
für Mensch und Natur auf.

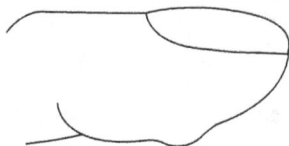

11.9. Die Fingernägel

11.9.1. Fenster zur Welt

Unsere Fingernägel sitzen an den Fingerspitzen, in der oberen, geistigen Fingerzone. Sie bilden durch ihre Lage an der
Außenseite des Fingers so etwas wie ein Fenster zur Welt, durch
das wir Menschen blicken. Sie zeigen, wie du die Welt siehst,
wie du die Dinge im Leben angehst und wie dein Kopf gepolt
ist. An der Größe des Nagels kann man erkennen: Hat jemand
mehr durch das Weitwinkelobjektiv einen Panoramablick oder
eher mit dem Zoom ein Auge fürs Detail?

Nägel können nach Form, Beschaffenheit und Farbe gedeutet
werden. Wenn du in der Handanalyse verfärbte Nägel siehst,
kannst du übernehmen, was in Kapitel 9.10 über die verschiedenen Hautfarben geschrieben steht. Jede Farbe, die von Zartrosa abweicht, weist auf ein emotionales Ungleichgewicht hin.
Damit verfärbte Nägel wieder eine gesunde Farbe erhalten,

sind innere Transformations- und Reinigungsprozesse nötig. Das Wachstum eines Nagels vom Ansatz bis zur Spitze dauert ungefähr sechs Monate.

Oft ist das Nagelbett vom gleichen Typ wie die Fingerspitzen (siehe vorheriges Kapitel), aber manchmal sind sie auch anders geformt. Die Nägel können auf allen zehn Fingern mehr oder weniger die gleiche Form aufweisen, aber oft weicht der eine oder andere Nagel von der Mehrheit ab. Beachte, bei welchem Finger dies der Fall ist, und schau, ob diese Thematik noch von anderen Faktoren in der Hand bestätigt wird.

Verbinde nun die im Folgenden beschriebenen Eigenschaften der Fingernägel mit der archetypischen Qualität des entsprechenden Fingers. Jede unten beschriebene Herausforderung bezieht sich auf das dritte Axiom: Lebe deinen Typ und integriere zehn Prozent von deinem Gegenteil, damit du wachsen kannst. Verlasse also immer wieder einmal deine Komfortzone, nimm eine andere Sichtweise an, beharre nicht auf deiner eigenen.

11.9.2. Quadratische Fingernägel
Zugehörig zum Element »Erde«
Diese Nagelform zeigt sich erfahrungsgemäß am meisten beim Saturn-Finger (Mittelfinger). Sie weisen auf Eigenschaften mit Erde-Qualitäten hin:

Kontrolle – Vernunft – Ordnung – feste Prinzipien – Regelmäßigkeit – Nützlichkeit – Präzision – Vorsicht – zweckorientiert – kritisch – realitätsorientiert – fokussiert.

Manchmal beharren diese Menschen stur auf ihrem Standpunkt, da sie Angst vor der Veränderung haben.

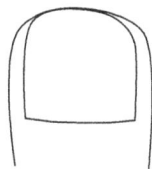

Herausforderung: die Kontrolle abgeben können – auch mal spontan sein können – auch einmal unvorbereitet agieren können – alles, was mit Gefühlen sowie mit Wechsel und Veränderungen zu tun hat.

11.9.3. *Spatelförmige / trapezförmige Fingernägel*

Zugehörig zum Element »Feuer«
Diese Nagelform zeigt sich erfahrungsgemäß am meisten beim Apollo-Finger (Ringfinger).
Sie weisen auf Eigenschaften mit Feuerquali-täten hin:
Ausübung – Bewegung – Aktion – duldet keine Einschränkung – Originalität – Vielfalt – Erfindungsgabe – breit gefächert kreativ – exzessiv – intensiv – Freiheit über alles.
Manchmal haben diese Menschen große Ideen, die auf nur kleinem Fundament stehen.

Herausforderung: Regelmäßigkeit – Stetigkeit – Nützlichkeit Präzision – Ordnung – Durchhaltevermögen

11.9.4. *Konische / ovale Fingernägel*

Zugehörig zum Element »Luft« (teilweise »Wasser«)
Diese Nagelform zeigt sich erfahrungsgemäß am meisten beim Jupiter-Finger (Zeigefinger)
oder beim Merkur-Finger (kleiner Finger). Sie weisen auf Eigenschaften mit Luft- und Wasser-Qualitäten hin:
ästhetisches Bewusstsein – Schönheit – Harmonie – charmant möchte allen gefallen – wechselhaft – gute Vorstellungskraft Liebe zu Reinheit und Sauberkeit – kreativ

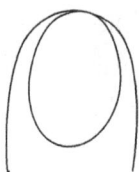

Manchmal sind diese Menschen vor lauter Harmoniebedürfnis sehr konfliktscheu und wirken somit profillos.

Herausforderung: Umgang mit der praktischen und realen Welt gewisse Form von Bequemlichkeit – Mangel an Ausdauer – alles, was mit Ablehnung, Uneinigkeiten und Konfrontationen zu tun hat

11.9.5. Spitze / lange / schmale Fingernägel
Zugehörig zum Element »Wasser«
Diese Nagelform zeigt sich nach meiner Erfahrung am meisten beim Jupiter-Finger (Zeigefinger) oder beim Merkur-Finger (kleiner Finger). Spitze Nägel bei Jupiter können zu utopischen Idealen führen oder zu Altruismus. Ist dieser Nagel (oder die Fingerkuppe) verletzt, sind die Ideale dieses Menschen kompromittiert worden. Ihre Eigenschaften können mit den Qualitäten von »Wasser« und »Äther« in Verbindung gebracht werden:
ätherisch – nebulös – heikel – feinstofflich – intuitiv – künstlerisch – poetisch – mystisch – verträumt – gläubig – edel und erhaben – sauber – zart – fein
Manchmal sind diese Menschen so in ihrer »idealen (Schein-) Welt«, dass sie Schwierigkeiten mit der Realität haben.

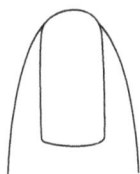

Herausforderung: Umgang mit der praktischen und realen Welt nicht abheben und fanatisch werden – Ausdauer – alles, was mit Ablehnung, Uneinigkeiten und Konfrontationen zu tun hat

11.9.6. Spezialfälle von Fingernägeln

Sehr große Nägel

Sie gehören in die Kategorie der quadratischen Fingernägel. Wenn sie so groß sind, dass kaum Haut an den Seiten zu entdecken ist, kommen im Menschen folgende Qualitäten zum Zug: ruhig – geduldig – ausdauernd – gutmütig – verantwortungsbewusst – sehr, sehr freiheitsliebend – brauchen ganz viel Platz und Raum – Natur über alles – sind Spezialisten auf einem bestimmten Gebiet.

Herausforderung: Gefühl der Enge in geschlossenen Räumen Freiheitseinschränkungen aller Art – alles, was über sein Fachgebiet hinausgeht – die ganze Gefühlswelt –Bindungen

Sehr kleine Nägel

Ihre Fenster sind ganz klein und dies führt zu folgenden Qualitäten: logisch – fokussiert – zielstrebig – kommt zur Sache.

Herausforderung: sehr kritisch – nörgelt – detailfixiert – schneller irritiert – Qualitäten, die große Nägel repräsentieren

Kurz und breit

Manche Nägel sind viel breiter als lang, manchmal bis zweimal so breit. Die zugehörigen Qualitäten sind: Führungskraft schnelles und praktisches Denken – den Überblick und Fokus behalten – Fähigkeiten optimal einsetzen und damit hohe Leistungen erbringen.

Herausforderung: eigensinnig – uneinsichtig – meinungsfixiert unflexibel – fehlendes Taktgefühl – realitätsfixiert

Krallenförmig

Gewisse lange Nägel erinnern an die Krallen eines Raubvogels, der seine Beute packt. An wen oder was klammern sich diese Menschen fest? Ist da vielleicht Angst vor Kontrollverlust im Spiel? Sie können sehr besitzergreifend und eifersüchtig sein, wenn sie was wollen, dann krallen sie es sich. Vor allem wenn der Nagel hart ist, können sie im positiven Sinne sehr hartnäckig sein, bis sie etwas Bestimmtes erreicht haben. Wenn man sich auf einen anderen Menschen oder eine andere Sache zu stark fixiert, kann das jemanden auch sehr introvertiert machen. Diese Nagelform kommt am meisten beim Daumen oder beim Jupiter-Finger vor.

Flach oder gebogen

Nägel sind in der Regel etwas nach oben gewölbt. Ist dies nicht der Fall, sind sie also flach, ist dies ein kleiner Hinweis auf sehr beherrschtes Denken. Solche Menschen sind sehr nüchtern, klar und realitätsbezogen – wohingegen ein Nagel mit einer starken Wölbung mehr auf eine emotionale Sichtweise hindeutet.

Hart oder weich

Auch bei der Konsistenz von Nägeln, hart oder weich, ist die Aussage dieselbe wie bei der Haut. Harte Nägel bedeuten, hart im Nehmen zu sein, mehr Durchsetzungskraft zu haben. Sie repräsentieren eine eher materialistische Lebenseinstellung. Weiche Nägel zeugen von Anpassung, Flexibilität und Ausweichen bei Konfrontationen.

Rillen

Längs- oder Querrillen im Nagel sind immer ein Zeichen von psychischem Stress. Je stärker der Nagel gewellt oder sogar gerillt ist, desto stärker der Druck. Querrillen stehen in der Skala dabei noch eine Stufe höher als Längsrillen. Am häufigsten sind Querrillen bei den Daumen zu beobachten: Der Daumen steht für den Erfolg eines Menschen, demzufolge ist es nicht verwunderlich, dass hier gehäuft Stresssymptome zu sehen sind.

Nägelkauen

Wenn man in der Handanalyse abgekaute Nägel antrifft, weist dies immer auf akuten Stress, auf Nervosität oder Angst hin. Durch das Nägelkauen baut die Psyche Druck ab. Entweder sind alle Finger davon betroffen oder nur einzelne Finger. Der einzelne Finger gibt Aufschluss, um welches Thema bzw. um welche Form von Stress es sich handelt. Der emotionale Hintergrund ist ähnlich wie bei einer roten Hautfärbung, nämlich Wut.

Künstliche Fingernägel

Künstliche Fingernägel überdecken den natürlichen Ausdruck des Nagels und somit der Frau, die sie trägt. Die Schönheitsindustrie bestimmt das Ideal: Alle werden immer gleichförmiger, einheitlicher, künstlicher und unnatürlicher. Es stellt sich die Frage: Warum will dieser Mensch seine natürliche Ausdrucksweise überdecken?

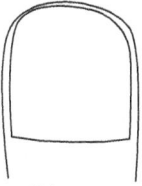

Sehr gross

Sehr klein

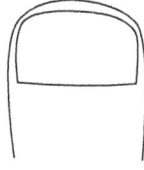

Kurz und breit

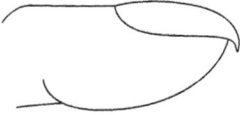

Krallenförmig

Gebogen oder flach

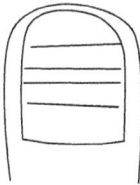

Rillen

11.10. Die Fingerspreizungen

11.10.1. Freiheitsbedürfnis

Die Fingerspreizung macht eine Aussage über das generelle Wesen des Menschen, ohne auf die einzelnen Finger bzw. ihre Eigenschaften einzugehen. Wir erinnern uns: Die Finger sind wie Bäume in einem Garten. Stehen sie alle weit auseinander, so hat dieser Mensch generell ein hohes Freiheits- und Raumbedürfnis. Stehen sie alle eng beieinander, hat dieser Mensch allgemein ein ausgeprägtes Schutzbedürfnis in seinem Leben. Es gibt also einen Unterschied in der Deutung zwischen der Fingerspreizung und den Fingerabständen (siehe Kapitel 11.11): Letztere betreffen die jeweils einzelnen Finger.

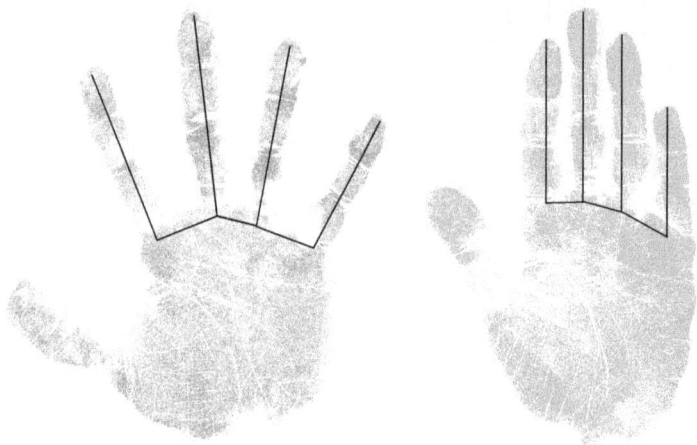

11.10.2. Weite Zwischenräume

Wenn zwischen allen Fingern weite Räume bestehen, nennen wir diese Hand am IIHA auch »Boheme-Hand«, den »Künstlerfächer« oder »Lebemenschen«. Hier steckt viel ungestüme und kindliche Energie drin. Diese Menschen brauchen Raum und

Freiheit, sind liberal und offen für neue Erfahrungen. Oft leben sie aber stark im Hier und Jetzt und sorgen sich nicht um die Zukunft. Sie tun, was immer ihnen gerade in den Sinn kommt, und denken nicht lange über die Folgen ihrer Taten nach. Sie sind vom Charakter her eher impulsiv und wild, kümmern sich nicht um soziale Normen und sind in ihren Ideen und Taten sehr unabhängig.

Boheme-Hand

11.10.3. Enge Zwischenräume

Wenn zwischen allen Fingern enge Räume bestehen, nennen wir diese Hand auch »konservative Hand«. Hier zeigt sich viel erwachsene und beherrschte Energie. Solche Menschen setzen sich und anderen enge Maßstäbe, sind vorsichtig, sparsam, vielleicht sogar ängstlich, denn: sicher ist sicher. Stabilität im Leben und eine gesicherte Zukunft ist für sie wichtig. Gefühle werden aus Angst nicht oder nur zurückhaltend formuliert. Sie haben ein kontrolliertes Auftreten, sind höflich, anständig und angepasst. Sie geben wenig von sich preis, denn sie wollen nicht, dass andere schlecht über sie denken.

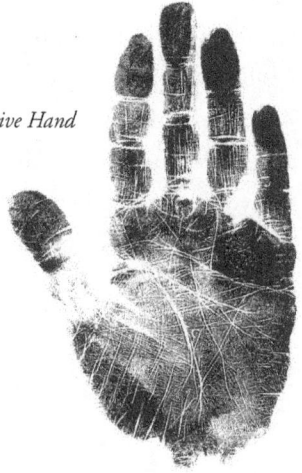

Konservative Hand

11.10.4. Alle parallel nebeneinander

Wenn alle Finger in gleichem Abstand und schön parallel ne-
beneinanderstehen, nennen wir diese Hand auch »hübscher
Garten« oder »schöne Fassade«. Eine solche Hand sieht schon
fast künstlich schön aus, sie ist schon fast zu schön, um wahr
zu sein. Die Bäume stehen alle in Reih' und Glied gerade da,
keine Krümmung und kein unre-
gelmäßiger Abstand stört die Harmonie. Diese Menschen wirken
auf andere perfekt, auch wenn sie
große Probleme haben können.
Solche Menschen geben sich stets

Hübscher Garten

freundlich, lächeln und bewahren stets die Haltung, egal, was gerade passiert. Sie passen sich der jeweiligen Umgebung an wie ein Chamäleon, kommen mit allen gut aus und sind immer nett. Ihr Charakter ist stark abgerundet, sie haben ihr Profil, ihre Ecken und Kanten verloren. Das führt dazu, dass sie zwar überall, aber doch nicht wirklich irgendwo zu Hause sind. Sie müssen daher wieder ihr eigenes Thema finden, ihre eigene Nische, ihre eigene Identität.

11.10.5. Beispiel einer leidenden Hand

Hier möchte ich das Beispiel einer leidenden Hand einbringen, denn solche Fälle kommen nicht selten vor. Die Finger stehen gerade und parallel, von außen sieht also alles perfekt aus. Irgendwie schaffen es einige Menschen trotz Leid und Chaos in ihrem Leben, sich anderen gegenüber nichts anmerken zu lassen. Auch ohne die Sprache der Linien im Handteller zu verstehen, nimmst du bestimmt die insgesamt sehr unruhige Energie dieser Hand wahr.

Ich bin immer wieder erstaunt, wie lange Menschen in ihrem Leid verharren können. Aber es ist der Daumen, unsere Willenskraft, der uns die Fähigkeit verleiht, das Leben im Griff zu behalten. Aber die Hand in der unteren Abbildung zeigt, dass das Leiden bei diesem Menschen schon viel zu lange geht. Hier reicht allein der Wille zum Durchhalten nicht mehr aus. Hier sind eine ehrliche Standortbestimmung und konkrete Veränderungen gefragt. Dieser Mensch müsste sich bewusst werden, dass es keine Schande ist, sich von seiner schwachen Seite zu zeigen und zu signalisieren, dass es für ihn so nicht weitergehen kann. Nur so wäre ein Neubeginn und damit Regenerierung und Heilung möglich.

Leidende Hand

11.11. Die Fingerabstände

11.11.1. Unabhängig oder kooperativ?

Die Abstände zwischen den vier Fingern sind am besten im Handabdruck sichtbar, manchmal sieht man sie aber auch schon an der Hand selbst, zum Beispiel, wenn der Merkur weit absteht. Ein weiter Abstand zwischen zwei Fingern zeigt eine hohe Unabhängigkeit der von den Fingern repräsentierten Eigenschaften oder – die Kehrseite – eine hohe Isolation von den anderen Fingern bzw. deren Eigenschaften. Ein kleiner Abstand deutet auf die Kooperation der von den beiden Fingern repräsentierten Eigenschaften hin oder – wieder die Kehrseite davon – ein Sich-Verstecken hinter dem anderen. Die Abstände repräsentieren zum Teil angeborene Züge, doch oft ergeben sie sich durch das Leben. Sie sind sogenannte Anpassungszeichen, die sich über längere Zeit herausbilden, wenn ein Mensch immer wieder gleich auf seine Umwelt reagiert.

11.11.2. Abstand zwischen Jupiter und Saturn
Weiter Abstand

Dieser zeugt von einem unabhängigen, freien und ambitionierten Handeln. Er zeigt Durchsetzungskraft und Ehrgeiz. Diese Menschen möchten eigene Wege gehen und selbstbestimmt leben. Befehle von anderen nehmen sie nicht gern entgegen.

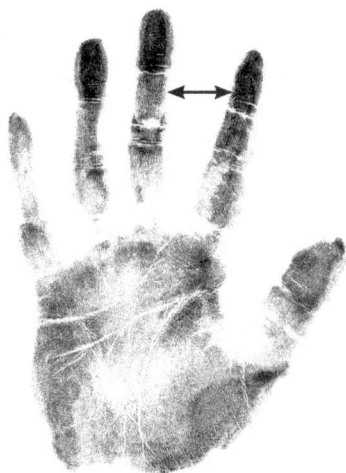

Kleiner Abstand

Sind diese zwei Finger eng zusammen, sind diese Menschen in ihrer Durchsetzungskraft eher gehemmt. Sie hegen keine großen Ambitionen und ordnen sich lieber der Pflicht unter. Sie nehmen gern Anweisungen von anderen entgegen und wissen immer gern, was ihre Aufgabe ist.

11.11.3. Abstand zwischen Saturn und Apollo
Weiter Abstand

Solche Menschen machen sich nicht viel Gedanken um die Konsequenzen ihres Handelns: Die Späne sollen fallen, wie sie fallen. Man tut, was einem gefällt, geht direkt auf eine Sache los und lässt sich nicht von Befürchtungen abhalten, frei nach dem Motto: »Warum sich Sorgen machen? Wir können es ja sowieso nicht kontrollieren.«

Kleiner Abstand

Das nennen wir in der Handanalyse »Double-Check«. Solche Menschen leben nach dem Motto: »Sicher ist sicher.« Sie sind sehr auf die Folgen ihres Verhaltens bedacht. Immer wieder die Verantwortung übernehmen zu können, ist für sie wichtig. Dieses Zeichen deutet auch auf einen kontrollierten Selbstausdruck hin, also auf jemanden, der seine Individualität (Apollo) gern hinter seinen Pflichten (Saturn) versteckt.

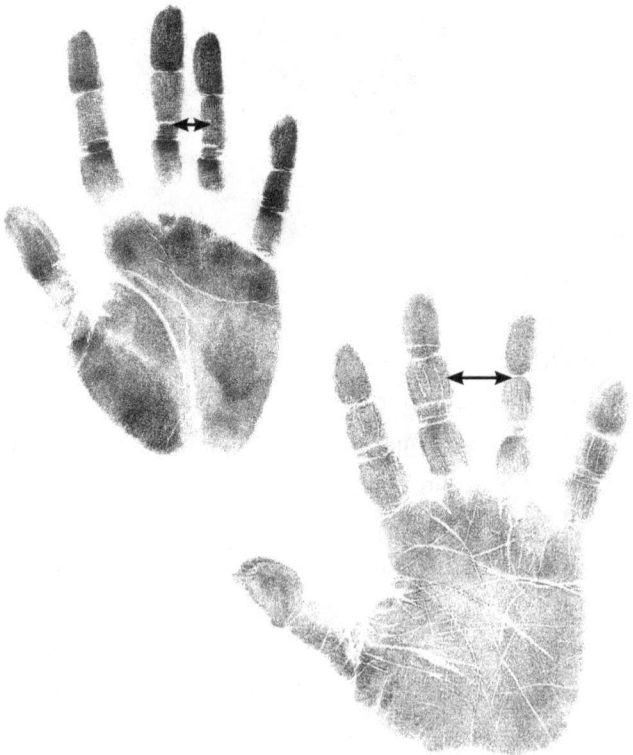

11.11.4. Abstand zwischen Apollo und Merkur

Weiter Abstand

Dies zeugt von einem unabhängigen Denken und einem freien Reden. Dieser Mensch orientiert sich an seinen eigenen Referenzpunkten und nicht an den Erwartungen anderer. Solche Menschen können sich aber auch isoliert, entfremdet und nicht verstanden fühlen. Man ist in seinem Verhalten elitär und redet nicht mit jedem. Sich in Beziehungen zu öffnen und Nähe zuzulassen, kostet diese Menschen große Überwindung.

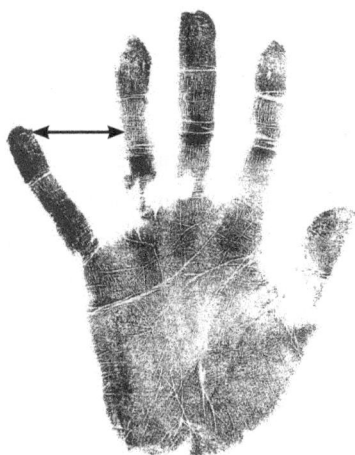

Kleiner Abstand

Der kleine Abstand zwischen Apollo und Merkur ist sehr selten. Und einen normalen Abstand thematisiere ich in der Handanalyse nicht. Aber auch für den normalen Abstand gilt: Man ist mit dem eigenen Leben stark verbunden und ist für andere unmittelbar erreichbar.

11.12. Die Fingerkrümmungen

11.12.1. Vom Schicksal gebeugt?

Ein Zitat aus dem Senegal besagt: »Die Finger sind der Stolz der ganzen Hand«, und wenn wir uns an den Vergleich mit den Bäumen erinnern, wird auch klar, dass es die Bäume sind, die den Garten am meisten schmücken. Aber nicht immer stehen alle Finger bzw. Bäume stolz und gerade da. Zum Teil sind sie krumm und verbogen, zum Beispiel, wenn ein starker Wind stetig von der gleichen Seite weht.

Wenn einzelne Finger sich biegen, besteht dafür immer ein Grund. Der Mensch hat sich aufgrund eines stetigen äußeren Druckes an eine Situation angepasst, die ihm nicht guttut. Dabei ist er innerlich aus dem Lot gekippt und hat sich verbogen. In welche Richtung auch immer, Fingerbiegungen und -krümmungen sind immer ein schlechtes Zeichen. Der entsprechende Finger, bzw. die von ihm repräsentierte Eigenschaft, ist überfordert und hat seine Kraft, seine Mitte, seine Aufrichtigkeit verloren. In dem vom Finger repräsentierten Lebensbereich ist irgendetwas gehörig aus dem Gleichgewicht geraten, deine natürliche innere Mitte wurde überschritten. Du hast es in deiner Reaktion entweder zu stark übertrieben (zu viel Widerstand) oder zu stark untertrieben (zu wenig Widerstand). Eine Fingerkrümmung zeigt eine Überforderung an: Entweder du selbst forderst extrem viel von dir oder das Leben tut es. Eine Krümmung zeigt den höchsten Grad an persönlicher Verbiegung an: je stärker die äußere Krümmung, desto stärker die innere Verbiegung. Und je weiter unten am Finger die Biegung beginnt, desto mehr bezieht sich die Problematik auf die körperliche Ebene. Je weiter oben die Krümmung beginnt, desto mentaler ist das Thema, das gelöst werden will. (Kapitel 11.3)

Sind Fingerkrümmungen in der linken Hand zu finden, weist dies auf Themen in der eigenen Innenwelt hin, also Selbstwert, Selbstvertrauen, Selbstwahrnehmung usw. In der rechten Hand handelt es sich eher um Probleme mit der Außenwelt, wie also andere mich wertschätzen (erhalte ich genug Lohn?), ob ich es zulasse, dass andere mich kontrollieren (kann ich mich abgrenzen?), wie ehrlich ich mit anderen sein kann (ertrage ich ehrliche Nähe?) usw.

Nicht immer sind die Themen akut, Fingerkrümmungen können auch ein Zeugnis der Vergangenheit sein, das muss man in der Handanalyse beim Klienten erfragen. Sind die inneren Spannungen gelöst, kann sich auch der Finger entspannen und sich wieder aufrichten. Aber das passiert in der Regel nicht von allein, dafür ist ernsthafte Arbeit an sich selbst nötig, sowohl auf physischer als auch psychischer und geistiger Ebene. Anstehende Veränderungen müssen konsequent umgesetzt werden. Manchmal bleibt der Finger auch krumm, wie eine Narbe aus alter Zeit, und erinnert daran, dass dort eine Schwäche besteht. Solange der Finger aber gebogen ist, besteht trotz innerer Heilung weiterhin die Tendenz, in das ungesunde Verhaltensmuster zurückzufallen.

Ich habe in meinen Handlesungen von schlimmen Schicksalen erfahren. Aber obwohl diese Menschen viel durchgemacht haben, waren bei ihnen nicht die Finger gebogen oder die Fingerberge ausgelaugt. Warum ist das so?

Es kommt nicht darauf an, was geschehen ist, sondern wie jemand damit umgeht. Daran zeigt sich, welche inneren Voraussetzungen jemand mitbringt. Solche Menschen haben eine innere Haltung, die sie ihr Schicksal mit Würde, Offenheit, Bewusstheit und

Weichheit annehmen lässt. Sie haben sich nicht als Opfer der Umstände gesehen oder sich gegen ihr Schicksal gewehrt. Sie sind daran gewachsen und weitergegangen, ohne zu hadern und zu verbittern. Dies zeugt meiner Meinung nach von einem hohen Selbstbewusstsein, persönlicher Integrität und hoher Selbstverantwortung.

Der erste Schritt zur Heilung geht immer über die Einsicht und über das Erkennen. Danach braucht es den Willen, die nötigen weiteren Schritte zu tun. Diese sind bei jedem verschieden, weil jeder Mensch anders ist. Aber die Hände zeigen mir zum Glück den individuellen Weg zur Besserung auf.

11.12.2. Zwei Krümmungsrichtungen

Wir erinnern uns: Der Daumen ist der Gärtner, der über die Bäume (Finger) wacht. Er ist der Herr und Meister über Erfolg und Misserfolg in unserem Leben. Der Daumen steht für die Kontrolle über sich selbst und über andere. Die Finger können sich nun zum Daumen hinbiegen oder sie können sich vom Daumen wegbiegen. Wir sagen aber nicht, dass der Jupiter sich zum Saturn hinbiegt oder der Merkur sich vom Apollo wegbiegt. Es ist immer der Daumen, der den Referenzpunkt bildet. Alle Finger orientieren sich am Daumen, dem Kontrolleur unseres Lebens.

Finger, die sich vom Daumen wegbiegen, sind ein Zeichen dafür, dass du im entsprechenden Lebensbereich zu wenig Kontrolle ausübst. Du hast resigniert und lässt dich von äußeren Umständen und anderen Menschen beeinflussen. Die Leinen sind los und dein Schiff treibt führerlos auf dem Meer. Du fühlst dich ausgeliefert und gibst anderen die Schuld an deinem Leid (und wenn es die Regierung ist). Es sind jedoch immer deine eignen Entscheidungen und deine inneren Umstände, die zu deiner äußeren Situation führen. Sobald du dies zu erkennen vermagst, hast du den ersten Schritt zur Eigenverantwortung gemacht.

Finger, die sich zum Daumen hinbiegen, sind ein Hinweis darauf, dass du in dem vom Finger repräsentierten Lebensbereich zu viel Kontrolle ausübst. Du hast zu viel Angst vor unvorhersehbaren Ereignissen und lässt darum den Dingen und Menschen um dich herum zu wenig Spielraum. Es ist, wie wenn du die Schiffsleine ganz fest festhältst, damit dein Schiff von der Strömung nicht weggetragen wird. Du lebst in dem Glauben, dass du dem Leben und den Menschen nicht vertrauen kannst und alles selber im Griff haben musst, was aber nicht stimmt. Wenn du dein für dich richtiges Leben lebst, kannst du darauf vertrauen, dass das Leben und andere Menschen dich unterstützen. Eine vermehrt spirituelle Ausrichtung wäre heilsam.

11.12.3. Jupiter weg vom Daumen

Jupiter steht für die eigenen Ziele, Ambitionen und Macht. Biegt er sich vom Daumen weg, ist dies ein Zeichen dafür, dass du dich unterdrückt fühlst und gleichzeitig Angst vor Konfrontationen hast. Du fühlst dich dem Leben oder anderen Menschen ausgeliefert, hast aber nicht den Mut, aufzubegehren. Es besteht der Glaube, dass man selber nichts verändern kann und dass höhere Umstände mächtiger sind. Resignation und zu langes Fügen in unzumutbare Zustände sind die Folge. Deine Ziele werden von anderen beeinflusst oder sogar verhindert. Du lässt dir zu lange und zu viel gefallen, ordnest dich unter, leidest unter strengen Hierarchien in Familie oder Geschäft. Mutlosigkeit und Ohnmacht sind zentrale Themen bei dieser

Krümmung, zudem auch Mangel an Selbstvertrauen, Opferhaltung, Selbstaufgabe, Grenzüberschreitungen sowie eine
Tendenz zu Kapitulation und Resignation.

Dies ist die häufigste Krümmung, die ich in Handlesungen
sehe. Sie kommt vor allem bei Frauen vor, die sich von ihrem
Partner in irgendeiner Form dominieren oder unterdrücken
lassen. Oder sie sind beruflich aktiv und erfahren von ihren
Vorgesetzten starken Druck. Vor allem bei älteren Frauen sehe ich diese Biegung häufig, denn diese Generation hatte früher nichts zu melden und musste den Männern gehorchen.
Diese Menschen haben die Kontrolle über die Richtung, die
Wünsche und die Ziele in ihrem Leben verloren. Ihr Dasein hat
sich verselbstständigt, sie fühlen sich ohnmächtig und können
kaum mehr aktiv in ihr Leben eingreifen. Männer erleben diese
Form von Unterdrückung mehr in ihrem Berufsleben. Diese
Krümmung kann auch auf eine riesige Führungsverantwortung
hinweisen, die jemand zu tragen hat und schwer auf ihm lastet.

Herausforderung: Lerne, deine Hände wieder ans Steuer zu
bringen und dein Gefährt selber zu lenken. Ziehe deinen
Sheriff-Stern wieder an! Du bist auf den Rücksitz deines Autos
gefallen und jemand anderes – und wenn es nur das vermeint-
liche Schicksal ist – steuert deinen Wagen. Nimm dein Leben
wieder selbst in die Hand und komme zurück in die Selbst-
bestimmung. Setze Grenzen! Gewinne wieder an Respekt, indem du dich wehrst und dir nicht alles gefallen lässt. Wenn du
alles versucht hast und es dennoch nicht klappt, musst du wohl
oder übel aus dieser privaten oder geschäftlichen Beziehung
aussteigen – weil diese Umstände sonst über kurz oder lang deinen Untergang bedeuten.

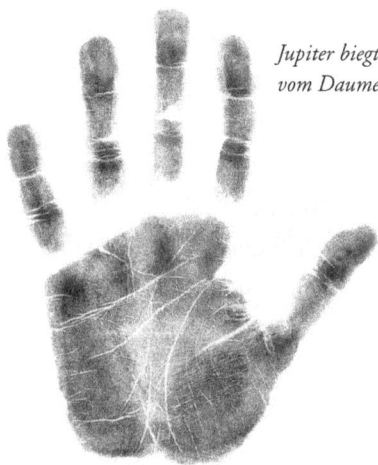

*Jupiter biegt sich
vom Daumen weg.*

11.12.4. Jupiter hin zum Daumen

Ein Jupiter, der sich zum Daumen hinbiegt, weist auf viel männliche Yang-Energie hin. Die Ambitionen (Jupiter) werden auf den Erfolg (Daumen) hin ausgerichtet. So gilt das Lebensmotto: »Mein Wille geschehe! Wenn ich etwas so will, dann will ich es genau so.« Dies ist ein Zeichen von übertriebener Dominanz, Autorität und Machteinsetzung: Durch nichts und niemanden lässt man sich vom eigenen Weg abbringen. Es besteht eine enorm starke Fokussierung auf ein bestimmtes Ziel. Einengungen und Befehle von anderen erträgt man nicht. Du hast wahrscheinlich zu lange im Gegenwind des Lebens gestanden und musstest dich jeden Tag aufs Neue behaupten. Im Extremfall kann dieses Verhalten tyrannische und zwanghafte Züge annehmen. Man neigt zu Übergriffigkeit auf andere, ist extrem entschlossen und hat eine hohe Durchsetzungskraft – »Aufgeben, bevor das Ziel erreicht ist? Niemals, euch werde ich es zeigen!« Du willst es allen beweisen, gibst den Ton an, nimmst viel Raum ein, lässt dich nicht von deinem Standpunkt abbringen. Du lässt dich nie unterkriegen und forcierst dich, machst immer weiter – ein »Frontrunner« in jeder Hinsicht. Michael Jackson hatte einen zum Daumen hin gekrümmten Jupiter. Er musste sich bekanntlich gegen seinen tyrannischen Vater durchsetzen, damit er nicht unter die Räder kam. In seiner Karriere war er später zwanghaft und ehrgeizig, ließ nicht locker, bis alles zu hundert Prozent stimmte. Er überließ nichts dem Zufall und ging mit sich und anderen über die Grenzen des Möglichen. Er hat das Unmögliche möglich gemacht. Das ist einerseits beeindruckend, aber zu welchem Preis?

Herausforderung: Lerne, dich zu entspannen und Vertrauen ins Leben zu entwickeln. Greife nicht immer aktiv in das Geschehen ein. Unterscheide, wann es nötig ist, an etwas festzuhalten, und wann es besser ist, etwas loszulassen. Beginne, dein Verhalten je nach Situation zu variieren und auf dein Gegenüber einzugehen: Man muss nicht jedes Mal voll auf das Gaspedal drücken, um seine Sichtweise kundzutun. Man muss auch nicht jedes Mal seine Ansichten durchboxen, manchmal haben die anderen die besseren Ideen. Gib Schritt für Schritt die Kontrolle ab. Werde dir bewusst, dass nicht immer alles nach deinem Willen gehen muss und auch nicht

Jupiter biegt sich zum Daumen.

kann. Wenn äußere Widerstände auftauchen, dann nimm dich
zurück und warte erst einmal ab, was geschieht. Nicht immer
hängt dein Leben von deiner Intervention ab.

11.12.5. Saturn weg vom Daumen

Die Realität hat dich fest im Griff. Ständig läuft dir deine Zeit
davon. Du rennst deinem Leben hinterher. Der Alltag wird
zum Zeitfresser und die Verantwortung wird zu viel. Ein Ende
der Verpflichtungen ist nicht in Sicht. Du bist in einer Tret-
mühle gefangen: Ist die linke Ecke aufgeräumt, herrscht in der
rechten schon wieder eine Unordnung. Alles lastet auf deinen
Schultern. Nein zu sagen, fällt generell schwer, gern mutet man
sich zu viel zu. Es besteht ein Hang zum Schwarzsehen, zum
Pessimismus und zur Resignation. Die Angst, in die eigenen
Abgründe zu schauen und an die wahren Ursachen zu gelangen,
ist übermächtig.

Diese Krümmung sehe ich am zweithäufigsten – sie ist leider
ein Zeugnis unserer westlichen Kultur und unserer Zeit. Wir
rennen nur noch herum und »erledigen« unser Leben, anstatt
es zu leben. Dieses ständige Müssen, Sollen und Wollen hat den
Menschen zum Sklaven gemacht, darum hat er die Kontrolle
über seine Zeit und das Bewusstsein über seine Werte verloren.
Hinweis zum Saturn in der linken Hand: Hier dreht sich das
Thema der verlorenen Kontrolle mehr um die inneren Werte.
Man verliert seinen Selbstwert aus den Augen, sowie seine
Selbstsicherheit und seine Verpflichtung sich selbst gegenüber.
Menschen mit einem vom Daumen weg gekrümmten linken
Saturn verkaufen sich immer wieder unter Wert – nicht einmal
aufgrund äußerer Umstände, sondern weil sie tief drin glauben,
es nicht besser verdient zu haben.

Herausforderung: Setze Prioritäten! Lerne, nein zu sagen. Gehe dir selbst gegenüber Verpflichtungen ein, werde dir gegenüber verbindlich. Finde heraus, was dir wirklich wichtig ist, und folge nicht nur dem, was dringend ist. Entwickle ein Wertbewusstsein und behalte es stets in deinem Hinterkopf. Räume auf und reduziere: in der äußeren Welt (Saturn rechts) und auch in deiner inneren Welt (Saturn links). Besteht eine Krümmung beim linken Saturn, gilt es, sich vermehrt mit seinen inneren und spirituellen Werten auseinanderzusetzen. Diese sollen mehr ins Bewusstsein gebracht und zu einem soliden Fundament für das eigene Leben ausgebildet werden.

Saturn biegt sich vom Daumen weg.

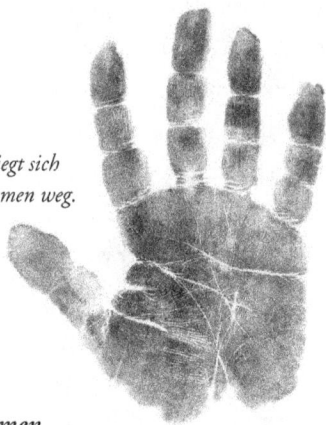

11.12.6. Saturn hin zum Daumen

Dies ist ein Zeichen von mangelnder Hingabe ans Leben und zu starker Kontrolle des Alltags. Es gilt das Motto: »Nichts darf aus dem Ruder laufen.« Du hast das Urvertrauen ins Leben verloren und agierst nach dem Prinzip des Überlebens. Du steckst in einem dauernden Überlebenskampf, glaubst, alles allein schaffen zu müssen, und fühlst dich vom Leben nicht getragen. Existenzängste plagen dich, die Gedanken drehen sich oft um Zeit und Geld.

Herausforderung: Werde dir bewusst, dass du lediglich dein eigenes Verhalten kontrollieren kannst, nicht aber das der anderen Menschen. Lasse die Dinge auch einmal geschehen und schau, wohin dich der Prozess führt. Überdenke deinen kontrollierten Lebensstil und deine Werthaltungen. Entwickle Vertrauen ins Leben. Besteht eine Krümmung beim linken Saturn, geht es darum, dass du zu stark versuchst, alles richtig zu machen. Vielleicht bist du auch zu streng mit dir selbst. Oder du versuchst mit allen Mitteln, deine Unsicherheit zu vertuschen. Erkenne darum deinen Wert nicht nur über deine Pflichten, sondern vor allem über dein Sein.

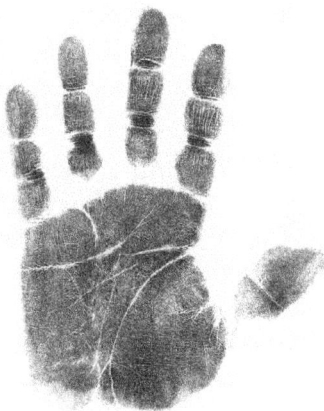

*Saturn biegt sich
zum Daumen.*

11.12.7. Apollo weg vom Daumen

Apollo steht für die eigene Identität, das authentische innere Strahlen und die Persönlichkeit. Biegt sich Apollo vom Daumen weg, dann ist das ein Zeichen von Identitätsverlust. Der Zugang zu dir selbst ist verloren gegangen, weil du dich über längere Zeit zu stark von dir selbst entfernt hast. Du willst nicht auffallen, von allen geliebt werden und auf keinen Fall Kritik ernten. Wer aber immer seine Identität verleugnet, sich unsichtbar macht und sich dauernd anpasst, fühlt sich irgendwann verloren in dieser Welt. Man ist Mitläufer, nimmt alles in Kauf und passt sich der Familie, der Gruppe oder der Mehrheit an. Es besteht große Angst vor Ablehnung, Maßregelung und Bloßstellung. Es gilt das Motto: »Nur ja nicht auffallen, auch nicht positiv und schon gar nicht negativ!« Schüchternheit bildet eine große Hürde gegenüber anderen – Gefühle der Einsamkeit sind die Folge.

Herausforderung: sich selbst treu bleiben, echt sein, sich authentisch ausdrücken. Dabei muss man vielleicht auch einmal Ablehnung riskieren. Aber werde dir bewusst, dass jede Zusage anderen gegenüber, die nicht von Herzen kommt, gleichzeitig eine Absage an dich selbst ist. Bekenne dich also wieder mehr zu dir. Arbeite an deiner Ausstrahlung und vertraue darauf, dass du von anderen wahrgenommen und angenommen wirst. Finde heraus, welch wahrer Kern in dir steckt. Komm aus dem Versteck und zeige dich! Sei keine graue Maus mehr, sondern zeige dich in deinen echten Farben. Die richtigen Menschen werden von dir angezogen. Schließe zuerst Freundschaft mit dir selbst, werde zuerst selbst dein bester Freund, die echten Freunde werden dann von selbst folgen. Hab' den Mut, auch allein zu sein. Gehe einfach weiter deinen Weg und verfolge das, was dir Freude macht.

Apollo biegt sich vom Daumen weg.

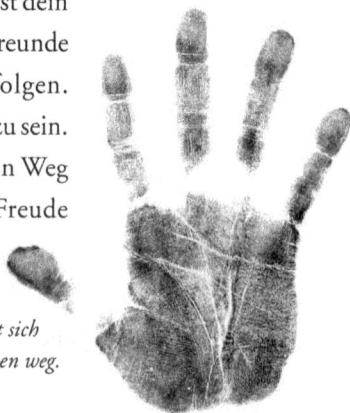

11.12.8. Apollo hin zum Daumen

Dies ist ein Zeichen von einem zu stark kontrollierten Selbstausdruck. Du streichst deine eigenen Bedürfnisse, damit andere nur ja nichts davon merken und sich nicht belästigt fühlen. Es gilt das Motto: »Immer schön lächeln!«, auch wenn dir zum Weinen zumute ist. Du bist stets freundlich, egal wie du dich wirklich fühlst, hast aber dadurch deine Natürlichkeit verloren. Du spielst die Rolle, die man von dir erwartet, machst alles, um geliebt zu werden oder um Anerkennung zu bekommen. Im Extremfall kann das bis zur Gefallsucht führen und dann gibst du zum Beispiel viel Geld für modische Designerstücke aus. Es gilt der Leitsatz: »Hauptsache, man ist dabei!« Auf diese Weise willst du beeinflussen, wie die Leute dich sehen. Vielleicht machst du sogar extra Schlagzeilen, um dein Image zu kontrollieren – aus Angst davor, wahrlich gesehen und dann deswegen abgelehnt zu werden. Du gehst Kompromisse ein, die dir schaden und deinen freien Ausdruck rauben. Die starke Fixierung auf Äußerlichkeiten führt aber nicht zu der echten Wertschätzung, die dich wirklich nährt. Weil du selber oberflächlich geworden bist, hast du auch entsprechende Freunde in dein Leben gezogen.

Apollo biegt sich zum Daumen.

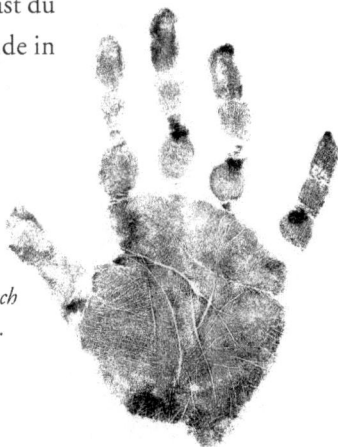

Herausforderung: lernen, Farbe zu bekennen – den eigenen Stil finden – aufhören, sich selbst und anderen etwas vorzumachen. Zeige dich so, wie du wirklich sein möchtest. Nimm dir mehr Zeit für dich selbst. Und nimm nicht alles persönlich! Lerne, Kritik anzunehmen, und werde dir bewusst: Tomaten ins Gesicht geworfen zu bekommen, ist nicht lustig, aber es bringt einen auch nicht um. Und realisiere: Du musst nicht perfekt sein, du musst echt sein! Jeder hat einen Makel – finde den deinigen und stehe dazu! Werde dein wahrer Freund und werde für andere ebenfalls ein solcher.

11.12.9. Merkur weg vom Daumen

Der Merkur steht für Wahrnehmung, Kommunikation und Austausch. Biegt er sich vom Daumen weg, ist das ein Zeichen von Realitätsverlust: Du übertreibst also in deinen Erzählungen und machst die Ereignisse größer, als sie wirklich sind. So bewegst du dich immer mehr von der realen Welt und von anderen Menschen weg und fühlst dich einsam und unverstanden. Deine Eigenschaften: Täuschen, Übertreiben, Vertuschen. Du

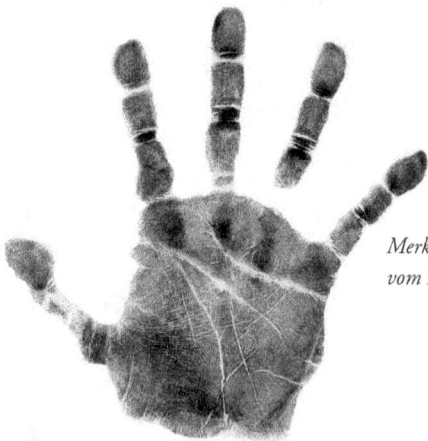

Merkur biegt sich vom Daumen weg.

sonderst dich ab, wendest dich ab, bist für andere Menschen nicht mehr greifbar und lebst in deiner eigenen Welt. Zu hohe Erwartungen führen immer wieder zu Enttäuschungen.

Herausforderung: Komm wieder zurück in die Realität. Erkenne die Welt, wie sie ist, und finde Freude daran. Erwarte nicht zu viel und lasse dich überraschen. Suche Kontakt zu ehrlichen und echten Menschen. Achte darauf, was und wie du sprichst und ob dem wirklich so ist. Nutze deinen Übertreibungsfaktor und gehe damit auf die Theaterbühne. Frage dich: Habe ich früher vielleicht zu wenig Aufmerksamkeit bekommen? Oder bin ich nicht gehört worden? Habe ich vielleicht irgendwann in meinem Leben eine große Enttäuschung erlebt?

11.12.10. Merkur hin zum Daumen

»Die lautesten Schreie sind die, die man nicht hört.« Dieses Sprichwort ist eine treffende Zusammenfassung des inneren Zustandes eines Menschen, der einen zum Daumen gekrümmten Merkur hat. Du sagst oft, dass alles in Ordnung sei, obwohl es nicht so ist. Du würdest am liebsten heulen, aber machst es nicht, aus Angst, missverstanden oder abgelehnt zu werden. Dies ist ein Zeichen von zu stark kontrolliertem Ausdruck und zu wenig Austausch. Das geht bis dahin, nachtragend und misstrauisch zu sein und anderen nicht verzeihen zu können. Auch gegenüber dir selbst redest du dir die Dinge so ein, wie sie für dich stimmen, belügst dich und vielleicht auch andere und glaubst selber noch an deine Geschichten. Im Extremfall spielst du Spielchen mit anderen und hältst sie zum Narren. Oder du wischst alles vom Tisch und verträgst die Wahrheit nicht. Es besteht große Angst vor Nähe, vor Verletzung und Verlust. Eifersucht ist ein großes Thema. Oder du schluckst zu oft deine Gefühle hinunter und verschließt dich. Du führst andere hinters Licht und verheimlichst vieles. Oder du ignorierst die Tatsachen. Du täuschst andere oder lässt dich von anderen täuschen. Du hältst viel unter dem Deckel, was zu Zwängen führen kann. Du kannst sehr eindringlich kommunizieren – oder du bewegst dich unter dem Radar, machst dich also unsichtbar. Du schweigst lange und dann explodierst du plötzlich. Du hast Mühe, dich selbst zu reflektieren. Bei der Wahl der Partner ist deine Wahrnehmung oft schlecht. Und wer kennt das nicht: Bei einem Glas Alkohol zu viel kommt plötzlich alles ungefiltert hoch. Auch hier gilt wieder: Je stärker diese Biegung ist, umso mehr sind diese Themen lebensbestimmend.

Der zum Daumen gebogene Merkur ist ein häufiges Phänomen. Es kommt sogar vor, dass man damit auf die Welt kommt. Ein Zeichen aus einem früheren Leben oder ein psychologisch vererbtes Thema aus der Familiengeschichte? Wie auch immer: Es geht um das große Schweigen und um das Dichthalten nach außen hin. Deutlich gesagt: In deinem Umfeld wurde oder wird gelogen, betrogen und getäuscht, dass sich die Balken biegen. Es kann so weit gehen, dass sie es selbst gar nicht mehr merken und zwischen Wahrheit und Lüge nicht mehr zu unterscheiden vermögen. Die Kraft, etwas zu behaupten und darauf zu bestehen, ist massiv.

Herausforderung: agieren, wie man spricht, nicht zusagen wenn man eigentlich absagen will, kein Blatt mehr vor den Mund nehmen, die ehrliche Meinung sagen, auch wenn es Mut kostet. Versuche, dich wieder zu öffnen. Sei mutig und investiere Vertrauen ins Leben, in andere Menschen und in dich selbst.

Tausche Misstrauen und Kontrolle gegen Offenheit und Vertrauen ein. Tauche in ein für dich stimmiges und wahres Leben ein. Werde dir deiner Gefühle bewusst, teile sie anderen mit und lebe danach. Lebe nach deiner Wahrheit, versuche aber nicht, andere von deiner Wahrheit zu überzeugen. Werde dir bewusst: Jeder hat das Recht, nach seiner eigenen Wahrheit zu leben. Lerne, mit unterschiedlichen Meinungen umzugehen. Habe Mut, zu deiner Meinung zu stehen, auch wenn du in der Minderheit bist. Distanziere dich von Anfeindungen, lasse dich nicht unter Druck setzen und passe dich nicht an, wenn du merkst, dass dir etwas nicht guttut.

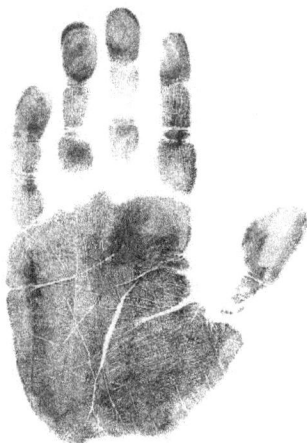

Merkur biegt sich zum Daumen.

11.13. Kombinationen von Fingerkrümmungen

11.13.1. Jupiter weg vom Daumen, Merkur hin zum Daumen

Auch hier kann das Kombinieren geübt werden. Nimm von jedem Finger eine Aussage, die ich oben beschrieben habe, heraus und verbinde sie miteinander. Nehmen wir zum Beispiel diese

Eigenschaften: zu langes Unterordnen (Jupiter-Krümmung) und Misstrauen anderen gegenüber (Merkur-Krümmung). Wenn ich diese Kombination sehe, dann kommt mir gleich ein Hund in den Sinn, der stets kuschen und still sein muss, weil er sonst Schläge bekommt. Es muss nicht immer so extrem sein, aber wenn du diese Kombination bei dir erkennst, dann weichst du wahrscheinlich eher den Konfrontationen und Konflikten aus und schweigst. Vielleicht war früher ein solches Verhalten zum Überleben notwendig, aber stelle dir heute die Frage, ob du dieses Gewohnheitsmuster immer noch brauchst. Wenn nicht, dann kann die Krümmung durch Bewusstwerdung und durch emotional korrigierende Erfahrungen wieder gebessert werden.

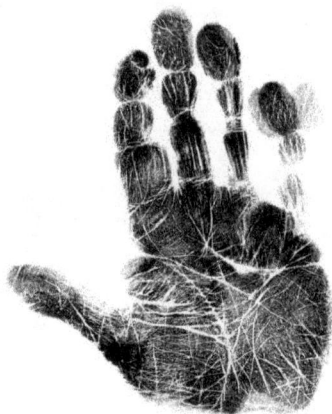

11.13.2. Jupiter und Saturn weg vom Daumen, Apollo und Merkur hin zum Daumen

Dieses Phänomen erscheint oft bei Frauen, die Kinder haben. Sie organisieren alles und rennen pausenlos durch den ganzen Tag. Ihre eigenen Strukturen und Vorhaben gehen schon lange nicht mehr nach ihrem Willen. Denn wegen der Kinder passiert immer irgendetwas, das man nicht vorhersehen oder planen kann. Und da die Kinder stets vorgehen, müssen sich die Mütter anpassen und kommen so über lange Zeit zu kurz. Sie sind gezwungen, immer mehr ihre eigenen Bedürfnisse zu reduzieren. Der Alltag verläuft nicht, wie sie wollen, es spuckt ihnen sozusagen immer wieder irgendjemand in die Suppe und sie dürfen sie danach auslöffeln.

Dieses Phänomen kann bei allen vorkommen, nicht nur bei Müttern. Aber es ist ein sehr ungutes Zeichen, wenn sich alle vier Finger krümmen. Wenn ich diese Kombination sehe, spreche ich mit den Menschen Klartext und halte ihnen direkt vor Augen, wie sie ihr Leben aus der Hand gegeben haben. Was auch immer sie darauf antworten werden, ich glaube den Fingern immer mehr als ihren Worten. Hier gilt es, aufzuwachen und sein Leben wieder kompromisslos in die eigene Hand zu nehmen (ich kann die »Ja, aber …«-Liste schon in meinen Ohren hören).

Ein typisches Bild für diese Krümmungskombination wäre: Du verbiegst dich, damit du mit zehn weiteren Leuten in einen kleinen VW-Käfer passt – du bist ja froh, dass du überhaupt mitfahren darfst. Und dann fragen die anderen, ob alles ok ist, und du nickst freundlich lächelnd wie eine Stewardess, obwohl du fast zugrunde gehst. Muss jemand pinkeln? Nein, natürlich nicht, weil sonst alle anderen raus müssten.

11.13.3. Jupiter weg und Apollo hin zum Daumen, Merkur mit Abstand

Die vollständige Bezeichnung lautet: »Jupiter weg vom und Apollo hin zum Daumen, Saturn steht gerade dazwischen, meistens mit einem Merkur-Abstand«.

Der gerade Saturn spielt in dieser häufigen Kombination eine tragende Rolle und das zeigt sich darin, dass sich bei diesen Menschen das ganze Leben um die Pflicht dreht – um all das, was man »sollte« und »müsste«. Solche Menschen sind in Konventionen gefangen, in einer materiell orientierten Welt und sind nur noch Sklaven ihres Haben-Wollens oder sie leben nur für die Sicherheit. Aber somit befinden sie sich mehr in einem Überlebensmodus als in ihrer authentischen Lebendigkeit. Sie zeigen sich anderen gegenüber zwar so, als wäre bei ihnen alles in bester Ordnung, aber das ist oft ganz und gar nicht der Fall. Sie machen gute Miene zum bösen Spiel. »Nur ja nicht aus der Reihe tanzen.« Was die Gesellschaft von ihnen denkt, ist ihnen wichtiger als ihr persönliches Glück. Somit aber haben sie ihre eigenen Visionen, ihr authentisches Strahlen und den Kontakt zu sich selbst verloren.

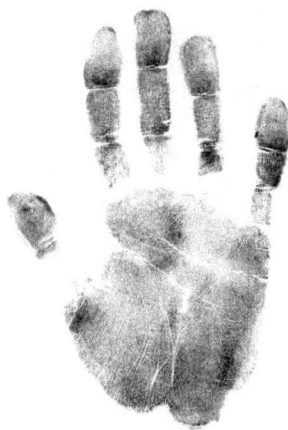

11.13.4. Eine extreme Version: auch Merkur
biegt sich zum Daumen

Dieser Abdruck stammt von einer 90-jährigen Frau, die nach dem Krieg mit einem Mann verheiratet wurde, den sie nie liebte. Ohne Einzelheiten zu kennen, ist es offensichtlich, dass diese Frau viel durchgemacht hat und viel aushalten musste, um zu überleben. Sie machte stets alles alleine und wurde auch noch für fünf Jahre in ein Arbeitslager in Russland gesteckt. Nach außen hin hat sie aber immer das Bild abgegeben, dass alles in Ordnung sei. Schau mal an, wie der Saturn aufrecht dasteht! Mit eiserner Disziplin und Verantwortungsbewusstsein ist sie durchs Leben gegangen. Es war ihr zu wichtig, was die anderen Leute und die Nachbarn über sie denken und reden. Sie konnte einfach nicht die Wahrheit ans Tageslicht bringen. Die Zeit war einfach noch nicht reif dafür und als Frau war man ein Niemand und ohne Rechte. Der Preis, den sie dafür zahlte, war ein Leben ohne Leben. Aber sie hat überlebt! – Ein Schicksal vieler.

Unabhängig davon, was die Menschen einem erzählen, die Finger krümmen sich nicht einfach von selbst. Das ist keine Gicht, das ist pure Verbitterung, Verhärtung, Angst und Kontrolle – eine Leidensgeschichte, die verdeckt gehalten wird.

11.14. Weitere Formen von Fingerkrümmungen

11.14.1. Fingeranlehnungen

Manchmal lehnen sich die Finger auch nur zum oder weg vom Daumen. Die Bedeutung ist aber die gleiche. Der Unterschied liegt nur in den Graden der Intensität. Fingeranlehnungen können temporär sein, aber sie können auch von Dauer sein.

11.14.2. Finger-Twist / Drehung

Manchmal dreht (englisch: to twist) oder schraubt sich der Finger auch gleichzeitig zum oder weg vom Daumen. Auch hier ist die Bedeutung wie bei den Fingerkrümmungen zu sehen. Auf die psychische Stressbelastung bezogen, sehe ich eine Steigerung von der Fingeranlehnung (am schwächsten) über den Finger-Twist bis zur Fingerkrümmung (am stärksten).

Ein prominentes Beispiel ist die rechte Hand des bekannten Tennisspielers Roger Federer: Jupiter-Twist mit hohem Jupiter-Ansatz, eine harte und gelbe Haut sowie ein starker Mars-Berg. Er ist ein außergewöhnlich harter Kämpfer und verlangt sich selbst alles ab. Er hat wirklich sehr, sehr hart für seinen Erfolg gekämpft und mit seinem Talent führte dies an die Weltspitze.

11.14.3. Fingerbiegung nach hinten

Einige Menschen sind fähig, wenn sie die ganze Hand öffnen, all ihre Finger nach hinten zu biegen. Bei dem jungen Künstler Avicii (der kürzlich auf rätselhafte Weise verstorben ist) konnte man dieses Phänomen gut beobachten. Je stärker die Biegung nach hinten möglich ist, desto mehr brauchen diese Menschen eine Rückmeldung von außen. Sie sind sehr interessiert daran, was andere von ihnen denken. Sie öffnen sich voll und ganz für das, was die Welt, ja, das ganze Universum zu bieten hat.

Sie sind ein emotional und geistig offener Kelch und sind darum sehr anfällig für die Stimmung, die in der Außenwelt vorherrscht. Auch wenn Avicii ein introvertiertes Wesen hatte, war es für ihn wichtig, von außen Feedback, Aufmerksamkeit und Reaktionen zu erhalten. Solche Menschen können sich natürlich schlecht abgrenzen und lassen sich von äußeren Einflüssen sehr stark in Unruhe versetzen. Sie sind zu lieb, zu sensibel und zu weich für diese Welt. Sie sind leichter manipulierbar und brauchen mehr als andere Schutz und Führung.

11.14.4. Fingerbiegung nach vorne / Krallen

Die meisten Menschen können ihre Finger nicht mehr nach hinten biegen, vor allem Männer aufgrund ihrer gesellschaftlichen Konditionierung. Im schlimmsten Fall werden die Finger ganz steif und hart und die oberen Fingerzonen biegen sich sogar dauerhaft nach vorne, wie man es oft bei alten Menschen beobachten kann. Solche Menschen sind wahrscheinlich auch sehr feinfühlig, aber sie müssen sich irgendwie schützen. Sie wissen sich nicht anders zu helfen, als sich zu verschließen, hart zu werden und in einem festgelegten Weltbild zu leben. Sie engen also freiwillig ihren eigenen Horizont ein. Aber ihr Leben wird dadurch nicht einfacher, sondern einfach nur kontrollierter und somit langweiliger, starrer, öder. Dafür lassen sie sich weniger von äußeren Ereignissen ablenken und halten ihren Fokus. Ihr Motto lautet: »Nur ja nichts dem Zufall überlassen, alles schön zusammenhalten, alles fest im Griff behalten und nichts mehr loslassen.« Aber wenn sich die Finger so stark nach innen biegen, ist das gesunde Maß dieser Einstellung überschritten.

11.14.5. »Schnappfinger«

Der Begriff »Dupuytren-kontraktur« umschreibt den Zustand, dass ein oder mehrere Finger sich nach innen gebogen haben und so fixiert bleiben. Man nennt dies auch »Schnappfinger«. Die Beuge-Sehne eines Fingers über dem beugeseitigen Fingergrundgelenk hat sich verdickt, dadurch kann der Finger nicht mehr frei durch das dortige Ringband gleiten. Die Vorstufe ist eine Verhärtung der Sehne im Handteller unter dem Finger.

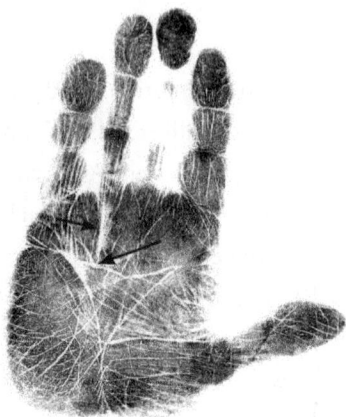

Die Erfahrung zeigt, dass die Ursachen hauptsächlich psychischer Natur sind. Am meisten kommt es unter dem Ringfinger vor, am zweithäufigsten unter dem Mittelfinger und am dritthäufigsten unter dem kleinen Finger. Beim Mittelfinger der rechten Hand ist es meistens eine Überlastung vom Alltag oder du bist im falschen Beruf. In der linken Hand dreht es sich um die Selbstsicherheit, um den Mangel an Wertschätzung und Selbstwert. Beim Ringfinger wirst du zu wenig gesehen und es fehlt dir die Anerkennung. Man muss zu stark eine bestimmte Rolle spielen und aus Erschöpfung möchte man sich am liebsten nur noch zurückziehen. Der kleine Finger hat mit Isolationsthemen zu tun und mit der Angst, seine Ansichten zu formulieren, sich ehrlich mitzuteilen. In der rechten Hand zeugt es von einer gewissen Müdigkeit, was die Auseinandersetzung mit der äußeren Welt betrifft – das Be-dürfnis nach Rückzug ist auch hier ausgeprägt vorhanden.

11.15. Ringe an den Fingern

11.15.1. Ringe geben Kraft bei Überforderung

Ob du das glauben willst oder nicht, es hat immer einen Grund, warum ein Mensch an einem bestimmten Finger einen Ring trägt. In der Regel ist dies ein Zeichen von Mangel und Überforderung im entsprechenden Lebensbereich oder den entsprechenden Eigenschaften, die der Finger repräsentiert.

Wenn ein Baum schwach oder noch jung ist, dann stabilisiert ihn der Gärtner mit einem Holzgerüst und schnürt ihn darin fest. Jetzt kann der Wind kommen, von wo er will, der Baum ist stabilisiert und kann so in Ruhe wachsen und stark werden. So kann er später ohne Stützen aufrecht stehen. Genauso verhält es sich mit den Fingern: Der Ring ist eine Verstärkung, ein Stabilisator für den entsprechenden Finger.

Ein interessanter Fall ist der Ring am Apollo, den wir in unserer Kultur den Ringfinger nennen, da wir hier unseren Ehering tragen. Wenn ich dort einen Ring sehe, dann spreche ich nicht darüber bzw. nur, wenn er sehr auffällig gestaltet ist. Aber auch hier gilt: Innerhalb der Ehe ist es eine große Herausforderung, die eigene Individualität (wofür Apollo steht) zu bewahren und nicht zu stark in Anpassungsmuster zu verfallen.

Die Ring-Psychologie umfasst alle fünf Finger. Wenn jemand mehrere Ringe trägt, kombiniere ich alle betroffenen Finger zu einem gesamten Thema. Den Ringfinger zähle ich – wie erwähnt – nicht dazu. Trägt jemand an sechs oder mehr Fingern einen Ring, dann spreche ich über die Finger, die keinen Ring haben. Hat jemand an allen zehn Fingern einen Ring, dann braucht dieser Mensch schon sehr viel stützende Kraft von außen. Ehrlich gesagt, sind Menschen mit Ringen an allen Fingern ausgeprägte Exzentriker, die ganz eigen ticken. Was auch immer es ist, es regieren die Extreme. Wenn der Ring auch noch Steine hat und diese wiederum eine spezielle Ausprägung haben, kannst du auch die Bedeutung der Farben noch dazunehmen.

Achte also auf die Kombination der Finger, an welchen Ringe sind, und setze die unten aufgeführten Themen zu einem übergeordneten Thema zusammen. Am rechten Jupiter und am rechten Apollo auffallende Ringe könnten etwas mit Star-Allüren zu tun haben. Willst du der / die Größte und Schönste sein? Willst du um jeden Preis auffallen, gesehen und von allen geliebt werden? Auf jeden Fall wäre jetzt »Showtime«, aber deine Persönlichkeit und Aura sind anscheinend nicht strahlend genug, um aus dir selbst heraus zu leuchten. Darum musst du ein wenig nachhelfen.

Was spannend ist: Wenn der innere, psychische Mangel behoben oder die Überforderung bewältigt wurde, wird dieser Mensch den Ring aus unbewussten Gründen wieder ablegen. Manche verlieren sogar den Ring oder es passiert etwas anderes, sodass der Ring nicht mehr getragen wird. Ich frage meistens nach, wie lange jemand den Ring schon trägt. Wenn die Antwort dann lautet: »Seit einer Ewigkeit«, werde ich vorsichtiger mit meinen Aussagen und stelle zuerst weitere Fragen, um mich zu vergewissern.

Darum sei hier an dieser Stelle gesagt: Bitte nutze dieses Wissen stets mit gegebener Sorgfalt und nötigem Respekt. Es geht in der Handanalyse immer um Empathie und darum, dass eine echte Verbindung zu dem Menschen geschaffen wird. Es geht darum, ihm weiterzuhelfen, nicht darum, ihn bloßzustellen! Also, legen wir los mit dem ersten Ring …

11.15.2. Ring am rechten Daumen

Du musst zu viel im Leben zusammenhalten und versuchst, alles zu kontrollieren. Vielleicht bist du mit deinen Resultaten nicht zufrieden und willst noch mehr erreichen. Auf jeden Fall ist das, was du im täglichen Leben machst, nicht mehr zufriedenstellend oder du bist in einer Phase, wo du viel aushalten musst. Entweder gefällt dir deine Arbeit nicht mehr oder du bist überfordert, weil es zu viel zu tun gibt. Meistens ist es nur eine Phase. Steh es durch, wenn du darin noch Sinn siehst, wenn nicht, lass die Sache los, gib die Kontrolle ab und gib dich wieder dem Lebensstrom hin. Das Leben hat dir immer etwas zu bieten, es hört nicht auf, solange du lebst.

11.15.3. Ring am linken Daumen

Viele Jugendliche tragen am linken Daumen einen Ring. Es zeigt eine Überforderung mit familiären Themen und mit dem Erwachsenwerden. Sie suchen und brauchen mehr Geborgenheit, Schutz, Rückhalt und Unterstützung. Vielleicht sind sie in einer Prüfungsphase und benötigen darum noch mehr Halt von geliebten Menschen. Bei den Erwachsenen hat es die gleiche Bedeutung: Irgendetwas mit deinem inneren Kreis stimmt nicht mehr. Fühlst du dich noch wohl zu Hause? Möchtest du dich von jemandem lösen oder etwas bereinigen, was schon lange in dir schlummert? Sehnst du dich nach einem Ortswechsel?

11.15.4. Ring am rechten Jupiter

Achtung, hier kommt die Königin oder der König. Achte mal in Filmen, wo Könige oder Herrscher vorkommen, darauf, wie viele von ihnen am Zeigefinger einen roten oder auffälligen Ring tragen. Es ist ein Zeichen von: »Ich will mehr Macht und Respekt.« Du willst mehr Einfluss haben und mitbestimmen oder du willst nicht mehr Befehlsempfänger sein. Es ist ein Zeichen dafür, dass Unterstützung gebraucht wird, um ehrgeizige oder ambitiöse Ziele erreichen zu können. Oder du spürst einen Mangel davon, hast jegliches Selbstvertrauen verloren und möchtest darin wieder zu neuer Stärke finden. Hast du die berufliche Position, die dir gefällt? Gibt es etwas, das dir an deinem Status missfällt? Werden dir Hindernisse in den Weg gelegt? All dies sind gute Fragen, die du dir selbst stellen kannst, falls gerade du an diesem Finger einen Ring trägst.

11.15.5. Ring am linken Jupiter

»Genug ist genug! Es reicht!« Jetzt stehst du für dich ein und gehst deinen eigenen Weg. Dieser Ring zeigt auf, dass du dich zu lange unterdrücken hast lassen, es viel zu eng wurde und du jetzt ausbrechen möchtest. Du suchst wieder die Kraft in dir und brauchst momentan dazu auch mehr Kraft von außen. Der eigene Wille steht jetzt im Vordergrund und du kannst wieder Grenzen setzen. Es zeugt auch von einer gewissen Zielstrebigkeit, von einem persönlichen Befreiungsakt. Der Respekt und die Würde sich selbst gegenüber will wieder aufgebaut werden, damit du wieder zu deiner persönlichen Freiheit kommen kannst. Die Zeit des Abwartens und der Orientierungslosigkeit ist vorbei, jetzt geht es vorwärts. Deine persönliche Autorität soll sich wieder zeigen.

11.15.6. Ring am rechten Saturn

Meistens dreht sich dein Thema um die Zeit. Du sagst allen, dass du keine Zeit mehr für dich hast, deine Agenda ist voll und du siehst vor lauter Bäumen den Wald nicht mehr. Oft dreht es sich auch um Geld-Themen, um die materielle Sicherheit und um die Freude am Beruf. Liebst du noch deinen Beruf? Stimmt dein Lohn? Machst du einfach weiter, weil du denkst, dass du nichts anderes kannst? Trägst du zu viel Verantwortung? Fühlst du dich im System gefangen? Willst du am liebsten ausbrechen und du traust dich nicht? Lass dir diese Fragen durch den Kopf gehen oder stell diese Fragen jemandem, der am rechten Mittelfinger einen Ring trägt. Als ersten Schritt empfehle ich einen gründlichen Frühlingsputz, als zweiten, die eigenen Wertmaßstäbe in Ordnung zu bringen, und drittens, entsprechend zu handeln.

11.15.7. Ring am linken Saturn

Viele Frauen tragen hier einen Ring. Hier dreht es sich meistens nur um das eine: den mangelnden Selbstwert. Du fühlst dich unsicher und lässt dich zu lange unter deinem Wert behandeln. Du kannst dir diese Wunde auch selbst zufügen. Schuldgefühle können ein Dauergast in dir sein und so soll der Ring dich daran erinnern und dich darin bestärken, deine Selbstwertschätzung wieder aufzubauen. Was bist du dir selbst wert? Lässt du dich unter deiner Würde behandeln? Was ist dir wirklich wichtig im Leben? Es ist ein Zeichen, dass du in deinem Inneren wieder einmal aufräumen und einen inneren Frühlingsputz machen solltest. Bringe dein privates Leben wieder in Ordnung und halte nicht einfach eine unbefriedigende Situation aus, nur damit du keine Schuldgefühle haben musst. Schuldgefühle sind ein Zeichen des Aufwachens und stammen aus moralischen und gesetzlichen Richtlinien, bei denen es genau zu prüfen gilt, ob sie wirklich zu deinem Individuum und zum Zeitgeist passen.

Fügst du dich generell der vorherrschend geltenden Moral der Masse, wirst du nie Schuldgefühle haben. Es ist Zeit für dich, zu lernen, zu deinen inneren Werten zu stehen – unabhängig von der Außenwelt – und Entscheidungen zu fällen und darin immer mehr Sicherheit zu finden, unabhängig davon, was die Welt von dir denkt.

11.15.8. Ring am rechten Apollo

Wie bereits erwähnt, rede ich über diesen Finger nur, wenn jemand einen sehr auffälligen Ring dort trägt. Die Fragen wären hier: Bekommst du genug Anerkennung und Wertschätzung? Wirst du als individueller Mensch gesehen oder werden zu hohe Erwartungen an dein Verhalten gestellt? Lebst du deine eigene Identität aus oder suchst du noch danach? Willst du gerade mehr Spaß im Leben? Brauchst du gerade ein wenig »Showtime« und suchst Applaus? Möchtest du speziell sein und dich von der Masse abheben? Folge deiner inneren Stimme und trau dich!

11.15.9. Ring am linken Apollo

Das Thema ist hier das gleiche wie beim rechten Apollo.

11.15.10. Ring am rechten Merkur

Ist dir schon aufgefallen, dass Menschen, die auf einer Bühne stehen – z. B. Rockstars –, oft am kleinen Finger einen Ring tragen? Ich sehe das auch bei den Männern in Mafia-Filmen, bei Machos, bei Angebern und beim schmierigen Occasions-Autoverkäufer. Diejenigen, die auf einer Bühne stehen, müssen viele Leute erreichen, eine Show abliefern und dafür viel Sex-Energie einsetzen, um die Masse in Stimmung zu bringen.

Du musst in dieser Rolle übertreiben und alles aus dir rausholen. Hast du deine Bühne im Leben gefunden oder ziehst du einfach eine Show ab? Wie hast du es mit der Wahrheit? Hast du es momentan nötig, zu blenden und zu täuschen? Wirst du vielleicht zu wenig gehört und suchst nach deiner Stimme und Ausdruckskraft? Trägst du etwas in dir, das du schon lange loswerden willst? Fühlst du dich als etwas Besseres als der Rest der Gesellschaft? Trägst du diesen Ring schon seit langer Zeit und wurde es zur Normalität, eine Show abzuziehen und andere zu blenden? Giert es dich nach Geld? All das sind Fragen, die nicht gerade angenehm sind, aber es ist, wie es ist. Reflektiere darüber und ziehe deine eigenen Schlüsse, ob du weiter so fahren möchtest.

11.15.11. Ring am linken Merkur

Dieser Ring ist ein trauriger Ruf nach mehr Nähe und Liebe. Man will gehört und angenommen werden, so, wie man wirklich ist. Es geht also um die Verbindung zu anderen Menschen. Fühlst du dich allein, einsam, unverstanden oder isoliert? Gibt es Beziehungsprobleme? Bist du zu lange schon allein und hast keinen Sex mehr? Wenn ich an beiden Merkur-Fingern einen Ring sehe, dann hat es nach meiner Erfahrung immer etwas mit dem Thema »Sex« zu tun. Entweder musst du professionell auf der Bühne abliefern und brauchst diese zusätzliche Sex-Energie, um das Publikum mitreißen zu können, oder du fühlst dich in Sachen Sex irgendwie überfordert. Oder du bist ein Angeber und täuschst alle anderen. Man kann den Geschmack von Hochnäsigkeit und Distanziertheit nicht leugnen, aber am Schluss dreht sich doch alles um Sex oder um Geld. Wie ehrlich bist du wirklich mit dir selbst und deinen Mitmenschen?

12. Das Netz: Koordinaten zur Orientierung

12.1. Die Götterfamilie in der Hand

Nachdem wir jetzt eine lange (und hoffentlich spannende) Reise über den Daumen (Kapitel 10) und die Finger (Kapitel 11) gemacht haben, kommen wir nun wieder zurück zum Handteller. Diese beiden großen Themen, den »Gärtner« und die »Bäume«, vorher gut verstehen zu können, ist notwendig. Denn jetzt schauen wir uns den »Garten« ganz genau an – den Handteller. Die Finger einzeln zu erkennen, ist einfach. Aber den Handteller in seine Bestandteile zu gliedern, wird schon etwas anspruchsvoller.

Wir wissen von Kapitel 9.1: Die Hand lässt sich von ihrer grundlegenden Form her zu einem oder mehreren der vier Grundelemente (Erde, Wasser, Feuer und Luft) zuordnen, daraus lässt sich dann das grundlegende Temperament eines Menschen ableiten.

Nun gehen wir einen Schritt weiter, vom Temperament in die einzelnen Persönlichkeitsanteile. Vier Persönlichkeitsanteile kennen wir bereits, diese werden gut sichtbar durch die vier Finger repräsentiert. Der Daumen zeigt, wie wir ebenfalls wissen, unseren freien Willen und hat somit eine Sonderstellung. Nun gesellen sich weitere Anteile bzw. Archetypen dazu, die allesamt im Handteller liegen. Diese bilden das hauptsächliche Thema dieses Kapitels. Insgesamt werden wir schlussendlich in unserer Hand zehn archetypische Kräfte zählen. Sie alle stehen analog zu den zehn Planeten in unserem Sonnensystem.

Schon die Griechen, und später die Römer, beschrieben das Innenleben eines Menschen mit den unterschiedlich wirkenden psychischen Kräften über eine vielfältige Götterwelt. Sie teilten diesen Göttern menschliche Eigenschaften zu und schrieben Geschichten darüber. Die Geschichten dieser Götter, wie sie auf der Erde wirkten und was sie alles erlebten, zeigten den Menschen auf erzählerische Weise die äußeren Wirkungen der ihnen innewohnenden archetypischen Kräfte auf.

Diese archetypischen Kräfte können auch als verschiedene Persönlichkeitsanteile in uns gesehen werden. Und sie sind über die verfeinerte Betrachtung der Volumen unserer Handteller, Fingerberge und Finger klar ablesbar.

Die Volumenverteilung im Handteller erlaubt also verfeinerte Rückschlüsse auf unsere Persönlichkeit, unser Wesen und unseren internen Energiehaushalt. Sie zeigt dem Handanalytiker,

welche der archetypischen Kräfte bzw. welche Persönlichkeitsanteile in uns im Einklang stehen und welche sich gegenseitig
behindern.

Über die zehn Archetypen gibt es eine ganze Menge Literatur,
sei es in der griechischen oder römischen Mythologie. Im Lehr-
gang am IIHA beschäftigen wir uns bereits im Anfänger-Kurs
(Basic I) ausführlich damit. An dieser Stelle beschränke ich
mich auf den folgenden Überblick über die sechs archetypischen Kräfte im Handteller. Später gehen wir näher auf diese
Kräfte ein und beschreiben ihre Eigenschaften genauer.

- Mars: steht für unsere Kampfbereitschaft, unseren Mut
  und Durchhaltewillen
- Venus: will sinnlich genießen und Harmonie verbreiten
- Neptun: sucht nach Urvertrauen, Verschmelzung und
  Erlösung
- Mond: will fühlen, träumen und spielen
- Pluto: will transformieren, erneuern, auf den Grund ge-
  hen, Ursachen erforschen
- Uranus: treibt die Evolution des Lebens voran, im Notfall
  mit Revolution

Und hier nochmals ein Überblick über die vier archetypischen
Kräfte in den Fingern (die Fingerberge gehören ebenfalls dazu):

- Jupiter: zeigt gern, wo's lang geht, denn er ist der
  Göttervater
- Saturn: will die Verantwortung tragen, denn er ist der
  Göttergroßvater
- Apollo: repräsentiert unser individuelles inneres Licht
  und will strahlen
- Merkur: der Götterbote, steht für unseren Austausch mit
  anderen, auf allen Ebenen

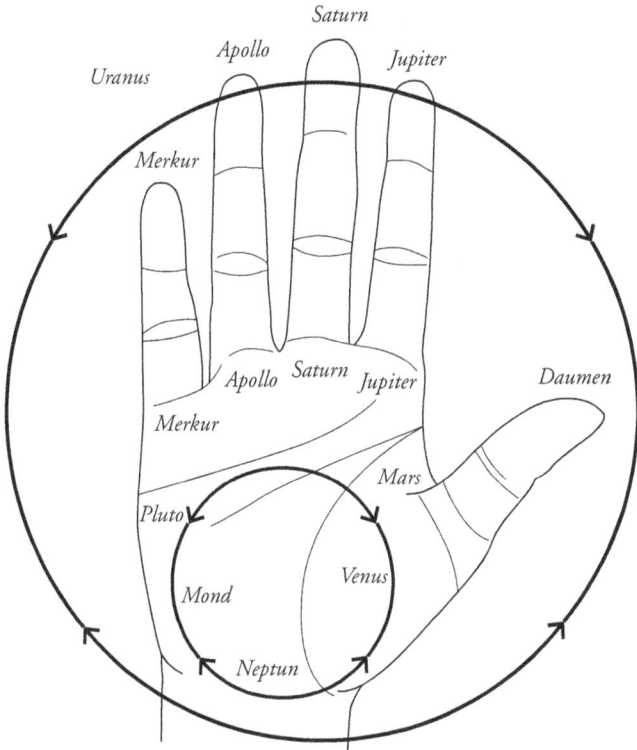

Jedes Mitglied dieser Götterfamilie, jeder dieser Persönlichkeitsanteile, jede dieser Eigenschaften will durch uns auf individuelle Weise gelebt werden. In unserer Hand zeigt sich über die erste Schicht durch Masse, Form und Volumen, ob dies auch tatsächlich der Fall ist. Denn deine Hände offenbaren dem geübten Handleser, wer in deiner internen Götterfamilie die Oberhand hat und wer sich fügen muss. Aber dann ist auch hier der Kutscher, der Daumen, also das individuelle menschliche Bewusstsein, gefragt: Welches Familienmitglied braucht Mäßigung? Welches bedarf der Förderung? Es wird in deiner inneren Götterfamilie immer Mitglieder geben, die stärker sind, das ist völlig normal. Aber es ist wichtig, dass die anderen auch leben dürfen und nicht völlig unterdrückt werden.

»Sei dein Typ und integriere deine Gegensätze«, besagt das dritte Axiom (siehe Kapitel 4.4.5). Hier wird nun offensichtlich, was damit gemeint ist. Jeder Mensch hat einen oder mehrere Persönlichkeitsanteile in sich, die am wenigsten gelebt werden. Diese sollten bewusst wieder integriert werden, um als Mensch ganzheitlich werden zu können.

Es ist bei nahezu allen Menschen der Fall – vor allem, wenn sie mitten im Leben stehen –, dass sie die eine oder andere Kraft unterdrücken oder nicht ausreichend ausleben. Das zeigt sich dann im Handabdruck an den hellen Stellen oder daran, dass diese Bereiche gar nicht mehr abgebildet sind. Wird jedoch eine dieser Kräfte über längere Zeit unterdrückt, gibt es Probleme. Innere Spannungen bauen sich auf oder es kommt zu einem Energieverlust, der schlapp oder sogar krank macht. In der westlich geprägten Leistungskultur haben die Kräfte in der südlichen Hemisphäre, also Mond, Venus und auch Neptun, oft einen schweren Stand. In unserer Gesellschaft geht es stark um Ambitionen (Jupiter), Leistung (Mars) und Sicherheit (Saturn). Da passen sich viele Menschen mit der Zeit an, auch wenn sie eigentlich ein anderes Naturell haben.

Die eigene interne Götterfamilie im Griff zu behalten, ist eine stetige Herausforderung in unserem Leben. Und natürlich gibt es zeitweise das eine oder andere Ungleichgewicht unter den Mitgliedern. Aber wenn sich psychische Anspannungen zum

Dauerzustand entwickeln, wenn gewisse Persönlichkeitsanteile permanent unterdrückt oder dauerhaft überbeansprucht werden, kann dies Folgen auf seelischer, geistiger oder körperlicher Ebene haben. Diese Folgen bilden sich dann gut lesbar in den Händen ab. Und die Hände sind ehrlicher als die Aussage dieser Menschen, die dann oft sagen: »Nein, nein, es ist alles in Ordnung.«

Wenn eine der zehn archetypischen Kräfte in uns geschwächt ist, zeigt sich dies im entsprechenden Bereich des Handtellers oder bei den Fingern: Sie fühlen sich beim Abtasten flach, schlaff oder ausgemergelt an. Oder die Finger sind gekrümmt. Dann sind die entsprechenden archetypischen Qualitäten unterversorgt, du hast dich zu wenig darum gekümmert oder sie zu stark verbraucht. Oder es kann sein, dass du mit diesem Persönlichkeitsanteil generell schwach ausgestattet bist (zum Beispiel, wenn der Finger sehr kurz ist) und dich dieses Thema dauerhaft im Leben begleiten wird.

12.2. Koordinaten vereinfachen die Orientierung

Eine Hand kann man eigentlich lesen wie eine Karte: Sie ist wie eine Landschaft, in der es Berge, Täler und Flüsse gibt. Da sind auch verschiedene Färbungen, die Textur kann variieren, es gibt Verletzungen und so weiter. Und wie in der Kartografie kann auch in der Handanalyse ein Koordinatennetz die Orientierung vereinfachen. Dieses entsteht durch vertikale und horizontale Linien oder Bahnen.

Eine Hand lässt sich grundsätzlich durch drei horizontale und vier vertikale Bahnen gliedern:

- Die drei horizontalen Bahnen beziehen sich auf die drei menschlichen Bewusstseinszonen, analog zu den drei Fingerzonen (siehe Kapitel 11.3).
- Die vier vertikalen Bahnen liegen unter den Fingern und leiten sich von ihnen ab.

Diese Bahnen bilden zusammen also ein Koordinatennetz, das dir Orientierung gibt, damit du weißt, wo in der Hand du dich jeweils befindest. Bei der Dynamischen Handanalyse kannst du damit innerhalb von Minuten folgende Fragen beantworten: An welchem Ort befinden wir uns? Wie schaut es hier aus? Wie fühlt es sich an? Sind hier die Berge hoch oder flach? Läuft hier eine wichtige Linie durch oder mehrere Nebenlinien? Welche Farbe hat diese Zone? Welche Textur? Welche Härte? Ist nur eine archetypische Zone betroffen oder die ganze Bahn?

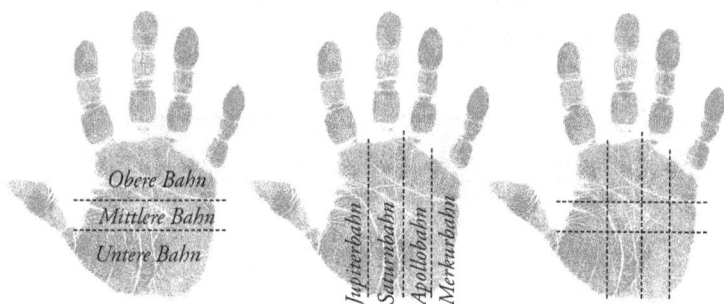

Obere Bahn
Mittlere Bahn
Untere Bahn

Jupiterbahn
Saturnbahn
Apollobahn
Merkurbahn

In jeder Hand ist die Topografie einmalig. Die Berge, Täler und Flüsse sind jedes Mal anders. Und doch gilt der universelle Grundsatz:

- Wo viel Energie drin ist, sind Masse und Volumen hoch bzw. die Bereiche prall ausgebildet. Sie sind gut sichtbar im Handabdruck, an den dunklen oder satt abgebildeten Stellen, und gut spürbar, wenn man die Hand abtastet.

- Wo wenig Energie drin ist, sind Masse und Volumen flach bzw. die Bereiche schlecht ausgebildet. Sie sind sichtbar im Handabdruck, an den hellen oder nicht sichtbaren Stellen, und gut spürbar, wenn man die Hand abtastet.

Die drei horizontalen und vier vertikalen Bahnen laufen also durch verschiedene archetypische Kraftfelder, durch verschiedene Bereiche, die entweder hoch oder flach ausgebildet sind. Die Kräfte innerhalb dieser Bahnen stehen von ihrer Energie her in einem thematischen Zusammenhang. Beginnen wir nun mit den drei horizontalen Bahnen ...

12.3. Horizontale Bahnen

12.3.1. Drei Bewusstseinswelten?

Die Hand als Ganze – auch jeder einzelne Finger – lässt sich in drei horizontale Zonen einteilen: unten – Mitte – oben. Jeder dieser Zonen steht für eine eigene Bewusstseinswelt, die jeder Mensch in sich trägt. Dies ist in Kapitel 11.3 über die drei Fingerzonen bereits kurz beschrieben.

Diese Dreiheit kommt in vielen Religionen vor. Den Menschen selbst könnte man als Verbindungsglied (Mitte) zwischen Himmel (oben) und Erde (unten) ansehen. Wir alle leben in diesen drei Bewusstseinswelten. Es wäre ideal, jede dieser drei Welten gleichwertig zu behandeln und ausgewogen nach ihnen zu leben. Aber im alltäglichen Leben ist das bei kaum einem Menschen der Fall. Beispielsweise verlangt der Leistungsdruck im Beruf oder der Anpassungsdruck in der Beziehung, dass unsere träumerischen oder triebhaften Seiten unterdrückt werden. Oder jemand hat viel theoretisches Wissen (oben) in sich, kann dieses aber auf der Ebene des Alltags (Mitte) nicht umsetzen.

Im Handteller durchqueren die drei horizontalen Bahnen folgende archetypische Kräfte:

Bahn	Archetypische Kräfte
untere:	Venus – Neptun – Mond
mittlere:	Mars – Saturn – Pluto
obere:	Jupiter – Saturn – Apollo – Merkur

Die Bahnen dienen dazu, die Energieverteilung in der ersten Schicht über Masse und Volumen sowie die Anzahl und den Verlauf der Linien in der dritten Schicht gezielt zu beobachten. Schnell erkennt man, ob nur eine archetypische Kraft auffällig stark oder schwach ist oder die gesamte Bahn. Man sieht auch, wie breit oder schmal die Bahnen untereinander sind: Diese Proportionen in einer Hand lassen ebenfalls bereits wesentliche Rückschlüsse auf die Verteilung der inneren archetypischen Kräfte bzw. der Persönlichkeitsanteile im Menschen zu. Welche dieser Bahnen besticht durch ihre Breite? Ist eine besonders schmal? Aber ich spreche in einer Handanalyse nur über eine Bahn, wenn sich etwas Offensichtliches zeigt. Ist keine Bahn breiter als die andere, ist da auch kein Thema. Wie bereits öfter erwähnt: Wichtige Faktoren müssen immer auffällig sein. Natürlich braucht es dafür einen geübten Blick und viel Praxis.

Übung mit dem Lutschbonbon:

Das erste Wort in den folgenden Aufzählungen, die dick und kursiv geschrieben sind, repräsentiert eine zentrale Kraft dieses Archetyps. Wähle aus den unten stehenden Abschnitten diesen Begriff (oder noch weitere) aus und wende die Technik an, wie ich sie in Kapitel 4.3 beschrieben habe. Lutsche zuerst jedes Wort einzeln und dann in selbst gewählten Kombinationen.

Schreibe gleich alles auf, was dir in den Sinn kommt. Achte immer auf deine Gefühlslage und auf deine inneren Bilder: Wo öffnet sich dein Herz und dein Brustkorb und wo schließt er sich und wird schwer? Spiele mit den Aufzählungen, lies sie zum Beispiel in einem Zug durch und lasse dann die geballte Ladung auf dich wirken. Oder wähle einen einzelnen Begriff und tauche dann ganz tief in seine Energie ein.

Jedes Wort ist beseelt und eröffnet Welten.

12.3.2. Untere Bahn: Venus – Neptun – Mond

Eigenschaften

die vitalen Grundtriebe – die Gemütslage – die körperliche Welt – die Genusswelt – die Haben-Welt – die Verbundenheit zur Natur – die sinnliche Zone – die fünf Sinne – die Triebe die Instinkte – das Spiel – das Kindliche – das Körpergefühl das Bauchgefühl – die Körpersprache – die Empfangs-zone von unten – die Wurzeln – die negativ geladene Energie – der ständige Kampf auf der Erde mit der Gravitation – sich in den unteren Bereichen aufhalten (Körper / Gefühl) – die pure Freude am Leben selbst

12.3.3. Stichworte für die Lutschbonbon-Technik

Venus-Stärke: großer und voller Venus-Berg

Harmonie – entspannt – locker – fröhlich – freudvoll – lust-
voll – genussvoll – liebevoll – verführen – verleiten – betören
Anziehung – amouröse Gefühle – Erotik – Flirt-Energie – das
Weibliche – das Weiche – das Warme – anschmiegsam – ver-
schmelzen – empfangen – genießen – sinnlich – körperlich ori-
entiert – liebt Berührung – Fruchtbarkeit – das Herzige – das
Schöne – das Ästhetische – das Edle – die Rührung – Teenager-
Energie – Beziehungen – Familie – Freunde – Gesellschaft
Feste feiern – großzügig – blühen – nähren – Fülle – Sattheit

Luft-Hand mit einer starken Venus.
Auffällig schwach: Mond.

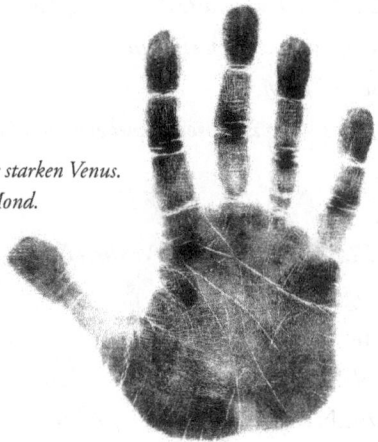

Zu viel Venus-Energie:

Harmoniesucht – maßlos – sich gehen lassen – Ausschwei-
fungen – gesellschaftssüchtig – verschwenderisch – verzehrend
in der Verführung verhaftet – allen gefallen wollen – hem-
mungslos – Obsession – Süchte – Rausch – Gier – Völlerei
Dekadenz – ansammeln – überempfindlich – Übermutter
allen helfen wollen – klammernd – wankelmütig – launisch
reinsteigernd

Zu wenig Venus-Energie:

Kälte – Herzlosigkeit – Kargheit – Geiz – Strenge – fehlende
Fürsorge – fehlende Lebensfreude – keine Spielfreude – ausgelaugt sein – hart mit sich selbst und anderen – Mangel an
Erotik – fehlende Liebe und Zuneigung – ein starkes Gefühl
von Armut und innerer Leere – was oben als Stärke beschrieben
wurde, fehlt

*Wasser- / Luft-Hand mit
einer schwachen Venus
Auch auffällig schwach:
Neptun
Auffällig stark: obere
Fingerzonen mit spatel-
förmiger Form*

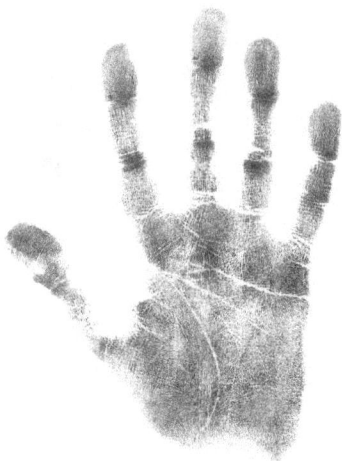

Neptun-Stärke: großer und voller Neptun-Berg

Verschmelzung – kollektive Gefühle – Einheit – eins sein – Garten Eden – Sehnsucht – Hingabe – Vergebung – vertrauend
lösend – erlösend – ergebend – annehmen – akzeptieren – loslassen können – treiben lassen – geschehen lassen – Übergänge
transzendieren – Versenkung – beten – glauben – Liebe zu Gott
Spiritualität – innerer Frieden – Dankbarkeit – Nächstenliebe
bedingungslose Liebe – einander lieben – echte Anteilnahme
Güte – Erbarmen – Barmherzigkeit – mitfühlend – mitleidend
in sich gehen – offen – Kreativität – Stille – Ruhe – verletzlich
verbindend – passiv – eintauchend – sensibel

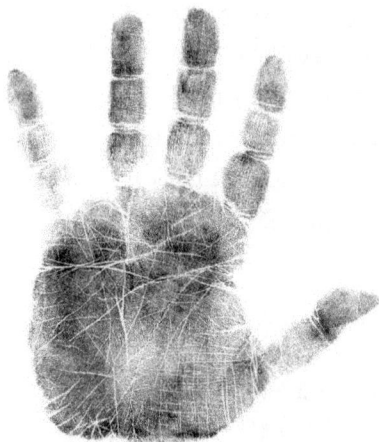

Feuer- / Erde-Hand mit
einem starken Neptun
Auch auffällig stark: langer
Apollo, langer Merkur, voller
Mond, volle Venus, voller
Mars (mit kleinen Blessuren)
Auffällig schwach: kurzer
Jupiter – kurzer Saturn

Zu viel Neptun-Energie:

Täuschung – sich auflösend – verschleiert – untertauchen – abtauchen – versteckend – benebelt sich – süchtig – berauscht verloren – suchend – nicht greifbar – unwahr – hörig – abdriftend – unwirklich – aufgebend – zu nichts motiviert – Aberglaube – blinder Glaube – heile Welt vorspielen – unreflektiert realitätsfremd – Illusionen – verloren – nicht wahrhaben wollen etwas vormachen – einbildend – nicht überlebensfähig – leidend in der realen Welt

Zu wenig Neptun-Energie:

Oberflächlichkeit – Nüchternheit – kein Urvertrauen – fehlende Nächstenliebe – abweisend sein – fehlende Barmherzigkeit Gefühlsverlust – Kreativitätsverlust – zu viel Kontrolle – Glaubensverlust – Mangel an Sensibilität – fehlendes Einfühlvermögen – ein Leben ohne Inhalt und Tiefe – was oben als Stärke beschrieben wurde, fehlt

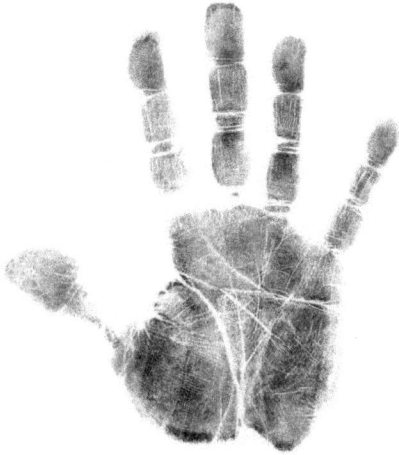

Luft-Hand mit einem
schwachen Neptun
Auch auffällig schwach:
»Cliffhanger«-Daumen
Auffällig stark: langer
Saturn, volle Venus,
voller Mars

Mond-Stärke: großer und voller Mond-Berg

Empfindung – persönliche Gefühle – eigene heile Welt
Innenleben – Verbindung – Tiefe – Essenz – Prozesse – Anbindung – Wandel – innerlicher Rückzug – innerlich berührt
in sich fallen lassen – Selbstannahme – Blick in den Spiegel
Sinnerfüllung – Lebensinhalt – subjektive Welt – Träumen
Kind sein – Fantasiewelt – aufnehmen – annehmen – aufsau-
gend – innere Verarbeitung – zyklisch – sensibel – verletzlich
offen sein

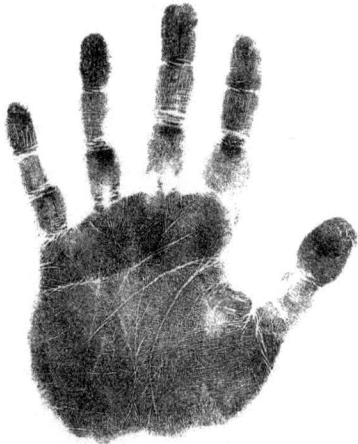

Feuer- / Erde-Hand mit
Wasserlinien und einem starken
Mond. Auch auffällig stark:
südliche Hemisphäre (untere
Handhälfte), volle Venus
Auffällig schwach: nördliche
Hemisphäre (obere Handhälfte)

Zu viel Mond-Energie:

ewige Sinnsuche – innerliche Leere – launisch – wankelmütig
depressiv – abhängig – einsam – verloren – sich verkriechen
Vakuum – feststeckend – unselbstständig – ewige Prozesse
dauernd auflösen wollen – unrealistisch – illusorisch – verträumt – naiv – leichtgläubig – keine Referenzpunkte – ein
Fremder in einem fremden Land

Zu wenig Mond-Energie:

Sinnleere – leblos – ein Leben ohne Bedeutung – fehlender
Lebensinhalt – Verlust des kindlichen Daseins – Kälte – Härte
Desillusion – wagt nicht mehr, zu träumen – nur die Realität
regiert – was als Stärke beschrieben wurde, fehlt

*Luft- / Erde-Hand mit einem
schwachen Mond
Auch auffällig schwach: kurzer
Jupiter. Auffällig stark: volle
Venus, tiefer Daumenansatz,
langer Saturn*

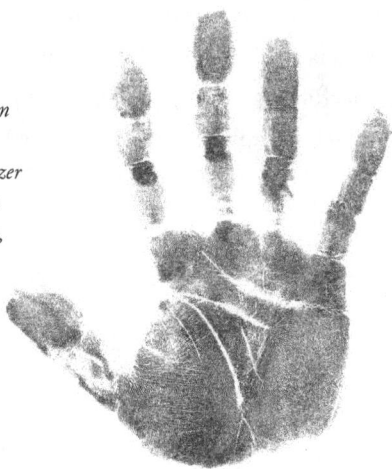

12.3.4. Mittlere Bahn: Mars – Saturn – Pluto (»Qual-Zone«)
Eigenschaften

die praktische Lebensbewältigung – materielle Fülle und Reichtum – die Konsumwelt – die angehäuften Besitztümer die Zone der Erfahrungen und der Erkenntnisse – die Zone mit der stärksten Kraftausübung – die Haltekraft – die Durchhaltekraft – der praktische Alltag – die Umsetzungszone – die Transferzone – bearbeitet, was die obere und untere Zone liefern – die neutrale Energie – der Alltag – die Alltagssprache die Fachsprache – die Zone der Qualen

Exkurs: »Qual-Zone«

Ein oft verwendeter Begriff für diese Bahn ist »Qual-Zone« oder »Tal der Qualen«. Dieser Bereich der Hand hat eine besondere Bedeutung, denn er ist sehr aussagekräftig. Hier erkennen wir schnell, wie der Mensch sein Leben bewältigen kann. Überforderungen zeigen sich hier klar und deutlich.

Wir unterscheiden drei Formen von Qual, ausgehend von den entsprechenden archetypischen Kräften:

Physische Qualen und Schmerzen (Mars)

- die eigenen körperliche Grenzen werden überschritten
- Schmerzen aufgrund von Verletzungen und Krankheiten
- sich begrenzt fühlen aufgrund von Erschöpfung, Schmerzen und Behinderungen
- sich ausgelaugt fühlen, durchhalten müssen, sich nicht entspannen können
- nicht weiterkommen aufgrund von Verkrampfungen, Strapazen, Überbelastung, Burn-out, Niederlagen, Kapitulation, Zurückweisungen, gegen die Wand rennen

Quälende Konventionen und Normen (Saturn)

- gesellschaftliche, staatliche und natürliche Grenzen werden überschritten
- Konsequenzen erfahren aufgrund von Gesetzesübertretungen
- sich limitiert fühlen aufgrund der vorherrschenden kollektiven Werte (Normen, Regeln, Geld, Verbote, Moral, Systeme, Prüfungen, Schulen usw.)
- sich bedroht fühlen aufgrund übermächtiger Naturgesetze
- sich angekettet fühlen aufgrund eines Erbes oder einer übertragenen Verantwortung
- sich behindert fühlen aufgrund einer fehlenden schulischen Qualifikation
- nicht weiterkommen aufgrund von Schulden oder fehlender Finanzen

Emotionale Qualen und Schmerzen (Pluto)

- die eigenen seelischen bzw. psychischen Grenzen werden überschritten
- Konsequenzen erfahren aufgrund von Machtmissbrauch (aktiv und passiv)
- Konsequenzen erfahren aufgrund von Verstößen gegen die geltende Moral
- sich ohnmächtig fühlen aufgrund von Zwängen und Besessenheit
- sich missbraucht fühlen, sich im Stich gelassen fühlen (Verrat, Verlust, Trennung)

Diese mittlere Bahn bildet den horizontalen Teil des sogenannten »Kreuz des Lebens«. Der vertikale Teil dieses Kreuzes ist die vertikale Bahn unter dem Mittelfinger (Saturn) – hin zum

Handballen (Neptun). In diesem mittleren Kreuzungsbereich befindet sich der Friedhof unserer Träume und Ambitionen. Hier verrät uns die Hand, wie und ob der Mensch mit seinem Schicksal, mit den Anforderungen seines Lebens und seines Alltags zurechtkommt. Je nachdem, wie viele Linien und Auswaschungen sich hier zeigen oder wie voluminös diese Handteller-Berge ausgebildet sind, zeigt sich, ob dieser Mensch Energie hat, um seine Träume zu verwirklichen, oder ob er seine Träume auf dem Schlachtfeld seines Lebens begraben musste.

Tiefe Linien oder Furchen in der Mitte des Handtellers weisen darauf hin, dass uns ein Ereignis tief erschüttert hat, dass uns ein Schicksalsschlag aus der Bahn geworfen hat, dass wir in der harten Realität um unser physisches oder psychisches Überleben kämpfen müssen. Wenn unsere Pläne durchkreuzt werden, kann man das buchstäblich am kreuz und quer verlaufenden Linienverkehr im Handteller herauslesen. Wenn wir mit den Mars-, Saturn- oder Pluto-Aspekten (siehe Liste oben) konfrontiert werden, wenn uns diese einschränken, wenn wir uns limitiert fühlen und diese Grenzen kaum überwinden können, kostet uns dies viel Kraft. Oder wenn man im Leben den Halt verliert, zu wenig Grenzen da sind, sich Hoffnungslosigkeit breitmacht, ist dies in der Qual-Zone sichtbar. Wenn die eigenen individuellen Werte ins Wanken geraten, wenn man aus seiner Bahn geworfen wird, wenn man seine Leitlinien und Konstanten verliert: In diesem Kreuz sind alle Erdbeben unseres Lebens verzeichnet.

Die »Qual-Zone« beinhaltet – so paradox es klingen mag – den größten Lerneffekt für uns. Kein Mensch kann sich dem entziehen, das Leben hat für jeden die passenden Prüfungen parat. Im »Kreuz des Lebens« wird man »an das Kreuz genagelt«, hier stirbt etwas Altes und etwas Neues wird geboren: echte Menschlichkeit. Alles, was nicht wirklich zu dir gehört, wird dir genommen: deine Theorien, dein Lebenskonzept, dein Weltbild, dein Glaube. Alles nur leere Worte oder halten sie der harten Realität stand? Je mehr Widerstand, desto mehr Schmerz, je mehr Hingabe, desto mehr Einsicht. Im »Kreuz des Lebens« steht geschrieben, was davon auf dich zutrifft.

Der Verbund des »nackten Überlebenskampfes« (siehe Kapitel 13.2.2) ist die Umkehrung zur »Qual-Zone«. Dieser bildet sich zwar ebenfalls aus den archetypischen Kräften von Mars, Saturn und Pluto, aber im umgekehrten Sinn: Sind diese Zonen in der Hand stark ausgeprägt, ist anstatt der Qual, des passiven Leidens, vielmehr der aktive Kampf das vorherrschende Thema.

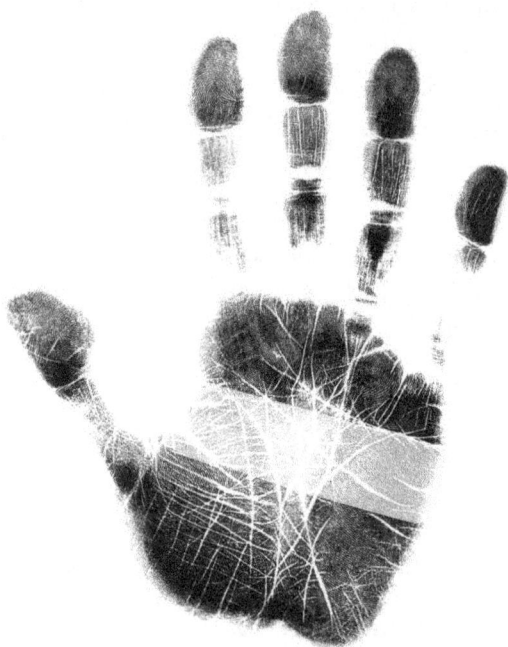

12.3.5. Stichworte für die Lutschbonbon-Technik

Mars-Stärke: großer und voller Berg

Aktion – Kraft – Männlichkeit – Sex – Krieger – Beschützer
Eroberer – Acker bearbeiten – Überlebensinstinkte – Regenra-
tionskraft – Vitalität – Durchhaltekraft – Durchsetzungskraft
physische Kraft – Kampfbereitschaft – kämpfen – durchbeißen
ackern – anstrengen – den inneren Schweinehund besiegen
Lebensenergie – Ausdauer – belastbar – sich messen – siegen
und verlieren – herausfordernd – mutig – abenteuerlustig
Grenzerfahrungen – explosiv – motivierend – vorwärtsstre-
bend – vorwärtstreibend

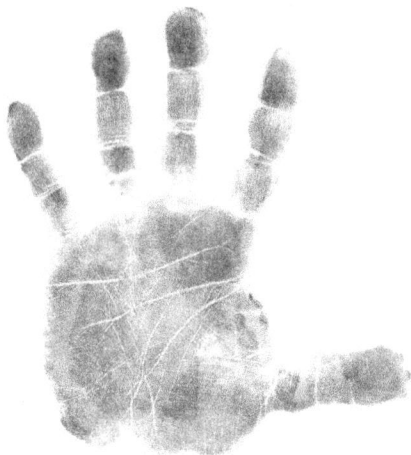

Feuer- / Erde-Hand mit
Luftlinien und einem starken
Mars. Auch auffällig stark:
langer Apollo, langer Merkur,
großer Oppositionswinkel mit
tiefem Daumenansatz
Auffällig schwach: Mond,
Neptun und kurzer Jupiter

Zu viel Mars-Energie:

Aggression – zerstörend – wütend – gewalttätig – angstein-
flößend – grenzüberschreitend – Heißsporn – konfliktgela-
den – triebgesteuert – sexsüchtig – rücksichtslos – streitlustig
provozierend – cholerisch – hyperaktiv – nur noch ackern und
arbeiten – getrieben – zu ehrgeizig – zu risikovoll – Macho – fal-
scher Stolz – ehrfixiert – aufgeblasen – stur – hart – unnachgiebig – uneinsichtig – unflexibel

Zu wenig Mars-Energie:

Mangel an Durchsetzungskraft und Mut – konfliktscheu
Konfrontationsangst – körperliche Schwäche und schnelle
Ermüdungserscheinungen – schwache Libido – geht lieber auf
Nummer sicher – geht kein Risiko ein – fehlender Stolz und
Männlichkeit – was oben als Stärke beschrieben wurde, fehlt

*Luft- / Erde-Hand mit einem
schwachen Mars. Auch auffällig
schwach: kurzer Jupiter, hoher
Daumenansatz
Auffällig stark: voller Mond*

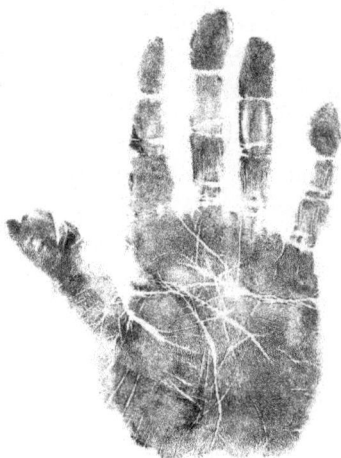

Saturn-Stärke: große und volle Zone / starker Finger
Stabilität – konstant – maßhaltend – verantwortungsbewusst
diszipliniert – pflichtbewusst – gewissenhaft – fleißig – konsequent – verbindlich – verlässlich – geduldig – prüfend – präzise
definiert – strukturiert – sauber – korrekt – sicher – sparsam
genügsam – bescheiden – schlicht – einfach – nüchtern – neutral – sachlich – geradlinig – organisiert – ordentlich – Buch
führend – gewohnheitsliebend – systematisch – ausgleichend
ausgewogen – ausbalanciert – einschränkend – normgerecht
gerecht – gleichbehandelnd – ernten, was man sät – materieller

und immaterieller Reichtum und Fülle – Verdienen – Wohlstand – Überfluss – Dienst an der Gesellschaft – berufliche Kompetenz (jede denkbare Aktivität, Kunst, Disziplin oder Fertigkeit)

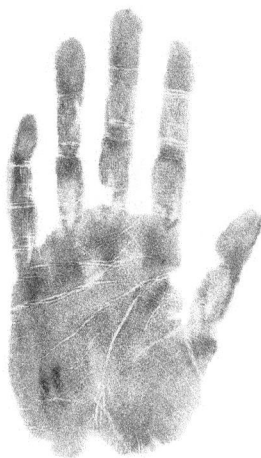

Wasser-Hand mit Luftfinger und einem starken Saturn. Auffällig schwach: Mond, Neptun, kurzer und gebogener Merkur, kleiner Oppositionswinkel mit hohem Daumenansatz

Zu viel Saturn-Energie:

asketisch – karg – geizig – kalt – hart – eckig – steif – fixiert – eng streng – ernst – schwer – kummervoll – sorgend – grantig mürrisch – griesgrämig – herzlos – spießig – einsam – beschwerend – bestrafend – verbietend – maßregelnd – einschränkend dogmatisch – uneinsichtig – unnachgiebig – engstirnig - belehrend – verurteilend – Vorurteile – unzufrieden – gesetzesfixiert – nur sicherheitsorientiert – bürokratisch – langweilig Spaßbremse – der Kleinkarierte – Angst vor dem Neuen – Angst vor der Zukunft

Zu wenig Saturn-Energie:

Verantwortungslosigkeit – Gleichgültigkeit – pfeift auf die Konsequenzen – gewissenlos – Unverbindlichkeit – nicht pflichtbewusst – unzuverlässig – gewissenlos – folgt seinen ei-

genen Gesetzen und Regeln – Rebellion im negativen wie im
positiven Sinne – stellt sich aus Prinzip quer – macht die Dinge
nicht fertig – ist nicht gewissenhaft – ist nur sich selbst treu
was oben als Stärke beschrieben wurde, fehlt

Erde-Hand mit einem
schwachen Saturn
Auch auffällig schwach:
»Cliffhanger«-Daumen
Auffällig stark: langer Jupiter,
langer Apollo, volle Venus

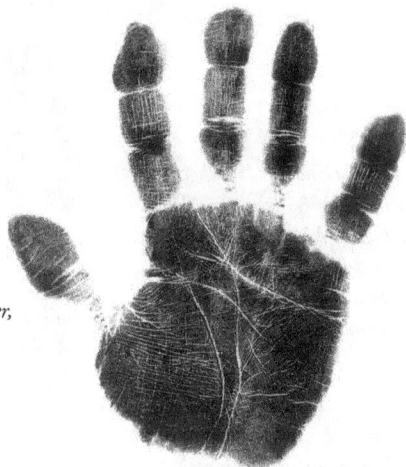

Pluto-Stärke: großer und voller Berg
Transformation – ausharrend – bindend – emotional leidensfähig – folgt seinen Prinzipien – fokussiert – tiefgründig – tief-
grabend – tiefschürfend – leidenschaftlich – furchtlos – totale
Hingabe – kompromisslos – beharrlich – konsequent – entschlossen – intensiv – extrem – druckresistent – widerstandsfähig – überwindet harte Schicksalsschläge – steht wieder auf
instinktiv – eindringlich – willensstark – beschützend – mächtig – geheimnisvoll

*Erde- / Feuer-Hand mit
viel Pluto. Auffällig schwach:
»Cliffhanger«-Daumen*

Zu viel Pluto-Energie:

destruktiv – fixiert – fanatisch – exzessiv – unterdrückend
pervers – drohend – aufzwingend – erpressend – demütigend
Rache nehmend – totale Kontrolle – leidend – in Qualen gefangen – machtlos – ohnmächtig – paralysiert – blockiert – erbar-
mungslos – düster – todbringend – orientierungslos – verzweifelt
hoffnungslos – ohne Ausweg – am Boden zerstört – krisenge-
schüttelt – verdrängend – zwanghaft – tabulos – verdorben

Zu wenig Pluto-Energie:

Flucht vor den eigenen Schwächen – Ignoranz – Oberflächlichkeit – Angst vor intensiven Gefühlen – weicht allem aus,
was Angst macht – vermeidet die Prozesswelt – fehlende innere
Stärke – beschuldigt immer andere – das Opfer – Beziehungen
ohne Tiefe und gegenseitiges Wachstum – meidet extreme
Situationen und emotionale Reibungen – hält brav alle Tabus
ein – was oben als Stärke beschrieben wurde, fehlt

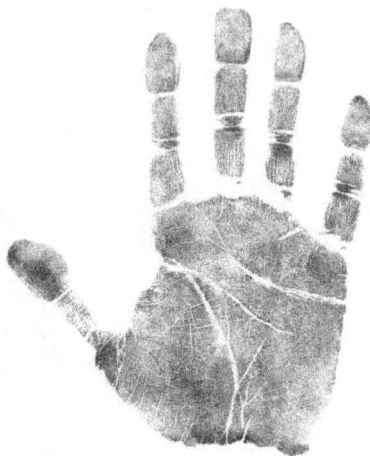

Erde- / Luft-Hand
mit wenig Pluto
Auch auffällig schwach:
kleiner Daumen
Auffällig stark: volle
Venus, voller Mars

12.3.6. Obere Bahn: Jupiter – Saturn – Apollo – Merkur
Eigenschaften

die abstrakte Welt – Wahrnehmung – Vorstellungskraft – die
Empfangszone von oben – die Verbindung nach oben – die
Ideen und Ideale – die Träume – die Visionen – der Himmel
die Dimensionen – die Theorie – das Konzeptuelle – das
Geistige – die positiv geladene Energie – sich in den oberen
(Kopf-)Bereichen aufhalten – die Fantasie – die Lösungen – der
Forschungsdrang – der Entdeckungsdrang – die Neugier
Hinweis: Diese Eigenschaften gelten mehr für die oberen Fin-
gerzonen / Fingerspitzen und nur zum Teil für die obere Bahn
im Handteller.

12.3.7. Stichworte für die Lutschbonbon-Technik
Jupiter-Stärke: großer und voller Berg / starker Finger
Ausdehnung – ausweitend – aufsteigend – steigend – empor-
hebend – erhöhend – sehnend – wollend – strebend – errei-
chend – wachsend – bewegend – bewirkend – Überfluss

grenzüberschreitend – träumend – verbessernd – verfolgend
konkurrenzfähig – einflussreich – tonangebend – führend
Befehlskraft – erneuernd – mächtig – groß sein – vorbildlich
utopisch – idealistisch – der Glaube – Prinzipien folgend – ge-
steigertes Gewahrsein – das Beste – die Spitze – erstaunt durch
Leistung – verbreitet Zuversicht, Hoffnung und Optimismus
zeigt Perspektiven und Möglichkeiten auf – leuchtendes Vor-
bild – respektvoll – vergebend – gnädig – gütig – großmütig
großzügig – teilend – hilft den Schwachen und Kleinen – edel
beeindruckt durch seine Bescheidenheit trotz großer Taten
hinterlässt mit kleinen Gesten große Eindrücke

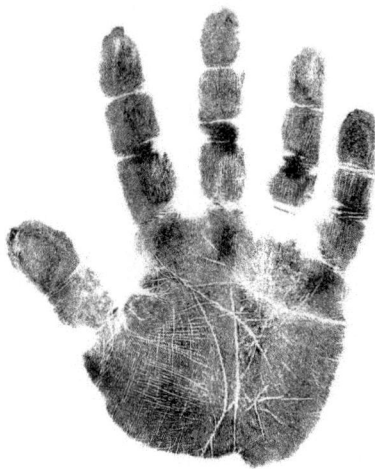

*Erde- / Luft-Hand mit einem
starken Jupiter. Auch auffällig
stark: langer Merkur, volle
Venus, voller Mars
Auffällig schwach: kurzer
Apollo - leicht gebogen und
tiefer Ansatz*

Zu viel Jupiter-Energie:
Größenwahn – fühlt sich allmächtig – »Preiset den Herrn!«
will verehrt und angebetet werden – will bekehren – Verherr-
lichung – will alles – zu idealistisch – fanatisch – abgehoben
Angeber – bedrängend – aufdrängend – unterdrückend – heu-
chelnd – Verrat – erniedrigend – sich aufplusternd – einschüch-
ternd – bedrohend – dominierend – vernichtend – erpressend

rachsüchtig – arrogant – rechthaberisch – herablassend – eingebildet – hochmütig – uneinsichtig – gierig – machthungrig
Machtmissbrauch – nutzt Vollmachten aus – zu stolz – ehrfixiert – einengend – ohne Gnade – ohne Mitgefühl

Zu wenig Jupiter-Energie:
Mangel an Selbstvertrauen – macht sich eher klein – kompensiert über äußere Statussymbole – konfliktscheu – Konfrontationsangst – wehrt sich nicht – Mühe, sich durchzusetzen – lässt
sich kleinmachen und erniedrigen – wird von der Angst gelei-
tet und riskiert zu wenig im Leben – im Machtvakuum gefangen – bleibt innerhalb seiner Grenzen – bleibt unterhalb seiner
Möglichkeiten – was oben als Stärke beschrieben wurde, fehlt

*Luft- / Erde-Hand mit
einem kurzen Jupiter
Auch auffällig schwach:
Mond, schwache Finger-
Mittelzonen
Auffällig stark: langer Apollo und
Saturn mit starken Spatelspitzen*

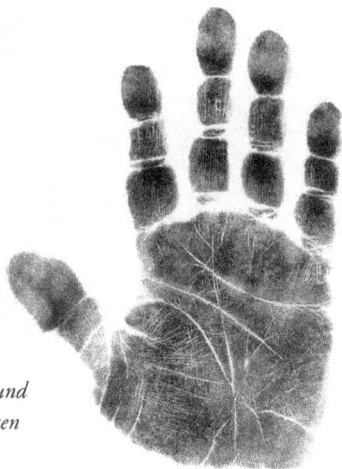

Saturn-Stärke: große und volle Zone / starker Finger
Stabilität – konstant – maßhaltend – verantwortungsbewusst
diszipliniert – pflichtbewusst – gewissenhaft – fleißig – konsequent – verbindlich – verlässlich – geduldig – prüfend – präzise

definiert – strukturiert – sauber – korrekt – sicher – sparsam
genügsam – bescheiden – schlicht – einfach – nüchtern – neutral – sachlich – geradlinig – organisiert – ordentlich – Buch
führend – gewohnheitsliebend – systematisch – ausgleichend
ausgewogen – ausbalanciert – einschränkend – normgerecht
gerecht – gleichbehandelnd – ernten, was man sät – materieller
und immaterieller Reichtum und Fülle – Verdienen – Wohlstand – Überfluss – Dienst an der Gesellschaft – berufliche
Kompetenz (jede denkbare Aktivität, Kunst, Disziplin)

Zu viel Saturn-Energie:
asketisch – karg – geizig – kalt – hart – eckig – steif – fixiert – eng
streng – ernst – schwer – kummervoll – sorgend – grantig
mürrisch – griesgrämig – herzlos – spießig – einsam – beschwerend – bestrafend – verbietend – maßregelnd – einschränkend
dogmatisch – uneinsichtig – unnachgiebig – engstirnig - belehrend – verurteilend – Vorurteile – unzufrieden – gesetzesfixiert – nur sicherheitsorientiert – bürokratisch – langweilig
Spaßbremse – der Kleinkarierte – Angst vor dem Neuen – Angst
vor der Zukunft

Zu wenig Saturn-Energie:
Verantwortungslosigkeit – Gleichgültigkeit – pfeift auf die
Konsequenzen – gewissenlos – Unverbindlichkeit – unzuverlässig – folgt seinen eigenen Gesetzen und Regeln – Rebellion
im negativen wie im positiven Sinne – stellt sich aus Prinzip
quer – macht die Dinge nicht fertig – nicht gewissenhaft – nur
sich selbst treu – was oben als Stärke beschrieben wurde, fehlt

Apollo-Stärke: großer und voller Berg / starker Finger

Strahlen – Ichhaftigkeit – Erscheinung – Lichtbringer – Perfor-
mer – Darsteller – Individualist – Person – Identität – klares
Selbstbild – authentisch – echt – ausdrucksstark – charisma-
tisch – Ausstrahlungskraft – Auftrittsstärke – sichtbar – bereitet
Freude – teilen – Akzeptanz – eigen – speziell – kreativ – originell – gestalterisch – gefallen können – auffallen – erneuernd
faszinierend – bewegt – sozial

Erde- / Luft-Hand
mit einem langen Apollo
Auch auffällig stark:
Saturn, volle Venus
Auffällig schwach:
kurzer Jupiter

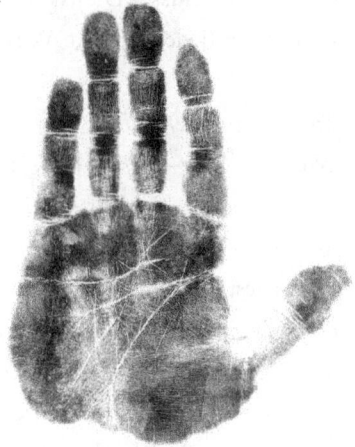

Zu viel Apollo-Energie:

Selbstverliebtheit – Geltungsdrang – »Showman« – egozen-
trisch – zu extrovertiert – oberflächlich – Verblendung – schamlos – zu provozierend – unecht – Schleimer – künstlich – ge-
künstelt – oberflächlich – affektiert – eitel – Effekthascherei
nimmt alles persönlich – nicht kritikfähig – schnell beleidigt
anerkennungssüchtig – Star-Allüren – gefangen in einer Rolle
maskenhaft – blendend – abfällig

Zu wenig Apollo-Energie:

Anpassung – Mitläufer – fehlende Individualität und Kreativität – Angst vor Ablehnung und Kritik – dadurch immer lieb und nett – Identitätskrisen – man fühlt sich nicht als Mensch wahrgenommen – fühlt sich als Fremdkörper – die graue Maus fristet ein Nischendasein – unsichtbar – unauffällig – unbedeutend – ungeliebt – einsam – was oben als Stärke beschrieben wurde, fehlt

Luft-Hand die weich und schwammig aussieht mit einem kurzen Apollo Auch auffällig schwach: Mond, kurzer Merkur, prozessorientierte Flughand. Auffällig stark: langer Jupiter, langer Saturn, ergebnisorientierter Feuerquadrant

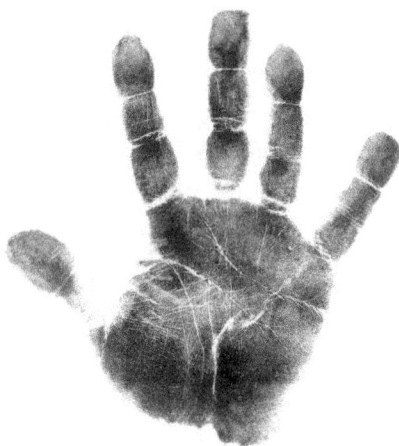

Merkur-Stärke: großer und voller Berg / starker Finger

Verknüpfen – kombinierend – neugierig – sich bildend – geistreich – humorvoll – witzig – verzückend – entzückend – schnell schlau – scharfsinnig – schelmisch – närrisch – verspielt – kindlich – leicht – ehrlich – offen – rein – direkt – verbindend klärend – aufklärend – klar – ausgleichend – verstehen wollen kundtun – Botschaften – Kontakte knüpfen – vermittelnd kommunikativ – Kommunion – Kontakt liebend – ideenreich beobachtend – wahrnehmungsstark – analysierend – lösungsorientiert – hinterfragend – wahrheitsliebend

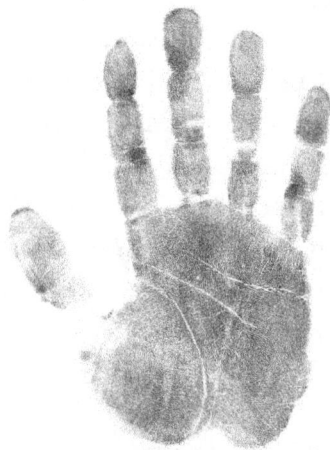

Luft-Hand mit einer zarten
und feiner Haut und einem
langen Merkur
Auch auffällig stark: volle
Venus, voller Mond
Auffällig schwach: Neptun,
»Cliffhanger«-Daumen

Zu viel Merkur-Energie:

täuschend – vortäuschen – vorspielen – vormachen – betrügen austricksen – manipulativ – hintergehen – diebisch – lügen verleugnen – sich etwas einreden – Unwahrheiten verbreiten scheinheilig – den Ahnungslosen spielen – an der Nase herumführend – Geheimnisse ausplaudernd – vollquasseln – zynisch sarkastisch – beißend – kalt – distanziert – verdrehend – versteckend – verhüllend – ungreifbar – verschwindend – unruhig – nervös – ungeduldig – vorlaut – ins Wort fallend – naiv gutgläubig

Zu wenig Merkur-Energie:

mangelnde Selbstreflexion – Mühe, sich von außen zu betrachten – Isolation – verschließt sich – macht dicht – kann nur langsam Verknüpfungen herstellen – hat eine lange Leitung – hat keine Geduld, etwas zu lernen und dranzubleiben – hat nur ein Thema, worüber er immer spricht – fehlende zielführende Neugier – öffnet die Schubladen des Lebens nicht mehr – oberflächlich – schweigt oder redet inhaltslos daher – was oben als Stärke beschrieben wurde, fehlt

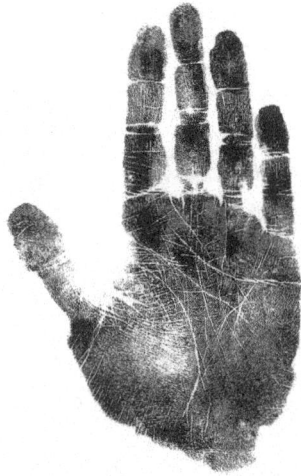

Feuer- / Luft-Hand ohne
Feuerlinien mit einem schwachen
Merkur
Auch auffällig schwach: kleiner
Daumen, hoher Daumenansatz,
Finger kleben alle eng beieinander
Auffällig stark: langer Jupiter,
langer Saturn

12.4. Vertikale Bahnen

In der Dynamischen Handanalyse kommen auch vier vertikale Bahnen zur Anwendung. Sie leiten sich von den vier Fingern (Bäume) und den zugehörigen Fingerbergen (Wurzelbereiche) ab und reichen bis zum Handballen hinunter. Diese vier Bahnen werden hauptsächlich eingesetzt, um die Anzahl und den Verlauf der vertikalen und horizontalen Linien in der dritten Schicht zu beobachten. Zum Beispiel steckt eine wichtige Aussage dahinter, ob sich die Schicksalslinie bis zur Saturn- oder Apollo-Bahn hinzieht. Oder es ist aussagekräftig, ob die Kopf-Linie bis zur Saturn-, Apollo- oder Merkur-Bahn hinreicht.

In der ersten Schicht werden die vertikalen Bahnen jedoch nicht angewendet, darum werden sie an dieser Stelle auch nicht weiter beschrieben. Auch die Breite dieser Bahnen wird nicht untereinander verglichen, es wird einfach ein gleichmäßiges Raster über die Hand gelegt. Im Folgenden beschränke ich mich daher auf eine Zusammenfassung dieser vier Bahnen. Der Beschrieb der archetypischen Kräfte ist gleich dem der drei horizontalen Bahnen und wird hier nicht wiederholt.

Die vier vertikalen Bahnen

Jupiterbahn:	Venus – Mars – Jupiter
Saturnbahn:	Neptun – Saturn
Apollobahn:	Neptun – Mond – Pluto – Apollo
Merkurbahn:	Mond – Pluto – Merkur

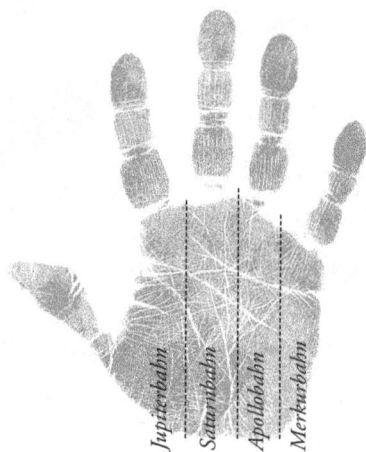

12.5. Spezialfall Uranus: der aus der Reihe tanzt

In der alten Handlesekunst hatte der Planet Uranus und seine archetypische Kraft einen festen Ort in der Hand, nämlich ganz unten an der Handkante auf der Seite des Merkurs. Gewisse Handleser übernehmen das bis heute, aber in meiner praktischen Anwendung komme ich zu anderen Schlüssen. Die Aussagen sind zu vage, wenn ich nur von diesem einen Ort ausgehe. Uranus zeigt sich nach meiner Erfahrung in unterschiedlichen Zeichen und Formen in der Hand. Das entspricht ja auch gerade seinem Naturell. Er lässt sich nicht einordnen, geschweige denn in eine Schublade stecken. Er ist überall und nirgends, ist plötzlich da und dann wieder weg.

Je mehr in einer Hand die folgenden Merkmale erscheinen, desto mehr Uranus-Energie ist im Charakter dieses Menschen enthalten: sehr lange Spatel-Fingerspitzen – sehr langer Apollo- und Merkur-Finger – sehr langer Merkur-Finger mit einer starken Spatel-Spitze – großer Abstand zwischen Kopf- und Lebenslinie – reine Luft-Handform ohne Saturn-Linie (Mittellinie, Schicksalslinie).

Uranus steht für eine höhere Bewusstseinsform, für eine überpersönliche Energie, die uns mit höheren Dimensionen verbindet. Darum ist dieser Archetyp so schwierig in der Hand zu finden. Er bildet die höhere Oktave von Merkur, steht also für eine höhere Form von Kommunikation und Austausch. Er repräsentiert die Inspiration aus der geistigen Welt. Uranus ist der Verrückte, Originelle, Exzentrische und Innovative in der Planetenfamilie, stets seiner Zeit voraus. Uranus-geprägte Menschen sind Individualisten, selten Mitläufer, oft Außenseiter.

Uranus-Stärke

Revolution – Freidenker – Visionär – Trendsetter – ideenreich einfallsreich – genial – hohes Freiheitsbedürfnis – Gleichheit Brüderlichkeit – Gerechtigkeit – gut verrückt – närrisch – verspielt – humorvoll – abhebend – nimmt sich nicht zu ernst weicht von der Norm ab – abstrakt – voller Überraschungen intervallstark – bewegt Massen – schwirrt überall herum

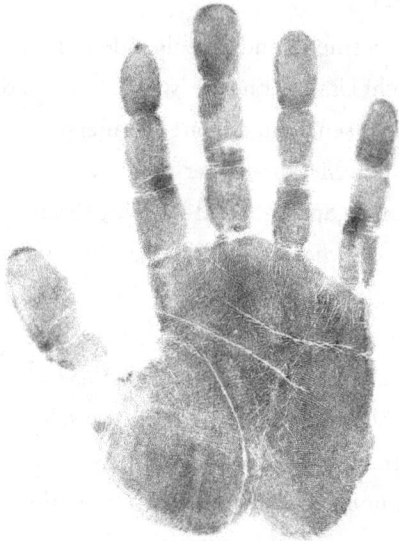

Uranus-Hand:
Lufthand, super
langer Merkur,
Spatelspitzen,
Grosser Abstand
zwischen Kopf
und Lebenslinie

Zu viel Uranus-Energie:

Trotzkopf – extra das Gegenteil – durchgedreht – wahnsinnig herumirrend – verloren – jenseits von allem – völlig abgehoben – außer sich geraten – maßlos übertreibend – nimmt sich alle Freiheiten – blauäugig – abspaltend – abgetrennt – unberechenbar – plötzliche Wechsel – unstet – unbeständig – elektrische Blackouts – Kurzschlüsse – sprunghaft – unkonzentriert unfassbar – normuntauglich

Zu wenig Uranus-Energie:

Normverhalten – fehlende Innovationen und Erfindungen ein stumpfer Geist – forscht nicht – ist nicht wissbegierig und neugierig – zu gehorsam – zu konventionell – berechenbar langweilig – farblos – zu angepasst – zu wenig individuell – fehlende Paradiesvogel-Qualitäten – was oben an Stärke beschrieben wurde, fehlt

12.6. Anwendung durch Kombinieren

12.6.1. Drei Beispiele

Beobachte anhand der drei folgenden Abbildungen, welche der horizontalen Bahnen breit oder schmal ist. Es kann auch sein, dass die obere und die mittlere Bahn schmal sind und nur die untere Bahn breit ist. Es gibt verschiedene Möglichkeiten und so beginnt das Denken in Kombinationen. Dies braucht Übung, Geduld und Ausdauer, aber darin liegt die Essenz der Handanalyse.

Erinnere dich: Die Breite zeigt an, wie stark ein Mensch sich sichtbar ausbreiten möchte. Je breiter ein Finger oder Handteller oder eine Zone ist, desto mehr vom Element »Erde« wird ausgelebt – es geht um das Erschaffen, das Umsetzen, das Materialisieren. Wenn die Hand oder die Finger oben breiter sind als unten, will dieser Mensch alle für die obere Zone typischen Qualitäten nach außen hin sichtbar ausbreiten. Zum Beispiel hat er eine gute Vorstellungskraft und könnte somit ein guter Designer oder Architekt sein. Es besteht ein gutes dreidimensionales Vorstellungsvermögen und man setzt die Vorstellung in die Tat um. Wenn jemand dieses Merkmal nicht hat, kann er trotzdem ein gutes Vorstellungsvermögen haben. Dieselben Talente können sich an unterschiedlichen Orten in der Hand zeigen: Je häufiger ein Talent auftaucht, desto stärker ist es vorhanden. Was an Talent in dir steckt und ausgelebt wird, macht dich glücklich.

12.6.2. Beispiel: untere Bahn breit

Ist die untere Bahn breit ausgebildet, mit viel Masse und Volumen, weist dies auf eine Betonung des Körperlichen und Triebhaften im menschlichen Wesen hin. Das Miteinander, das

Haben-Wollen und das Genießen-Wollen sowie eine gewisse Bequemlichkeit und Trägheit machen sich im Leben buchstäblich breit.

Die untere Bahn ist breiter als die obere Bahn.

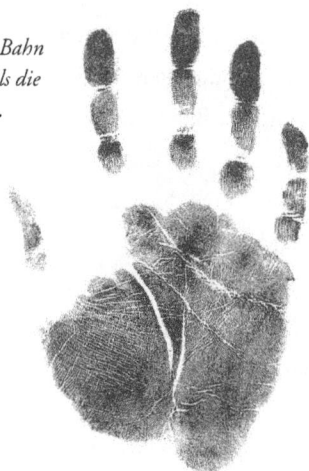

12.6.3. Beispiel: mittlere Bahn schmal

Ist die mittlere Bahn schmal ausgebildet, so deutet dies darauf hin, dass dieser Mensch wenig manifestiert und umsetzt. Ob er nun zu wenig psychische Kraft hat oder ob ihm die materielle Welt nicht so wichtig erscheint, muss man bei der Handanalyse erfragen.

Die mittlere Bahn ist eher schmal.

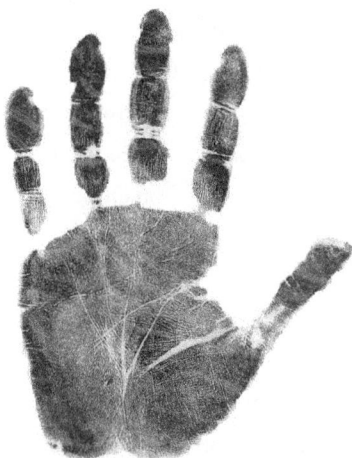

12.6.4. Beispiel: untere Bahn schmal, obere Bahn breit

Bei dieser Kombination ist der mentale und geistige Bereich (oben) stark ausgeprägt, das Körperliche und Triebhafte (unten) spielen hingegen kaum eine Rolle. Diese Menschen leben vor allem im Kopf und in ihren Vorstellungen. Die Bedürfnisse des Körpers werden kaum beachtet oder stark diszipliniert, der Energiefluss, das Leben, findet also nicht mehr von unten nach oben, sondern nur noch von oben nach unten statt. Dies kann zu einer sehr großen Einsamkeit führen.

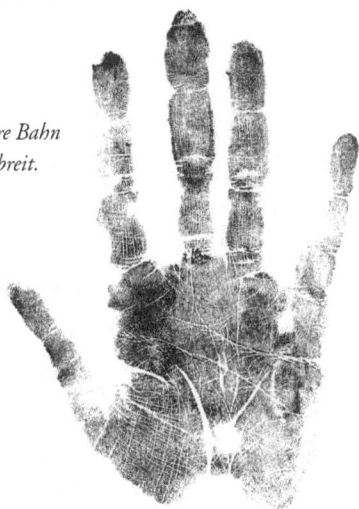

Die obere Bahn ist eher breit.

13. Die » Verbünde «

13.1. Planetenkräfte als Rohstoff für Verbünde

Nachdem wir nun die zehn Archetypen kennengelernt haben, geht es in diesem letzten, aber großen Kapitel nochmals einen Schritt weiter. Denn diese zehn archetypischen Kräfte, unsere zehn Persönlichkeitsanteile, wirken nie allein für sich, sondern immer in Gemeinschaften – sogenannten » Verbünden «. Sie treten in jeder Hand als Kombination von mehreren auf, kaum je ist nur ein archetypischer Teil allein in unserem Wesen und in unserer Hand stark ausgeprägt. Wenn man nun in der Handanalyse eine bestimmte Kombination antrifft, könnte man theoretisch jede Kraft einzeln interpretieren und dann alle zusammenfügen. Aber das ist aufwendig, dauert lange und ist daher nicht sinnvoll. In diesem Kapitel sind die häufigsten Kombinationen – ich nenne sie ab jetzt » Verbünde « – als größere Einheit zusammengefasst und im Kontext beschrieben.

Jeder Mensch trägt einen oder mehrere Verbünde in sich. Die stark ausgeprägten Eigenschaften bei einem Menschen sind, wie wir nun wissen, in der Hand beim entsprechenden Archetyp mit viel Masse und Volumen ausgestattet. Darum kann ein geübter Handleser bereits in der ersten Schicht über die Verbünde recht treffende Aussagen zu vorherrschenden Charaktereigenschaften und ausgeprägten Vorlieben eines Menschen machen. Die folgenden Zusammenfassungen der gängigsten Verbünde helfen dir aber, schneller Zugang zum zentralen Thema einer Hand bzw. eines Menschen zu finden. So kannst du dem Kunden zielgerichtete Fragen stellen oder ihm klare Antworten auf seine Fragen geben.

Von innen nach außen im Uhrzeigersinn
Neptun – Mond – Pluto – Merkur – Uranus – Apollo – Saturn
Jupiter – Mars – Venus

Von innen nach außen gegen den Uhrzeigersinn
Neptun – Venus – Mars – Jupiter – Saturn – Apollo – Uranus
Merkur – Pluto – Mond

13.2. Beschreibung der wichtigsten Verbünde

13.2.1. Verbund »Mitgefühl und Anteilnahme«

Neptun – Mond – Venus

Wer wünscht sich nicht Akzeptanz und Annahme dessen, was und wer er wirklich ist? Wer will nicht um seiner selbst willen geliebt werden? Wir alle haben unser Leben als kleines Kind begonnen und dieses Kind und sein Glaube an eine heile Welt sind immer noch in uns vorhanden. Diese drei Archetypen stehen in einem Dreieck zueinander. Die Spitze zeigt nach unten zu Neptun, die eine Seite zeigt zum Mond und die andere zur Venus. Diese drei Kräfte repräsentieren die Basis unserer Hand, die Handwurzel.

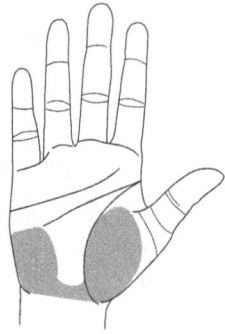

Neptun repräsentiert als archetypische Kraft Verschmelzung, Einheit und Erlösung. Er macht keine Unterscheidung zwischen Gut und Böse oder »richtig« und »falsch«, er löst also die weltlichen Polaritäten auf. Bei Neptun geht es um eine allumfassende, bedingungslose und auch selbstlose Liebe, nicht nur für einen besonderen Menschen, sondern für die gesamte Menschheit. Oder es geht um eine Liebe zu etwas Höherem. Das Neptun-Prinzip in uns steht für die allumfassende Liebe, die Nächstenliebe, die Barmherzigkeit und die Anteilnahme allem gegenüber, was auf unserem Planeten existiert.

Der Mond repräsentiert die individuellen und persönlichen Gefühle eines Menschen sowie die Reinheit und die Unschuld eines Kindes. Erwachsene bleiben in einem Teil ihrer Persönlichkeit immer ein Kind. Es geht um eine tiefe Verbindung, um das heilige Band zwischen dem mütterlichen Prinzip und dem kindlichen Prinzip. Der Mond repräsentiert diese bedingungslose Liebe, die beide Seiten füreinander haben. Bei der Mond-Energie geht es auch um die persönliche emotionale Erfüllung und um die individuelle Sinnfindung im eigenen Leben.

Venus steht als archetypische Kraft für Harmonie, Ausgleich, Genuss und Fürsorge. Bei Letzterem geht es mehr um ein Verwöhnen und nicht um eine mütterliche Fürsorge wie beim Mondprinzip. Venus orientiert sich an Gruppen, Freunden, Familie, Gleichgesinnten und am Vergnügen in geselliger Runde. Sie symbolisiert auch die Welt der Vitalität und des Körpers mit all seinen Sinnen. Bekannt ist Venus als die Göttin, die ihre ausgeprägte sinnliche, erotische und körperliche Liebe ausgiebig auslebte.

Diese drei Kräfte – Neptun, Mond und Venus – liegen in der Handwurzel und bilden somit die Basis für die ganze Hand. Dieser Verbund ist die Grundlage, der Humus, der Boden für alles, was wir sind, wollen und tun.

Wie wäre es, wenn wir auf dieser Erde wirklich Frieden hätten und dieses Gefühl von »Garten Eden« real empfinden könnten? Alles ist schön, jedem geht es gut, alle sind miteinander verbunden und jeder ist in einem Zustand von Glückseligkeit, das ist die Sehnsucht von Neptun. Jeder will gesund und vital sein und körperliche Wärme spüren. Und gegen ein Venus-geprägtes Beziehungs- und Liebesleben hat sicher auch keiner etwas einzuwenden. Und zu guter Letzt braucht jeder einen tieferen Sinn in seinem Leben sowie ein ausgewogenes Gefühlsleben. Und bestimmt sind viele von uns immer wieder einmal auch gern ein Kind – das alles liegt in der Welt des Mondes.

Versuche, stets in deiner Mitte zu sein, und gehe mit deinem Flow mit. Hol dir Stille und Ruhe ins Leben und nimm sie in dir auf. Nimm eine spirituelle Haltung ein und erkenne dich als »Vieles« und nicht als »Getrenntes«. Werde dir klar darüber, dass wir alle zum gleichen göttlichen Bewusstsein gehören und gemeinsam diese Welt teilen. Schenke deinen persönlichen Gefühlen mehr Aufmerksamkeit und achte eher darauf, wie du etwas machst, und weniger darauf, was du machst. Wie bist du unterwegs, während du dein Leben lebst? Schenkst du deinem Körper ausreichend Zeit, gesunde Nahrung, frische Luft, Bewegung, Ruhe? Wenn es dir gelingt, dich während des Tages immer wieder kurz daran zu erinnern, wirst du die Schlaglöcher des Alltags besser abfedern können. Dieser Verbund, die unterste Zone, hat die Aufgabe, die oberen Zonen abzufangen, er hat die Funktion eines Stoßdämpfers, damit du stabiler durchs Leben gehen kannst, auch wenn das Leben sich manchmal von seiner rauen Seite zeigt.

13.2.2. Verbund »Nackter Überlebenskampf«

Saturn – Pluto – Mars

Dieser Verbund liegt in der »Qual-Zone« – das, was dort beschrieben ist, gilt auch für diesen Verbund (siehe Kapitel 12.3.4).

Auch bei diesem Verbund ergibt sich eine dreieckige Form: Die obere Spitze zeigt zu Saturn, die zweite Spitze zu Pluto und die dritte zu Mars. Diese Zone repräsentiert das Tal des Todes: Hier kann man in der Hand unsere Schmerzen ablesen, unsere Kämpfe, Qualen und unser Leiden. Saturn repräsentiert die Vergänglichkeit, er ist der Hüter dei-

ner Lebenszeit (griechisch: Chronos = Zeit), und wenn deine Zeit abgelaufen ist, gehst du weg von diesem Planeten. Das Saturn-Prinzip der begrenzten Zeit lässt uns das Leben viel mehr schätzen und treibt uns an, Dinge zu erledigen und nicht auf den Sankt-Nimmerleins-Tag zu verschieben. Saturn ist der Hüter der Schwelle, er steht für die universell gültigen Gesetze und Regeln. Wer diese überschreitet oder missachtet, lernt das Saturn-Gesetz des Ausgleichs kennen. Schmerzen entstehen durch Spannungen und die wiederum entstehen, wenn man sich zu weit von den natürlichen Gesetzmäßigkeiten entfernt. Schmerzen können für den betroffenen Menschen wie ein Gefängnis wirken, aber auch das Gefangensein im System.

Pluto repräsentiert die Kraft der Transformation, er nimmt dir alles, was nicht mehr zu dir passt. Er trennt und jede Trennung ist wie ein kleiner Tod, der emotionale Schmerzen auslöst. Trennungen tun weh, lassen dich leiden, aber auch erwachsen werden. Dieser Prozess transformiert dich, erlöst dich und schenkt dir neue Freiheiten. Es ist der stetige und ewig währende Wandel von tiefen Bindungen und schmerzhaften Lösungen. Das Pluto-Prinzip ist unnachgiebig, lässt nicht mit sich verhandeln und zwingt dich, alles anzusehen, was du vor dir selbst und anderen zu verbergen suchst.

Mars zeigt das impulsive Prinzip in uns, den mutigen Krieger, der, ohne zu überlegen, neues Territorium im Leben erobern will. Er ist aber auch der Gott des Ackerbau's und ackert und arbeitet ohne Ende. Mars denkt nicht, fühlt nicht, moralisiert nicht. Er arbeitet, er handelt, er verteidigt, er erobert, er tötet, er erneuert. Dabei scheut er keine Gewalt. Er stellt die sich immer wieder erneuernde Lebenskraft dar. Im Gegensatz zu Venus ist es nicht die passiv genießende, sondern die aktiv vorwärtsdrängende Kraft. Mars wird über die Farbe Rot und das Metall Eisen repräsentiert und zeigt sich in den roten Blutkörperchen in unserem Lebenssaft.

Wer diese drei archetypischen Kräfte stark ausgeprägt in seiner Hand vorfindet, sieht sich in seinem Leben immer wieder mit Prozessen des Sterbens und Werdens konfrontiert. Jedes dieser drei Prinzipien fordert uns heraus, entweder zu kämpfen, sich zu wehren, sich abzugrenzen, oder aber auszuhalten, sich zu beugen, zu kapitulieren. Oft sieht man das Leben als notwendigen Kampf an, um etwas Bestimmtes zu erreichen. Wenn es mir einfach zufliegen würde, wäre es nicht wertvoll, nach dem Motto: »Nur was ich erkämpft habe, ist es wert, in meinem Leben zu sein.«

Oder es wird einem vieles weggenommen, man erleidet Verlust, Schmerz, Qual, Tod. Es gibt viele Beschreibungen für diese Zone, zum Beispiel: das Kreuz mit dem Leben, der Kampf um das nackte Überleben, die harte, nackte und brutale Realität, auf den harten Boden der Tatsachen fallen, »Stirb und werde!«, Blut und Wasser schwitzen, der Tanz auf dem Vulkan, die erbarmungslose Natur, »Rette sich, wer kann!«, der Friedhof aller Ambitionen und Träume.

All die Schmerzen, Qualen und Leiden dieses Verbundes können, wenn sie von diesem Menschen psychisch nicht bewältigt werden, hinunter in den Verbund der »heilen Welt« sickern und diesen vergiften. Übersetzt heißt dies, dass man aufgrund bitterer Erfahrungen verbittert, erstarrt und die Barmherzigkeit und das Urvertrauen im Leben verliert. Du kannst nichts Schönes und Gutes mehr dem Leben abgewinnen. Der Verbund von Pluto, Saturn und Mars verleiht aber auch am meisten Durchhaltekraft. Man kann das Schicksal akzeptieren, wie es ist, ohne in Hadern, Jammern und Hinterfragen zu verfallen. Das Schicksal ist nun mal, wie es ist – manchmal knallhart, aber es wird seine Gründe dafür geben. Man hat ein Bewusstsein im Sinne von: »Nichts wahrhaft Gutes ist je einfach.« Man ist fähig, den Kampf mit eiserner Disziplin zu führen, über die eigenen Grenzen hinauszugehen und leidensfähig zu sein. Man ist zäh wie Leder sozusagen. Aus diesem Verbund ziehen wir die Kraft, unser Leben zu meistern, nicht aufzugeben, immer weiterzugehen. Es braucht Kühnheit und Mut, seine tiefsten Ängste zu überwinden. Die Pflicht ruft und du stehst trotz seelischer oder körperlicher Schmerzen jeden Tag immer wieder auf und tust, was du tun zu müssen glaubst. Wenn dieses tägliche Aufstehen zu einem Abnutzungskampf geworden ist und jegliche Freude, Lust und Sinn verloren gegangen ist, dann wende dich deinem unteren Dreieck zu, dem unteren Nachbarn, dem Verbund »Mitgefühl und der Anteilnahme« (siehe Kapitel 13.2.1).

Wenn du das untere Dreieck mit dem oberen Dreieck verbindest, entdeckst du den Davidstern, ein Symbol für das Göttliche, der das aktiv-männliche und passiv-weibliche Prinzip miteinander vereint. Nach oben zu streben und gleichzeitig nach unten – die Kunst im Leben ist es, eine Balance und eine gute Beziehung zwischen diesen zwei unterschiedlichen Verbünden aufrechtzuerhalten. Leben heisst Beziehungen einzugehen und sie liebevoll zu pflegen mit dir und der Welt.

13.2.3. Verbund »Von Einheit zu Zweiheit«
Neptun – Saturn

Neptun und Saturn liegen in der Hand auf
der gleichen horizontalen Achse. Es stehen
sich die beiden Welten von Struktur und
Auflösung, Grenze und Einheit / Freiheit,
Trennung und Verschmelzung gegenüber.
Dieser Verbund vereint zwei unvereinbare
Gegensätze in sich: Sie vertragen sich nicht, aber wir Menschen
brauchen doch beides.

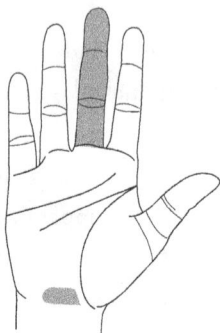

Neptun und Saturn bilden die zweite vertikale Bahn, diejenige Achse, welche die äußere Greifhand von der inneren
Flughand trennt und gleichzeitig auch verbindet. Ich nenne
diese Bahn auch gern die »Vesta-Bahn«. Vesta ist die römische
Göttin, die als keusche Hüterin das heilige Feuer hütet. Sie
führt ihren Alltag und ihr Leben, als wäre alles eine Zeremonie.
Alles, was sie tut, denkt, sagt und berührt, wurde mit höchster Achtsamkeit ausgeführt. Ihr ganzes Leben ist eine heilige
Zeremonie, eine heilige Feier und eine Wertschätzung für alles,
was das Leben uns schenkt. Das Leben ist ein Geschenk und sie
hütet es wie ein heiliges Feuer. Dabei fühlt sich das Herz wie ein
wärmendes Kaminfeuer an, wie ein warmer Ofen in dir. Wenn
im Leben alle Stricke reißen und schwere Zeiten zu bestehen
sind, besinne dich wieder auf das Prinzip der Vesta. Sie bringt
dich wieder zu dir selbst zurück und in eine verfeinerte Welt,
zurück ins Leben.

Neptun mag die Realität gar nicht, Saturn hingegen repräsentiert die pure Realität – beide bilden die Mitte der Hand und
beide stehen in Polarität zueinander. Der Schatten der Neptun-Orientierten ist die Hoffnung auf Erlösung aller Leiden

durch einen Meister, einen Guru, einen Priester, einen Heiler, einer Gottesfigur, eines heiligen Ortes usw. Solange du dir bewusst bist, dass nur du selbst dich erlösen kannst, und zwar durch regelmäßige, stete, liebevolle und achtsame Arbeit an dir, verstehst du auch, warum der Saturn-Finger der Neptun-Zone gegenübersteht. Du musst strukturiert und aktiv in Eigeninitiative handeln (Saturn), deinen inneren Acker pflügen und pflegen, damit er blühen kann, um zu Neptun zu gelangen, in ein Sein, das die grenzenlose Erlösung verspricht. Nur Schwelgen und passives Warten in Neptun führt zu Abhängigkeit, Illusion und schlussendlich zu einer Landung auf dem harten Boden der Tatsachen und einem entsprechend bösen Erwachen. Die Arbeit an dir selbst kannst du nur selber tun – das ist der Weg der Vesta: alltägliche achtsame Arbeit, stetige Selbstveredelung zu höherem Bewusstsein, zum eigenen Licht, zur Eigenermächtigung und zur eigenen Verantwortung. Folge und gehorche nicht blind einem Guru, Lehrer oder spirituellen Führer, sei du selbst und löse dich von allem und glaube nur noch an dich selbst.

Das heisst auf sich zu hören und dafür brauchst du Klarheit wer du bist.

»Der Zen-Grundsatz, dass Größe in den kleinsten Dingen zu finden ist, führte zu einer Aufmerksamkeit für die kleinsten Details des Lebens. Mit der Aufmerksamkeit kam Sorgfalt, und mit der Sorgfalt kamen die meditativen Qualitäten des Tee-Weges. Die intensive Sammlung, die für die Ausführung einer Teezeremonie nötig war, war sowohl eine Disziplin als auch eine Form der Reinigung, denn durch die totale Ausrichtung des

Geistes auf den Mikrokosmos des Teeraums ließ man alle anderen Angelegenheiten des Lebens hinter sich.« (Zitat: Andrew Juniper, »Wabi Sabi«)

13.2.4. Verbund »Fünf große Erschaffer«
Daumen – Jupiter – Saturn – Apollo – Merkur
Wir erinnern uns: Der Daumen ist der Gärtner. Jupiter, Saturn, Apollo und Merkur sind die vier Bäume, die in der Obhut des Daumens stehen. Der Daumen steht für Erfolg, Selbstregulierung und Lenkung, Jupiter für Selbstvertrauen und Ziele, Saturn für Selbstsicherheit und Verantwortung, Apollo für Selbstausdruck und Individualität, Merkur für Selbstwahrnehmung und Austausch.

Wer diesen Verbund in seiner Hand trägt, diese fünf Prinzipien in Masse, Form und Volumen gut ausgebildet in seiner Hand vorfindet, verfügt über eine gut entwickelte Feinmotorik. Er kann vieles im Leben erschaffen und ist in der Lage, die Welt und sich selbst stetig zu verfeinern und zu veredeln.

Als limitierende Kraft, aber auch als Schutzfunktion agierend, steckt hinter dem Daumen – als Schatten sozusagen – die Versagensangst, beim Jupiter die Scham, beim Saturn die Schuld, beim Apollo die Ablehnung, beim Merkur das Misstrauen. Alle fünf zusammen präsentieren die nördliche Hemisphäre. Der Daumen aber ist der Wichtigste von allen, denn ohne ihn läuft in der Hand gar nichts. Es ist, wie wenn die Musik in einer Disco plötzlich aufhört zu spielen: Ohne Takt, Rhythmus und Melodie geht gar nichts mehr, der Antrieb, sich zu bewegen, ist weg. Der Daumen steht für Erfolg und trägt so-

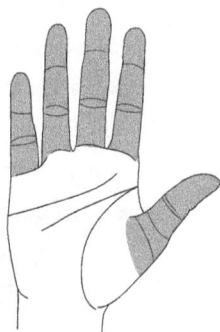

mit diesen Lebensfunken in sich. Indem er die anderen Finger berühren kann (was umgekehrt ja nicht der Fall ist), gibt er den Takt, die Musik vor, bläst den anderen den Marsch, gibt den Befehl, vorwärts zu marschieren.

Der Daumen steht auch für das reine Bewusstsein im Sinne von: »Ich freue mich über meine Freude.« Der Mensch kann sich seiner selbst bewusst sein und somit aufmerksam am Leben teilnehmen und dieses gestalten. Die anderen vier Finger bzw. Kräfte sind gern dabei behilflich.

13.2.5. Verbund »Fünf große Gefühle«

Venus – Neptun – Mond – Mars – Pluto
Diese fünf Kräfte sind zuständig für ein reiches Gefühlsleben. Wer diesen Verbund ausgeprägt in seiner Hand vorfindet, kann in seinem Wesen mit einer reichen inneren Gefühlswelt in Verbindung treten und diese vielleicht sogar auch nach außen hin zum Ausdruck bringen.

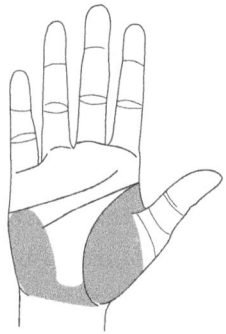

Diese Fünf stehen für unsere Fähigkeit zur Bindung und Verbindung, für unseren Zugang zur inneren Gefühlswelt. Es sind dies die sinnliche Liebe und körperliche Hingabe (Venus), die feinstoffliche und kollektive Liebe zu allem, was lebt (Neptun), die persönlichen und kindlich unschuldigen Gefühle (Mond), der Überlebensinstinkt und Mut (Mars) sowie das Streben nach Tiefe und Transformation (Pluto).

13.2.6. Verbund »Drei große Egos«
Mars – Jupiter – Apollo

Wer diese Drei ausgeprägt in seiner Hand präsentieren kann, zeigt seine ganze Ich-Kraft. Es ist die Kraft in uns, die ans Licht will, vielleicht sogar beleuchtet von den Scheinwerfern einer großen Bühne, im Sinne von: »Da bin ich und hier stehe ich in meiner ganzen Pracht!« Solche Menschen wollen hoch hinaus und bewundert werden. Wird dieser Verbund übertrieben ausgelebt, führt dies zu Effekthascherei und Prahlerei.

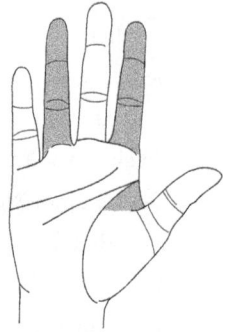

Der Mars ist stolz auf seine Kraft, Jupiter auf seine Leistung und Apollo darauf, anders zu sein als alle anderen. Diese drei machen etwas Besonderes aus dir, aber blasen dein Ego auch ganz schön auf. Wenn die innere Haltung stimmt, ist nichts dagegen einzuwenden: Es braucht charismatische, leuchtende Persönlichkeiten. Zu strahlen und einzigartig zu sein und damit Menschen zum Staunen und Träumen zu bringen, ist etwas Schönes. Achte auf die falschen spirituellen Botschaften, die das Ego stets verteufeln und als Ursache allen Leidens und Übels darstellen. Ohne das Ego, ohne das Ich, läuft im Leben gar nichts. Lerne, besser mit deinem Ego umzugehen, aber versuche nicht, es loszuwerden, das wäre pure Illusion!

13.2.7. Verbund »Große Freiheit«
Oppositionswinkel – Mars – Jupiter – Apollo – Merkur – Uranus

Sich frei fühlen und tun und lassen was man will: Das verbindet diese Fünf, so unterschiedlich sie sonst sein mögen. Wer einen weiten Oppositionswinkel zwischen Daumen und Mars aufweist, braucht in seinem Leben einen großen Aktionsradius, ein weitläufiges Territorium, viel Selbstständigkeit, um mit seiner Stärke und Kraft (Mars) seine Ambitionen und Visionen (Jupiter) zu realisieren. Individualität und unkonventionelle Lebensart (Apollo) sowie eine durch Merkur geprägte Neugier und Freude im Austausch halten die Lebensgeister aktiv. Der ewig (r)evolutionäre Uranus setzt noch das Pünktchen auf das I und sprengt alle Schranken, die ihn am totalen Freiheitsgefühl hindern. Wer diesen Verbund in seiner Hand trägt, braucht ganz viel Raum zum Agieren und ganz viel Luft zum Atmen. Auch wenn eine dieser fünf Kräfte fehlen würde, wirkt der Verbund, der Freiheitsdrang, immer noch sehr stark.

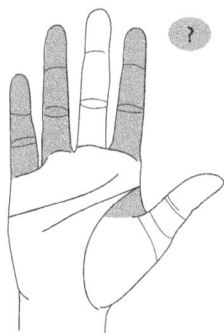

13.2.8. Verbund »Kind-Sein«

Mars – Venus – Mond – Merkur

Diese vier archetypischen Kräfte repräsentieren die unterschiedlichen Stadien des Kind-Seins. Menschen mit diesem Verbund in ihrer Hand haben das ewige Kind in sich. Sich in der ernsten erwachsenen Welt eine kindliche Art zu bewahren, ohne kindisch zu werden, ist eine Kunst und ein hohes Gut.

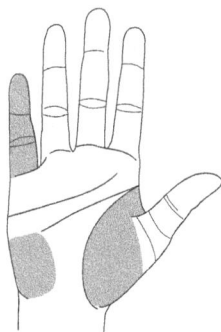

Mars repräsentiert die ersten drei Lebensjahre und steht für den Lebens- und Überlebenskampf, für den Überlebensinstinkt und für das »Stark-werden-Wollen«. Er hilft uns gleich zu Beginn, uns durch den Geburtskanal zu kämpfen, dann beim Krabbeln und später beim Prozess des Aufstehens. »Nie aufgeben« ist das Motto! Es ist auch die Zeit, in der wir alles (be-)

greifen und anfassen wollen. Wir erobern uns unsere Welt. Natürlich zeigt er sich auch später in Reaktionen wie: »Das ist mein Spielzeug!«, und in der Trotzphase.

Bei Venus – auch sie repräsentiert die ersten drei Babyjahre – dreht es sich um die Nahrungsaufnahme und die Körperlichkeit. Hier bilden wir unser erstes passives Wertesystem, wie beispielsweise den Geschmackssinn, wenn wir alles in den Mund stecken und sofort merken: »Mmmhhh, das schmeckt gut!« oder »Wääähhh, das schmeckt mir nicht!«. Das Venus-Prinzip in uns nimmt sinnlich wahr und bewertet, was uns wohl bekommt und was nicht.

Der Mond repräsentiert in der Zeit der ersten sieben Jahre die Eigenschaften eines Kleinkindes, wie z. B. die Unschuld oder Schutzlosigkeit sowie das Verlangen nach der schützenden Mutter. Wenn das Kind etwas größer ist, steht der Mond bis ca. zum zwölften Lebensjahr für die Phase der Gute-Nacht-Geschichten, der Märchen, der Fantasie, der Träume und der regen Vorstellungskraft. Auch das grundlose Fröhlichsein, das Lachen und das Kichern sind Mond-Eigenschaften.

Merkur steht vor allem für die Neugier und löst im Kleinkind die ersten darauf basierenden Bewegungsimpulse aus. Alles will ausprobiert und entdeckt werden, alles wird angefasst und in den Mund genommen. Im Alter von drei bis fünf Jahren ist das Kind ungemein schnell und aufnahmefähig. Es kann in dieser Zeit auch mühelos mehrere Sprachen lernen. Merkur steht auch in der Schulzeit für das Lernen-Wollen, die Entdeckungslust und die Spiellaune des Kindes. Auch die Welt der Erzählungen und Rollenspiele gehört zu den Energien von Merkur.

13.2.9. Verbund »Fan-Sein«

Jupiter – Neptun – Apollo – Pluto

Wenn wir jemanden anhimmeln, verehren
und bewundern (Jupiter) und mit ihm / ihr
verschmelzen wollen (Neptun), wir uns mit
diesem Menschen oder seiner Tätigkeit voll
und ganz identifizieren möchten (Apollo),
in uns eine starke Bindung und Anziehung
(Pluto) zum »Objekt der Begierde« spüren, befinden wir uns
mitten im Fan-Verbund. Leidenschaftliche Menschen können
ihr inneres Feuer auch ausleben, indem sie immer wieder für
etwas brennen, innerliches glühen, sich für etwas begeistern –
dies sind alles unglaublich starke Gefühle und Kräfte, die in
einem Menschen wirksam sein können. Man sucht immer wieder
der nach einem neuen Ideal oder jemanden, für den man Feuer
fangen kann. Man ist derart fasziniert, dass man nicht mehr
loslassen kann. Wird diese Eigenschaft übertrieben ausgelebt,
kann dies zu Fanatismus, zu blindem Glauben führen oder sogar
in »Stalking« ausarten. Die gemeinsame Verschmelzung,
dieses Gefühl des Eins-Seins mit allen, die das Gleiche lieben,
anhimmeln und darauf fixiert sind, zeigt sich im täglichen
Leben, ohne dass wir es bemerken. Ein gutes Beispiel dafür ist
die Werbung oder, gemeinsam der gleichen Sport-Mannschaft
nachzueifern oder mit ihr mitzufiebern, bedingungslos einer
Religion oder einem Star zu folgen etc. Fan zu sein, nährt uns
Menschen und dem ist nichts Schädliches anzulasten, solange
du dich nicht so extrem davon gefangen nehmen lässt, dass es
dir deine Sinne raubt und du ohne deinen »Star« nicht mehr
leben kannst.

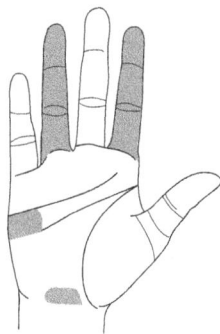

13.2.10. Verbund »Silberrücken«
Venus – Mars – Jupiter

Dieser Verbund besteht aus den drei Kräften in der ersten vertikalen Bahn, die sich an der nach außen orientierten Greifhand befindet: Venus mit dem Thema der Familie oder einer anderen schützenden Gruppe, Mars mit den Eigenschaften »Mut«, »Kampf« und »Verteidigung« sowie Jupiter, der gönnerhafte, aber durchaus auch gewaltsame Göttervater auf dem Olymp, der sagt, wo es langgeht – das ergibt zusammen das Familienoberhaupt, den Häuptling, den Sippenführer oder eben den Silberrücken oder das Alphatier.

Menschen mit diesem Verbund in ihrer Hand haben etwas Königliches, ja, sogar etwas Majestätisches in sich. Andere um sie herum haben oft sofort Respekt vor ihnen und warten unbewusst auf Anweisungen. Oder man wendet sich an den Silberrücken, um sich einen guten Rat von ihm zu holen. Diese Menschen sind kräftig, ohne laut zu sein, sie strahlen eine Stärke und Überlegenheit aus, die anderen gleich Vertrauen vermittelt. In Tier-Dokumentationen fällt oft auf, wie liebevoll und kraftvoll Alphatiere für ihr Rudel sorgen. Dieser Verbund verleiht das Talent, andere Menschen zu führen und Gruppen zusammenzuhalten.

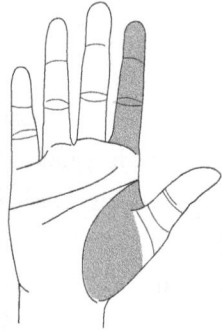

13.2.11. Verbund »Don Juan / Femme fatale«
Venus – Mars – Jupiter – Merkur

Gesellt sich zum Silberrücken, also zu Venus, Mars und Jupiter, noch ein starker Merkur dazu, kommt die Energie von Beziehung und Austausches auf allen Ebenen, auch der sexuellen, dazu. Die Kontaktfreudigkeit, die Neugier auf den anderen, der Dialog mit ihm kann auch in Richtung Becken wandern. Unabhängig davon liegt aber das Flirten und Verführen solchen Menschen stark im Blut. Die Eroberung des anderen Geschlechts fällt leicht, wird oft vollführt, denn sie ist für diese Viererruppe ein Leichtes.

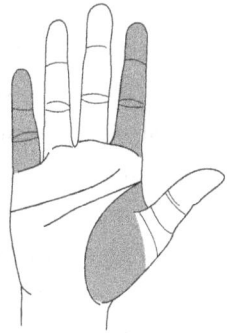

Dieser Verbund macht den Mann zum Don Juan und die Frau zur Femme fatale. Diese Menschen gehen gerne aus, sind unter Leuten, beobachten andere, visieren ihr Objekt der Begierde an und gehen unweigerlich in die Offensive, so lange, bis die Eroberung gelungen ist. Wer will schon nicht einmal erobert werden oder erobern? Diese Kombination muss aber nicht zwangsläufig nur auf sexuelle Eroberungen ausgerichtet sein. Auch Charme, gepaart mit Intelligenz und Durchsetzungskraft, kann man vielfältig einsetzen: im Verkauf, in der Vermittlung, im Entertainment oder sogar als smarter Agent im Dienste ihrer Majestät. James Bond lässt grüßen.

13.2.12. Verbund »Nahrungskette«
Mars – Jupiter – Saturn – Venus

Diese vier Kräfte tun sich in diesem Verbund zusammen, um in der Nahrungskette ganz nach oben zu steigen. Dieser Antrieb ist in jedem Menschen instinktiv vorhanden, aber nicht alle beschäftigen sich bewusst damit. Menschen mit diesem Verbund tragen den Silberrücken-Verbund in sich, hier gesellt sich aber ein starker Saturn dazu und somit ein ausgepräg-

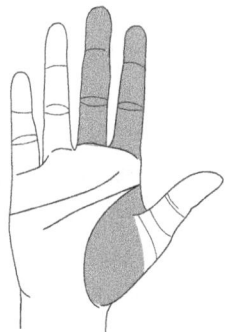

tes Bedürfnis nach stabilen Verhältnissen und Vorsorge. Der Jupiter in uns setzt sich das Ziel, die Sippe zu schützen, und will in der Hierarchie ganz nach oben und Mars sorgt für die Durchsetzung dieses Ziels. Saturn will Sicherheit, in diesem Fall über den Notvorrat, und Venus strebt nach Geborgenheit und einem wohlgenährten Zustand.

13.2.13. Verbund »Nackte Wahrheit«
Pluto – Apollo – Merkur

Der Film »Die nackte Wahrheit« über Larry Flynt hat mich zu dem Namen dieses Verbundes inspiriert. Flint war ein Verleger eines bekannten Sex-Magazins in den USA der 70er-Jahre. Er provozierte und veränderte wie kein Zweiter die Moralvorstellungen der Amerikaner. Er brach alle vorherrschenden Moralvorstellungen und Tabus und transformierte somit die geistige Einstellung (Merkur) der Bürger zu Sex (Pluto) in der Öffentlichkeit (Apollo). Er war schamlos direkt und ehrlich – Pluto und Merkur im Duett. Der »Playboy«-Herausgeber Huge Hefner hatte sich mit der Zeit dem äußeren Druck angepasst und ist in seinem Business diskreter geworden, Larry Flynt aber nicht!

Dieser Verbund hat es in sich, er ist der Gegenpol jeglichen veralteten Establishments. Wer diese drei Kräfte in seiner Hand stark vertreten sieht, hinterlässt Spuren in der Welt. – Vielleicht als Enthüllungsjournalist? Oder als Politiker einer neu gegründeten Partei? Wenn es um Tabubruch in der Öffentlichkeit geht, um Skandale, um das Niederreißen von veralteten Moralvorstellungen, und wenn dafür die unverhüllten und unbe-

schönigten Tatsachen ans Licht geholt werden, wenn es um nichts weniger als die nackte Wahrheit geht, dann sind diese drei Kraftfelder in voller Aktion. Solche Menschen riechen verkrustete Strukturen schon von Weitem. Und dann können sie fast nicht mehr anders: Die Masken werden heruntergerissen, die Hüllen auch, nichts wird mehr unter dem Deckel gehalten, nichts wird mehr verschwiegen, alles muss ans Licht.

Die Ironie ist: Es sind die gleichen drei Kräfte, die auch alles sehr gut verschweigen und verhüllen können. Ist es nicht so, dass der beste Dieb nicht auch der beste Polizist sein könnte?

13.2.14. Verbund »Verzauberung«
Jupiter – Apollo – Merkur – (Venus)

Grundsätzlich wohnt jeder archetypischen Kraft ein ganz eigener Zauber inne. Doch es geht in diesem Verbund ganz bewusst um diese Drei, die eine zauberhafte Kombination abgeben: Jupiter und Apollo sind in uns für den Glanz zuständig und wenn sie beide stark ausgeprägt sind, verleihen sie uns den Star-Effekt. Diese Kombination finden wir oft bei Menschen mit einem hohen Bekanntheitsgrad, vor allem in der Film- und Musikbranche, aber auch in Politik und Wirtschaft. Sie können strahlen oder sie können blenden. Beides ist möglich, im positiven wie im negativen Sinne.

Jupiter und Apollo repräsentieren also die menschliche Strahlkraft, mit einem starken Merkur bekommt die Krone noch ein paar Steine mehr dazu. Das Strahlen geschieht dann nicht mehr nur um seiner selbst willen, sondern es kommt die Kontaktaufnahme mit anderen Menschen dazu. Man wirkt.

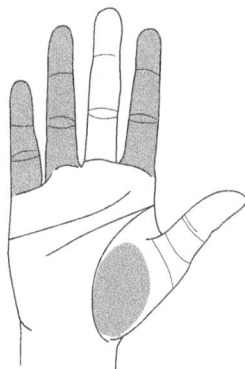

Man zieht die Blicke auf sich. Man verzaubert. Das kann im eigenen kleineren Bekanntenkreis sein, meistens aber haben diese Menschen einen größeren Wirkungskreis. Und sie haben auch keine Scheu davor, öffentlich beachtet und ausgestellt zu sein. Sie verzaubern uns, im direkten Gespräch oder über den Bildschirm via Kamera, mit ihrem Charisma, mit ihrer »Smartness«, mit ihrer Ausstrahlung. Das kann Brad Pitt sein oder Steve Jobs oder der lokale Politiker vom eigenen Dorf.

Wenn in diesem Verbund zusätzlich Venus gut ausgebildet ist, wirkt der Mensch zugänglich, herzlich, warm und sympathisch. Man will sich ihm gleich anvertrauen und hat das Gefühl, so angenommen zu werden, wie man ist. Königin Maxima von Holland wäre hierfür ein gutes Beispiel. Obwohl ich nicht weiß, ob sie diesen Verbund wirklich in ihrer Hand trägt.

13.2.15. Verbund »Große Harmonie«
Venus – Saturn – Apollo

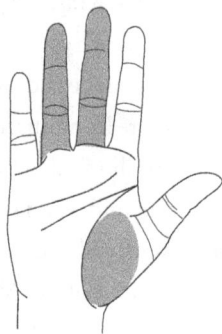

Harmonie basiert auf einer bestimmten Ordnung. Man sagt, dass der goldene Schnitt der Inbegriff der Harmonie ist. Also geht es bei der Harmonie um das Zusammentreffen der Prinzipien von Venus und Saturn. Venus steht für die Sinnlichkeit, den Genuss, das Schöne. Sie repräsentiert auch das ausgleichende Prinzip. Saturn ist der Hüter der Gesetze. Ob universelle, gesellschaftliche oder menschliche Gesetze, alle wollen für das jeweilige System eine bestimmte Ordnung schaffen. Ordnung führt zu Harmonie. Werden Gesetze gebrochen oder überschritten, führt dies zu Disharmonie, Unruhe oder gar Chaos. Diese beiden Archetypen allein würden eigentlich schon

reichen, aber wir nehmen noch Apollo hinzu – also die Ausstrahlung, das Individuelle, das Kreative. Denn schließlich
geht es um eine menschliche Eigenschaft und nicht nur um
eine theoretische oder geometrische (Formen-)Harmonie.
Menschen mit diesem Verbund haben ein feines Gespür für
Proportionen. Sie sind gute Inneneinrichter, Modebera-ter
oder Gartenarchitekten. Sie verstehen es, das Schöne mit den
Formen zu verbinden. Sie erfassen intuitiv, welche Formen,
Materialien und Farben gut zusammenpassen. Oder sie sind
gute Köche und verstehen es, die perfekten Geschmacks-
kreationen auf den Teller zu zaubern.

Andererseits geht es in diesem Verbund aber auch um die Harmonie in Beziehungen und spätestens damit kommt Apollo ins
Spiel: Es geht um die Beziehung zu einem anderen Menschen,
zu einem Tier, zur Natur, zur Welt an sich. Diese Menschen
verstehen es, auf harmonische Weise in Kontakt zu treten mit
einem persönlichen oder überpersönlichen Du. Sie spüren,
mit welchem Du eine harmonische Beziehung möglich ist und
mit wem eher nicht. Oder aber sie sind gute Diplomaten im
Dienst ihres Landes und verstehen es mit ihrer Art (Apollo),
mit schwierigen Partnern eine harmonische (Venus) Basis zu
finden, die der Etikette und Gepflogenheit der Politik (Saturn)
entspricht.

Die Beziehung zu sich selbst gehört auch in diesen Verbund,
er zeugt vom Bewusstsein, dass wahre Harmonie nur über authentisches Verhalten des einzelnen Menschen möglich ist.
Übermäßige Anpassung erzeugt eine Scheinharmonie, die früher oder später in Zwist mündet. Verstehst du es, nach deinen
inneren Gesetzmäßigkeiten authentisch zu sein, und das in
einer Weise, ohne dass du die äußere Ordnung übermäßig stra-

pazierst? Je mehr dir dies gelingt, umso harmonischer werden deine Ausstrahlung, deine Beziehungen und dein ganzes Leben.

13.2.16. Verbund »Innere Reife«
Saturn – Merkur – Pluto

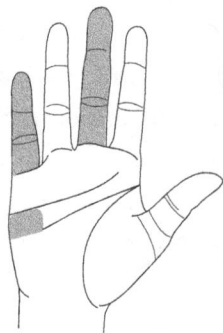

Wer innerlich, also auf psychischer Ebene, reif ist, hat ein hohes Bewusstsein von den Möglichkeiten, aber auch den Grenzen des Lebens erreicht. Saturn steht für den inneren Alchemisten, also die Fähigkeit, schweres Blei in wertvolles Gold umzuwandeln.

Wie kann ich schmerzhafte Erlebnisse in meinem Leben zu einem wertvollen Erfahrungsschatz umwandeln, ohne daran zu zerbrechen oder verbittert zu werden? Saturn – und auch Pluto – lässt uns diese Lektion immer wieder lernen.

Dieser Prozess bedeutet, seine innere Dunkelheit annehmen zu lernen, um letztendlich darin sein inneres Licht zu entdecken. Es ist der Weg der Selbstveredelung, vollständig ehrlich mit mir selbst zu sein, alle meine ‚Schlupflöcher' wahrzunehmen und in jeden Spiegel zu schauen, den das Leben mir anbietet – und mir natürlich die wichtige Frage zu stellen, wie ich es schaffe, meine größte Angst zu überwinden, über meinen Schatten zu springen.

Merkur steht für das wache innere Kind, für die stete Neugier, das Interesse, den Entdeckungsdrang. Er sorgt dafür, dass wir nicht in der Ernsthaftigkeit (Saturn) und der Transformation (Pluto) stecken bleiben – er bringt etwas Leichtigkeit in diese Mischung. Stets offen zu bleiben, sich nicht festzufahren, beweglich im Denken zu bleiben, das ist die Aufgabe von Merkur in diesem Verbund.

Pluto leitet das Merkur-geprägte Interesse in die Tiefe. Wie einen Tiefseetaucher zieht es uns immer tiefer und tiefer in unser eigenes Inneres. Gerade leidvolle Erfahrungen, wie Krankheit, Trennungen oder Verluste, halten uns in der Tiefe fest. Dieser unerbittliche Prozess führt zu Transformation und im besten Fall zur Auferstehung in neuem Gewand. Das Leben als eine Abfolge von Höhen und Tiefen annehmen zu lernen, unheilbare Verletzungen in das eigene Selbst integrieren zu können – das Reifen der Seele erfolgt über eine lange Phase der Transformation.

13.2.17. Verbund »Transzendentale Sphären«
Uranus – Neptun – Pluto

Astronomisch betrachtet, liegen diese drei Planeten und ihre Urkräfte außerhalb der sonnenbezogenen Umlaufbahn des Saturn, jenseits seiner Grenzen und Gesetze. Psychologisch übersetzt heißt dies, dass hier einerseits überpersönliche Themen wirksam werden, also dass es um das Bewusstsein geht, dass unser Dasein nicht nur Selbstzweck ist, sondern dass wir für das große Ganze eine bestimmte Aufgabe zu erfüllen haben. Andererseits liegen jenseits von Saturn auch die Bereiche außerhalb der Norm und jeglicher Normalität. Uranus, Neptun und Pluto repräsentieren die Kräfte, die jenseits des uns bekannten Bereiches liegen. Sie ziehen uns aus der vertrauten Zone hinaus und provozieren uns, das Gewohnte und vermeintlich Machbare immer wieder infrage zu stellen. Sie wollen unseren Horizont erweitern.

Die wenigsten Menschen halten sich bewusst jenseits der Saturn-Zone auf. Die meisten haben nicht die Veranlagung

dazu. Und bei denjenigen, die sie haben, gibt es meist nur wenige, die sich auch bewusst getrauen, auszubrechen. Aber ohne die Dreierkette von Uranus, Neptun und Pluto hätten wir heute immer noch kein elektrisches Licht, kein Internet, keine Ärzte ohne Grenzen, keine Sterbeeinrichtung wie »Exit« usw. Menschen mit diesem Verbund in ihrer Hand sind die Verrückten unter uns – im wahrsten Sinne des Wortes. Sie stehen »ver-rückt« im Leben, stehen neben der Spur, sind die Pioniere unter uns. Oft ist es so, dass sie zu Lebzeiten von der Masse ignoriert, belächelt, verstoßen oder sogar bekämpft werden. Oft wird ihr Wirken erst nach ihrem Ableben erkannt und geschätzt. Fast allen großen Geistern erging es so: Thomas Edison, Nikola Tesla, aber auch Vincent van Gogh und Amadeus Mozart sind bekannte Beispiele. Durch sie ist etwas Überpersönliches in die Welt gekommen, etwas, das unser aller Leben oder unsere Sicht auf die Welt nachhaltig verändert hat, etwas, das größer ist als das Dasein eines einzelnen Menschen. Im besten Fall schenkt dieser Verbund einem Menschen den inneren Frieden und die Erkenntnis, dass er in Ordnung ist, so, wie er ist, auch wenn er gesellschaftlich abseitssteht. Denn damit diese drei Kräfte, oder nur eine davon, ihre Wirkung schöpferisch entfalten können, muss man festen Boden unter den Füßen spüren. Du musst in dir gefestigt sein, stabil in deiner Mitte ruhen, bevor du beginnst, dich auf diese transzendenten Kräfte einzulassen. Es ist also wichtig, dass dieser Verbund in irgendeiner Weise durch das Element »Erde« ergänzt wird. Ist dies nicht der Fall, kann dieser Mensch in ein selbst- oder fremdzerstörerisches Verhalten abrutschen. Oder er verliert den Verstand und wird verrückt. Denn zwischen Genie und Wahnsinn liegt bekanntlich nur ein feiner Grat.

13.2.18. Verbund »Eigene Werte«
Venus – Jupiter – Saturn

Menschen mit diesem Dreierverbund in ihrer Hand beschäftigen sich in ihrem Leben viel mit Werten jeglicher Art. Das Wichtigste gleich vorweg: Der Wert eines Menschen steht identisch für seine Bedürfnisse. Eine starke Venus steht für die sinnliche Erfahrung der Welt. Schon als kleines Kind sehen wir nicht nur mit den Augen, sondern stecken alles in den Mund, um die Welt zu erfahren. Geschmacksnerven und Geruch entscheiden in erster Linie, was wir als wertvoll empfinden und was nicht. Alles, was Ekel auslöst, liegt außerhalb unserer Bedürfnisse und definiert somit das erste Wertsystem des Menschen. Mit fortschreitendem Alter kommt das Empfinden für Harmonie und Gerechtigkeit im zwischenmenschlichen Bereich dazu – vor allem im Familien- und Freundeskreis.

Wenn zu Venus die übergeordneten Saturn-Werte kommen, sind wir, wie schon beschrieben, bei der Harmonie. Wir können also übergeordnete Gesetze und Werte zu unseren eigenen Werten machen oder auch nicht. Wir können die Traditionen und das Kulturgut unseres Gesellschaftskreises in unser Leben übernehmen oder – zumindest in unserer freien westlichen Welt – bewusst darauf verzichten. Jupiter repräsentiert diejenige Kraft, die uns unsere eigenen Ziele, Visionen und Werte definieren lässt. Hier spricht die eigene Erfahrung, die mit den Jahren immer mehr zunimmt und vielleicht dazu führt, dass die Werte der Eltern und der Gesellschaft immer mehr infrage gestellt werden. Jupiter steht dafür, was du persönlich als lebenswert erachtest, für deine Prinzipien, deine Ideale, dein Weltbild

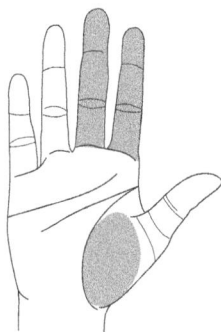

und deinen Glauben. Menschen mit diesem Verbund schaffen
es, bei der Wert-Frage genau hinzuschauen und unterschiedliche Bedürfnisse auszugleichen. Sie haben eine Harmonie in
ihrer eigenen kleinen Welt gefunden und können ihre Werte
gut ausleben und durchsetzen. Sie finden Wege, sowohl ihre
persönlichen als auch übergeordnete Bedürfnisse unter einen Hut zu bringen. Ihr Wertebegriff (Venus) ist geprägt von
Toleranz und Weitsicht (Jupiter) sowie von Verantwortung und
Pflichtgefühl (Saturn).

13.2.19. Verbund »Raumschaffung«
Daumen – Oppositionswinkel
Mars – Jupiter

Diese Viererkombination verleiht hohe persönliche Ambitionen (Jupiter), viel Kraft
und Mut (Mars) und lässt einen Menschen
sehr durchsetzungsfähig (Daumen) werden. Menschen mit diesem Verbund müs-
sen sich in ihrem Leben unbedingt immer wieder große Projekte (Oppositionswinkel) vornehmen und diese auch zum
Erfolg (Daumen) führen, damit ihre geballte Kraft in eine kon-
struktive Richtung gelenkt wird. Wenn andere Faktoren diesen
Menschen daran hindern, sich hohe Ziele zu setzen und Risiken
einzugehen, ist das nicht zu seinem Vorteil.

Diese Kräfte im Verbund lassen jemanden an die Grenzen des
bisher für ihn persönlich Machbaren vorstoßen und sogar darüber hinausgehen. Der innere Krieger ist sehr gut ausgebildet,
man kann sich hohe Ziele setzen und das Unmögliche möglich machen. Jegliche Saturn-begründete Limitierung von
außen lässt diese vier Gesellen in Rage kommen. Oder diese

Menschen gehen einfach darüber hinweg. Sie bahnen sich ihre eigenen Wege, im Notfall machen sie alles alleine oder mit Unterstützung ihrer eigenen Gefolgschaft. Tatendrang pur – Menschen mit diesem Verbund leben ganz im Sinne von: »The Sky is my only limit«.

13.2.20. Verbund »Bogenschütze«
(Gerader Eichen-) Daumen
Jupiter – Saturn

In der Ruhe liegt die Kraft. Dieser Verbund verleiht beides. Ein Schütze verfügt über die Kontrolle (Daumen) und die innere Stabilität (Saturn), seinen Bogen und seinen Pfeil auf sein Ziel (Jupiter) auszurichten und es zu treffen. Er hält seinen Geist in absoluter Ruhe kraftvoll fest, ist nur auf sein Ziel konzentriert, lässt sich von nichts ablenken. Er beherrscht seinen Atem und seinen Puls. Menschen mit einem starken geraden Eichen-Daumen sowie gut ausgebildetem Jupiter und Saturn vereinen alle diese Qualitäten in sich.

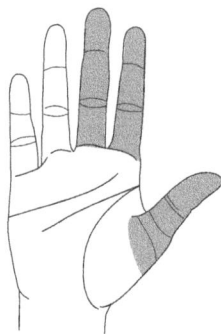

Jupiter wählt ein würdiges Ziel aus, Saturn steuert die nötige Disziplin und Struktur bei, der gerade Eichen-Daumen setzt das Vorhaben auf direktem, geradlinigem Weg um und führt es zum Erfolg. Also gilt bei Menschen mit diesem Verbund: einen Schritt nach dem anderen, sich nicht ablenken lassen, den Fokus halten und so lange dranbleiben, bis das Ziel erfolgreich umgesetzt ist.

13.2.21. Verbund »Großer Lebenshunger«
Venus – Mars – Jupiter – Daumen
Oppositionswinkel (– Saturn)

Dieser Verbund liegt in der äußeren Handhälfte, in der ergebnisorientierten Greifhand (siehe Kapitel 7).

Wenn sich die Kräfte von Venus, Mars und
Jupiter (Silberrücken-Verbund) mit dem
Daumen und einem weiten Oppositionswinkel zusammentun,
dann ist sehr großer Hunger auf das Leben vorhanden. Dieser
Verbund zeigt das riesige Verlangen eines Menschen, aktiv zu
sein, indem er vor allem seine persönlichen Triebe und Ziele
voll auslebt. Das Leben kitzelt, ist aufregend, man fühlt sich
lebendig und beglückt wie vor den Ferien.

Man ist voller Tatendrang, zeigt Eigeninitiative und Unter-
nehmungslust, ist optimistisch, hoffnungsvoll und zuver-
sichtlich. Doch die eigene Freiheit endet bekanntlich dort,
wo die Freiheit des anderen beginnt. Zudem kann sich der
Hunger auf Leben schnell in Gier und Besessenheit umwandeln – einem Menschen mit diesem Verbund kann jeglicher
Skrupel abhandenkommen. Verstärkt wird diese Veranlagung
dann, wenn sich der Jupiter-Finger zum Daumen hinbiegt.
Dann kann die Außenhand (die Greifhand) die Form eines
Raubvogelschnabels bilden oder sie sieht aus wie ein Raub-
tiergebiss mit zwei Reißzähnen. Das Bild ist Programm: »Rette
sich, wer kann!«

Hoffentlich kommt ein starker Saturn dazu, dann könnte diese
Veranlagung ein wenig entschärft werden. Der Lebenshunger
würde sich etwas mäßigen, er bekäme einen gesunden Rahmen
und eine ordnende Struktur. Im Idealfall hieße das dann: Kulti-

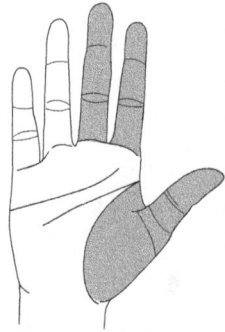

vierung der eigenen Kraft ohne Kraftentzug. Oder: Die Saturn-Schleuse verhindert eine Überschwemmung. Aber ohne starken Saturn kann ein Mensch mit großem Lebenshunger leicht über das Ziel hinausschießen, denn das Bewusstsein für Maßhaltung, Rücksichtnahme, Werte und Verantwortung fehlt.

Dieser Verbund zeigt eine stark ausgeprägte Außenhand, eine starke ergebnisorientierte Greifhand. Dementsprechend ist bei diesem Menschen die nach innen orientierte, prozessorientierte Flughand im Vergleich dazu schwach ausgeprägt. Es steht nur Saturn als neutrale, mittige Kraft in der Hand zur Verfügung, um dieses Ungleichgewicht zu mildern.

13.2.22. Verbund »Machtvolle Träume«
Neptun – Mond – Pluto – Merkur – Apollo
(– Saturn)

Dieser Verbund liegt in der inneren Handhälfte, in der prozessorientierten Flughand (siehe Kapitel 7).

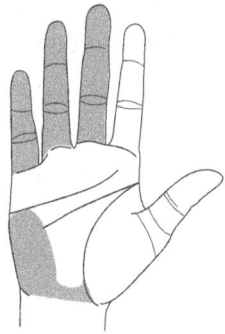

Mit der Kombination dieser fünf Kräfte kommen wir in die innere Welt der Prozesse. Ein bestimmtes Ziel weltlichen Erfolg zu erreichen, ist nicht so wichtig, es geht vielmehr um den Weg, die Wandlung, die Transformation. Menschen mit diesem Verbund sind verspielt, experimentieren und entdecken gern, sind kreativ und erfindungsreich, aber nicht auf der äußeren Bühne des Lebens, sondern vielmehr in der stillen Zone des inneren Empfangens und der Inspiration. Wer diese Eigenschaften ausgeprägt in sich trägt verfolgt keinen eigentlichen Zweck, kein Ziel. Hier kann der Mensch alles sein, was er will, zumindest in seinen Träumen. Und diese Träume können sehr machtvoll sein und diese

Menschen innerlich verändern, dafür sorgt die Pluto-Kraft in diesem Verbund. Oder sie verändern andere Menschen durch ihr Wirken. Die innere Welt wird vielleicht sogar als realer empfunden als die äußere. Diese Kombination macht einen Menschen sehr subjektiv in seiner Wahrnehmung: Hier tauchen wir ein in die Welt der Fantasie. Solche Menschen können andere verzaubern und faszinieren, sie können aber auch selber verzaubert und fasziniert sein. Gedichte, Märchen, Geschichten, Bilder, Musik: Obwohl sie absichtslos in ihrem Handeln sind, können diese Menschen Großes hervorbringen, sie können andere Menschen mit ihrem Wirken zum Träumen bringen, zum Staunen, zum Bewundern.

Dieser Verbund zeigt, wie erwähnt, eine stark ausgeprägte innere Handhälfte, eine starke prozessorientierte Flughand. Dementsprechend ist bei diesem Menschen die nach außen orientierte ergebnisorientierte Greifhand im Vergleich dazu schwach ausgeprägt. Es steht nur Saturn als neutrale, mittige Kraft in der Hand zur Verfügung, um dieses Ungleichgewicht zu mildern. Er könnte auch in diesem Fall gute Dienste leisten, denn er würde dem bei einem Zustand des kreativen Chaos für Stabilität, Form, Halt und Struktur sorgen.

13.3. Stärkste und schwächste Mitglieder im Verbund

Wenn du in einer Hand oder in einem Handabdruck einen der oben beschriebenen Verbünde ausmachst, betrachte ihn aufmerksam. Wie ist er zusammengesetzt? Nimm die Atmosphäre der einzelnen Kräfte und des Verbundes insgesamt auf. Und dann finde heraus, welches das stärkste und welches das schwächste Glied in diesem Verbund ist. Ein Verbund ist wie eine Kette nur so stark wie das schwächste (Mit-) Glied.

Wie können die starken Mitglieder im Verbund dem schwachen Mitglied helfen? Und umgekehrt. Haben alle ihr richtiges Einsatzgebiet, damit sie alles geben können, was in ihnen steckt? Dies ist ein wichtiger Prozess für die Selbstregulierung und für das Lenken der eigenen Kräfte. Erst so kann sich innerhalb des Verbundes eine positive Dynamik entwickeln.

Es macht einen Unterschied, ob die schwächste Kraft in einer Hand insgesamt (wie in Kapitel 12.3 geübt) oder innerhalb eines Verbundes ausgemacht wird. Letzteres ist natürlich schwieriger und braucht viel Übung im Betrachten einer Hand.

Im Folgenden sind nochmals alle Verbünde mit den zugehörigen Kräften im Überblick aufgeführt. So findest du einen Verbund schneller, wenn du ihn in einer Hand ausmachst. Zudem kannst du schneller sehen, ob diese Hand neben dem einen Verbund auch noch weitere aufweist.

Übung mit dir selbst:

Nutze die Verbünde auch unabhängig von der Hand, spüre für dich persönlich, ob du dich in den einzelnen Verbünden wohlfühlst oder nicht. Finde heraus, worin du deine Stärken und Schwächen aus persönlicher Einschätzung in einer Verbund-Familie siehst. Tausche dich mit deinen Freunden aus und habe Spaß bei der Entdeckung deiner selbst!

13.4. Verbünde im Überblick

Der Verbund »Mitgefühl und Anteilnahme«

Neptun – Mond – Venus

Der Verbund »Nackter Überlebenskampf«

Saturn – Pluto – Mars

Der Verbund »Von Einheit zu Zweiheit«

Neptun – Saturn

Der Verbund »Fünf große Erschaffer«

Daumen – Jupiter – Saturn – Apollo – Merkur

Der Verbund »Fünf große Gefühle«

Venus – Neptun – Mond – Mars – Pluto

Der Verbund »Drei große Egos«

Mars – Jupiter – Apollo

Der Verbund »Große Freiheit«

Oppositionswinkel – Mars – Jupiter – Apollo – Merkur – Uranus

Der Verbund »Kind-Sein«

Mars – Venus – Mond – Merkur

Der Verbund »Fan-Sein«

Jupiter – Neptun – Apollo – Pluto

Der Verbund »Silberrücken«

Venus – Mars – Jupiter

Der Verbund »Don Juan / Femme fatale«
Venus – Mars – Jupiter – Merkur

Der Verbund »Nahrungskette«
Mars – Jupiter – Saturn – Venus

Der Verbund »Nackte Wahrheit«
Pluto – Apollo – Merkur

Der Verbund »Verzauberung«
Jupiter – Apollo – Merkur (– Venus)

Der Verbund »Große Harmonie«
Venus – Saturn – Apollo

Der Verbund »Innere Reife«
Saturn – Merkur – Pluto

Der Verbund »Transzendentale Sphären«
Uranus – Neptun – Pluto

Der Verbund »Eigene Werte«
Venus – Saturn – Jupiter

Der Verbund »Raumschaffung«
Daumen – Oppositionswinkel – Mars – Jupiter

Der Verbund »Bogenschütze«
(Gerader Eichen-) Daumen – Jupiter – Saturn

Der Verbund »Großer Lebenshunger«
Venus – Mars – Jupiter – Daumen – Oppositionswinkel (– Saturn)

Der Verbund »Machtvolle Träume«
Neptun – Mond – Pluto – Merkur – Apollo (– Saturn)

13.5. Beispiel: »Drei große Egos«

Damit du dir vorstellen kannst, wie die Arbeit mit den Verbünden möglich ist, möchte ich anhand des Verbundes »Drei große Egos« (Mars, Jupiter, Apollo) ein praktisches Beispiel durchgehen. Es kommt wieder die Lutschbonbon-Technik zum Einsatz. Stelle dir jemanden mit einem Charakter vor, der stark von den drei folgenden Persönlichkeitsanteilen dominiert ist:

• Mars: Kämpferherz, Mut, Durchhaltekraft
• Jupiter: Erneuerungskraft, Ambitionen, wachsen wollen
• Apollo: gesehen werden wollen, Freude verbreiten wollen

Wenn ich diese Eigenschaften lese und die Worte in mir wirken lasse, jedes davon in meinem Mund langsam auf der Zunge zergehen lasse, nehme ich in mir eine starke positive Kraft wahr und bin voller Energie. Ich würde am liebsten gleich loslegen, fühle mich aufgeladen und optimistisch, bin voll des Glaubens, dass alles gut wird und ich es schaffen werde. Ich brauche irgendein Ziel (Jupiter), wofür es sich lohnt, in die Hände zu spucken (Mars). Meine positive Art (Apollo) wird die Menschen überzeugen (Jupiter) und mitreißen (Mars). Am liebsten würde ich die ganze Welt retten! Ich bin überzeugt: »Ich schaffe es, auch wenn es schwierig wird! Zusammen werden wir das Beste aus dieser Sache machen!« Ich bin bereit, das Zugpferd zu sein und meine Truppe zu führen, sie voller Stolz der Öffentlichkeit zu präsentieren.

Nun stelle dir die gleichen Kräfte vor, aber in gegenteiliger Ausprägung, also jemanden, der folgende Schwächen in sich trägt:

- Mars: voller Aggressivität, Wutausbrüche, unbeherrscht
- Jupiter: größenwahnsinnig, arrogant, abgehoben
- Apollo: Geltungsdrang, exzentrisch, selbstverliebt

Wenn ich diese Begriffe immer wieder lese, in mir wirken lasse und jedes Wort ganz langsam auf der Zunge zergehen lasse, dann taucht in mir unweigerlich ein bestimmter Menschentyp auf: ein Tyrann, wie er im Geschichtsbuch steht. Einer, der nach dem Motto regiert und lebt: »Es gibt nur mich, ich bin der Wichtigste, mein Wille geschehe und was ich will, das bekomme ich auch, koste es, was es wolle! Bekomme ich diese Sache nicht sofort und genau so, wie ich es will, fliegen die Fetzen. Ich bin es, der hier die Regeln aufstellt!«

Es ist doch interessant, dass sowohl eine charakterliche Stärke als auch eine charakterliche Schwäche aus der gleichen archetypischen Quelle kommt. Es liegt also stets an uns selbst, auf welcher Seite wir stehen wollen. Wie wir mit unseren Kräften umgehen und wie wir sie einsetzen, ist ein Akt der Bewusstheit!

Und weiter geht's mit Kombinieren: Stell dir vor, dass dieser Verbund in einer Hand ist, deren Haut eine harte Konsistenz hat, ganz rau ist und viele rot gefärbte Stellen auf dem Handteller hat. Und der Jupiter-Finger ist zum Daumen hingebogen und die Nägel sind spatelförmig. Und schon sind wir mitten in der Dynamischen Handanalyse! Verstehst du nun das Prinzip der Verbünde und worum es in einer Handanalyse geht?

13.6. Weitere Verbünde

Auch in der zweiten Schicht (Fingerabdrücke/*LifePrints*®)
und in der dritten Schicht (Linien und Zeichen) kann man
Verbünde unter den einzelnen Elementen in der Hand herlei-
ten. Diese werden erst in weiteren Büchern beschrieben, denn
das ist ein weitläufiges Thema. Aber so viel sei bereits gesagt:
Die Verbünde aus den drei Schichten können wiederum zusammengefasst und als übergeordneter Verbund betrachtet werden.
Das ist dann natürlich etwas für fortgeschrittene Handleser.

Wenn sich zum Beispiel in einer Hand das Thema »Familie –
Tradition – Solidarität« in allen drei Schichten zeigt, ist somit
ein übergeordneter Verbund und somit ein übergeordnetes
Thema im Leben eines Menschen erkennbar. Das ist nur ein
Beispiel, weitere sind: »Pionier – Freigeist – Fernweh« oder
»Beziehung – Sinnlichkeit – Nähe«. Und so entstehen unzählige
aufschlussreiche Querbezüge und es werden tiefe Einblicke in
das Wesen des Menschen und das gesamte Beziehungsgeflecht
von archetypischen Kräften und Temperamenten in seinem
Charakter möglich.

13.6.1. Verbünde in der ersten Schicht

- Verbund der vier Elemente: das körperliche Temperament
- Verbund der zehn Archetypen / Planeten-Kräfte: die Persönlichkeitsanteile

13.6.2. Verbünde in der zweiten Schicht

- Verbund der *LifePrints*®/Fingerabdrücke: die seelische Ebene
- Verbund der Lebensschule: das seelische Temperament
- Verbund der Lebenslektionen: die seelische Wunde
- Verbund der Lebenszwecke: der seelische Ruf der Lebensbestimmung

13.6.3. Verbünde in der dritten Schicht

- Verbund der drei Hauptlinien: der Gefühls-, Gedanken- und Lebensstrom
- Verbund der Nebenlinien: die allgemeine neuronale Vernetzung
- Verbund der Begabungszeichen: die Vernetzung der Talente
- Verbund der Weisheitszeichen: die Vernetzung geistiger Ausrichtungen
- Verbund der Herausforderungszeichen: die Vernetzung der Leidensgeschichten
- Verbund der Anpassungszeichen: die Vernetzung des emotionalen Wachstums

14. Ausblick

14.1. Warum eine Ausbildung am IIHA?

Wir sind am Schluss dieses Buches angekommen. Auch wenn es viele neue Inhalte in geballter Form waren, würde ich mich freuen, wenn du nach dieser langen Reise durch die erste Schicht der Hand neugierig auf die spannenden und vielsagenden Botschaften einer Hand geworden bist. Wenn du mehr zu den Händen erfahren möchtest, bist du in unserem Institut jederzeit herzlich willkommen.

Das IIHA steht für moderne Handlesekunst und ist gleichzeitig eine profunde Lebensschule. Am Schweizer Institut in Wollerau forschen und lehren wir seit bald 25 Jahren. Wir halten uns bei der Vermittlung in den Ausbildungsgängen an Galileo Galilei's Aussage:

»Man kann einen Menschen nichts lehren, man kann ihm nur helfen, es in sich selbst zu finden.«

Das IIHA-Programm stützt sich auf die Grundlagen der Handanalyse und respektiert den Erfahrungsschatz früherer Generationen. Gleichzeitig wagen wir den Blick nach vorn, betreiben Forschung und entwickeln Innovationen. Das Team des IIHA begleitet seine Schülerinnen und Schüler darin, sowohl die Außenwelt als auch die Innenwelt – also sich selbst – aufmerksam zu betrachten und bewusst darin zu agieren. Respekt, Achtsamkeit und Empathie sind weitere wichtige Werte, die wir selbst vorleben und in anderen fördern. Denn: Wer seine eigenen Schwächen kennt und seine Stärken schätzt, bewegt wirklich etwas in sich selbst – und somit auch in der Welt. Unsere Hände bilden ein wertvolles Werkzeug zur Bewusstseinsentwicklung. Sie unterstützen uns Menschen darin, verborgene Anteile zu entdecken, diese wieder zu erwecken und aufblühen zu lassen. Die Botschaft der Hände in die Welt zu tragen, das ist das zentrale Anliegen des IIHA.

Weltweit sind bis heute über 500.000 Menschen durch eine persönliche Handanalyse oder eine profunde Ausbildung am IIHA sich selbst und anderen nähergekommen. Unterdessen bietet das IIHA auch Online-Handanalysen an. Alle Informationen sind unter www.iiha.com/beratung zu finden.

14.2. Vom Leben und für das Leben lernen

Unsere Ausbildungen stehen ausdrücklich unter diesem Motto. In unseren dreitägigen Wochenend-Modulen besteht für jede/jeden ausreichend Zeit, sich neben der Theorie zur Handlesekunde mit den damit korrespondierenden Themen zu beschäftigen, wie z. B. Selbsterfahrung, Persönlichkeitsentwicklung, Kommunikationstechnik und Auftrittskompetenz. So durchläuft man im Laufe mehrerer Monate und Jahre einen individuellen Reifungsprozess, der das eigene Leben enorm bereichert – die Rückmeldungen unserer Schülerinnen und Schüler bestätigen dies.

Der Klassenverband, regelmäßige Praxis-Handlese-Clubs und weitere Workshops führen zu einer anregenden Dynamik mit immer wieder neuen Erkenntnissen – über sich selbst und über andere. Es entsteht bei vielen Teilnehmenden eine regelrechte Aufbruchsstimmung, die sich auf die anderen überträgt. Diese

Stimmung motiviert, sich selbst immer klarer zu erkennen, sich sinnstiftend zu verwirklichen und eine grundsätzlich bejahende Einstellung zum Leben zu gewinnen.

Am IIHA treffen sich die unterschiedlichsten Menschen – und doch sind sie alle in ihrem Bestreben auch Gleichgesinnte. Die Ausbildung ist auch eine wunderbare Möglichkeit, echte Freunde zu finden. Durch verschiedene Übungen lernen wir im Klassenverband, sowohl uns selbst als auch die anderen auf authentische Weise kennen. Es sind nicht immer einfache Stunden, die wir miteinander verbringen, denn die Tiefe der Erkenntnisse und Reflexionen bringt uns mit unseren eigenen Themen, die verarbeitet werden wollen, in Kontakt. Dennoch ist diese Ausbildung keine Selbsthilfe- oder Therapiegruppe, das will ich an dieser Stelle ganz deutlich sagen. Unser vornehmliches Ziel ist, eine profunde Menschenkenntnis zu erlangen – individuell, realitätsnah und abseits von allgemeingültigen Konzepten und Normen.

Nach meiner Berufserfahrung aus fast 25 Jahren und über 20.000 gelesenen Händen kann ich behaupten: Die Hände lügen nie! An unserem Institut sagen wir: »Du kannst ein Pokergesicht machen, aber keine Pokerhände.« Und ich sage meinen Schülern stets: »Glaubt kein Wort von dem, was ich euch erzähle! Geht hinaus in die Welt, prüft das Gelernte und macht eure eigenen Erfahrungen.« Ein klarer Geist geht einer Sache auf den Grund: Stimmt die Botschaft der Hände mit der Selbstwahrnehmung des Klienten und mit seinem Leben überein?

Der Handlesekunst haftet bis heute noch teilweise ein ambivalentes Image an, da sie früher auch für Wahrsagerei genutzt (ich würde sagen, missbraucht) wurde. Aber ich bin fest davon überzeugt, dass uns die Hände für etwas viel Größeres geschenkt wurden: als klarer Spiegel für uns selbst. Wie heißt es über dem Eingang des Orakels von Delphi: »Erkenne dein Selbst!« Genau das wird am IIHA gelehrt.

Das Lernen der Handlesekunst führt zu mehr Selbsterkenntnis und Selbstbewusstsein. Es schenkt dir ein Gehör für deine individuelle innere Musik, für deinen individuellen inneren Klang, den nur du in die Welt tragen kannst. Je klarer du dich selbst hörst und wahrnimmst, desto klarer wird dir gleichzeitig, dass man Menschen nicht miteinander vergleichen kann Jeder Klang ist einzigartig, keiner ist besser oder schlechter. Das mehrstimmige Orchester, das in dir steckt und deine ganz individuelle Musik erzeugt, kannst du mit der Zeit immer harmonischer abmischen, wie ein Sound-Ingenieur im Musikstudio. Das Leben hält uns immer wieder einen Spiegel vor und gibt uns dauernd Zeichen. Um diese deuten zu können, brauchen wir eine Sprache. Es gibt so viele verschiedene Sprachen auf dieser Welt und die Hände sind eine davon. Sie tragen eine klare Botschaft in sich, die uns alle miteinander verbindet – so wie die Musik. Sprachen erlernen kann jeder, wenn der Wille da ist, und so kann jeder auch die Sprache der Hände lernen, dafür braucht es keine spezielle Begabung. Das Hand-Alphabet ist nicht so schwer zu lernen, wie es vielleicht auf den ersten Blick scheint. Es hilft, die Hände zu lesen wie eine Landkarte. Die Regeln sind schnell verstanden, im Kombinieren besteht erst die Herausforderung. Aber wenn du erste Erfolge erlebst, fühlt es sich an wie ein großes Geschenk. Es ist wirklich erstaunlich, was du alles in deinem Lebensbuch und in dem anderer lesen kannst! Es ist wie eine Offenbarung, wenn du das Leben der Menschen aus einer übergeordneten Perspektive erkennen und verstehen kannst.

*Eine Ausbildung in der Kunst der Handanalyse
am IIHA ist eine der direktesten Möglichkeiten zur
eigenen Charakterbildung und zur mitfühlenden
Begleitung anderer.*

Wer sich selbst kennt, um seine inneren Untiefen weiß und in der Lage ist, seine stetigen inneren Wandlungen bewusst mitzugestalten, ist anderen Menschen ein wertvoller Begleiter. Das ist schlussendlich das zweite wichtige Ziel der Ausbildung am IIHA. Ob es die eigenen Kinder sind, der Partner, die Eltern, Freunde oder Arbeitskollegen, sie alle kannst du über die Hände besser verstehen – sofern sie sich hineinschauen lassen. Durch die Handanalyse kannst du die Brille deiner Projektionen ablegen und siehst den echten Menschen dahinter und nicht das, was er vorgibt, zu sein, oder was du von ihm erwartest. Wer seine Augen öffnen und hinsehen will, wer an einer ehrlichen Begegnung mit sich selbst und anderen interessiert ist, wer das Leben und seine Bedeutung aus einer neuen Perspektive kennenlernen will, der ist am IIHA genau am richtigen Platz.

Kaum jemand kann von sich behaupten, dass er als Mensch bereits heute seine beste Version lebt. Wir alle haben noch ganz viel Luft nach oben. Unser Temperament und unsere Persönlichkeitsanteile sind uns geschenkt worden, aber unseren Charakter müssen wir uns erarbeiten – und die Hände sind das beste Werkzeug dazu. Sorge zuerst für eine gute Stimmung in dir selbst und pflege deinen authentischen »Sound«. Je besser du deine verschiedenen inneren Musiker führen kannst und je mehr du deiner eigentlichen Lebens-Sinfonie auf die (Ton-) Spur kommst, desto stimmiger wird dein ganzes Wesen mit der Zeit. Und je mehr deine Innenwelt stimmt, desto mehr stimmt

auch deine Außenwelt. Dieser Wandel geschieht – und das beobachte ich bei meinen Schülerinnen und Schülern immer wieder – wie von selbst.

*Unter www.iiha.com sind alle Informationen, Termine
und Preise der verschiedenen Ausbildungsmodule des IIHA
aufgeführt. Bei Fragen nehmen Sie einfach mit unserem
Sekretariat unter hello@iiha.com Kontakt auf. Wir
freuen uns über jedes Mail!*

14.3. Lies in deinem eigenen Buch!

Obwohl ich nun selbst mein erstes Buch geschrieben habe,
möchte ich dir diesen Rat mit auf den Weg geben: Es gibt viele wirklich gute und lesenswerte Bücher und Ratgeber. Doch
keines von denen, die ich gelesen habe, hat mit aufgezeigt oder
zu einer Antwort verholfen auf die Frage: Wer bin ich wirklich?
Ich habe in meinem Leben zahlreiche Konzepte und Techniken
ausprobiert, weise und weniger weise Lehrer und Mentoren getroffen – doch nichts hat mich je wirklich zufriedengestellt.
Man kann vieles in sich erspüren und aufspüren, kann medi-
tieren, transzendieren, in seiner eigenen subjektiven Welt ver-
weilen, um sich seiner selbst immer bewusster zu werden. Und
doch habe ich mich immer wieder gefragt: Wie komme ich
von einer subjektiven Perspektive zu mehr Objektivität? Wie
unterscheide ich, welcher Teil eines Wesens konditioniert ist
und welcher davon wahrhaftig zu ihm gehört? Und irgendwann
wurde mir klar: Jeder braucht eine Rückmeldung von außen,
um zu ermitteln, inwiefern seine Selbstwahrnehmung stimmt
und inwiefern sie nur eingebildet ist.

Heute weiß ich: Die Antwort für jeden von uns liegt buchstäblich in seiner Hand. Und keiner sieht es! Aus meiner Perspektive ist das absurd!

Wenn jeder in seinem eigenen Buch – in seinen eigenen Händen – lesen würde, käme jeder auf seinem Lebensweg einen riesigen Schritt voran. Wie würde sich dadurch unser menschliches Zusammensein zum Positiven hin verändern! Zugegeben, ich bin ein Träumer, aber ich bleibe weiterhin dran, meinen Traum in die Welt zu tragen.

Gewissheit über sich selbst zu bekommen, setzt unglaubliche innere Kräfte frei. Vieles kann sich lösen, entspannen, in Fluss kommen. Und diese neue, gelöste Stimmung wirkt sich natürlich auch auf andere aus. Die eigene Selbsterkenntnis zieht immer größere Kreise, als wir denken. Und diese »Erkenntnis meines Selbst« haben mir meine Hände bis heute am deutlichsten vermittelt. Dieser klare Spiegel hat mir damals die innere Sicherheit gegeben, meinem inneren Ruf – trotz aller Zweifel und Unsicherheiten – zu folgen und das Handlesen zu meiner Berufung zu machen. Die Sprache, Botschaft und Weisheit der Hände den Menschen und damit der Welt zugänglich zu machen, liegt mir sehr am Herzen.

Die Hände sind der Star in meiner Vision! Ich bin nur deren Sprachrohr und Vermittler zwischen dem Bewussten und dem Unbewussten. Ich übe mich jeden Tag darin, sowohl in meiner Berufung als auch als Mensch immer vollkommener zu werden. Es gibt so viele kleine schöne Dinge, die dazu geeignet sind, die Selbstarbeit bzw. innere Arbeit ständig fortzusetzen. Ich möchte dir gerne die Aussicht ans Herz legen, dass diese Arbeit an dir selbst viel Freude bereiten kann. Es ist in etwa so, als würdest du an deinem Haus mit Garten fortlaufend kleine Verbesserungen, Reparaturen und Anpassungen vornehmen. Das Gefühl danach ist meistens befriedigend und wohltuend.

Ich möchte dich dazu motivieren, dein Leben und dein Wesen wie dein Haus mit Garten zu betrachten. Mit der Zeit, wenn du mit Freude dranbleibst, wird sich vieles in deinem Leben schöner, harmonischer und erfüllender entwickeln. Glücksgefühle, Sinnhaftigkeit und Dankbarkeit werden immer mehr zu konstanten und stabilen Bestandteilen deiner Innenwelt. Es ist eine Frage der Entscheidung: Was ist dir im Leben wirklich wichtig? Was liegt dir wirklich am Herzen?

Verwende deine Energie, deine Zeit und dein Geld für die Pflege deiner äußeren und deiner inneren Schönheit. Bringe dich in Form, finde deine individuell ideale körperliche, geistige und seelische Form. Wie schön und fit dein Körper auch immer sein mag, das allein ist nichts ohne dein echtes inneres Strahlen. Werbung, Film und Showbusiness vermitteln uns zwar ein einheitliches Bild der Schönheit, doch lasse dich nicht davon verunsichern. Sei mutig, steige aus dieser oberflächlichen Welt aus und gehe deinen eigenen, individuellen Weg, der zu deiner eigenen authentischen Schönheit führt!

Dass dir das gelingen mag, wünsche ich dir von Herzen!

»Unter allen Fährten in diesem Leben gibt es eine, die am meisten zählt. Es ist die Fährte, die zum wahren Menschen führt.«

Aus dem Film »Der mit dem Wolf tanzt«

15. Erfahrungen einer Schülerin

Die Wandlung durch die Hände

Das vorherrschende Gefühl in mir war Angst, Angst davor, dass mir jemand etwas antun könnte. Innerlich war ich ständig auf der Flucht und hatte das Gefühl, hinter jeder Ecke lauert eine Bedrohung. Ein dunkles und schweres Gemüt war in meiner Wahrnehmung präsent.

Die hellen und bunten Aspekte in mir, wie der Optimismus, die kindliche Neugier und Verspieltheit sowie die Kraft des Träumens, habe ich damals leider falsch gebraucht. Um der Angst zu entkommen, bin ich in den Schlaf und in Tagträume geflüchtet. Dabei auf der Strecke geblieben ist die sogenannte »Realität«. Ich habe sie nicht bewusst gestaltet und eigene Entscheidungen getroffen, sondern immer nur vor mir hergeschoben. Reagiert habe ich, wenn der Druck zu groß wurde und das Aufschieben nicht mehr möglich war.

Ich dachte immer, dass ein Ausweg im richtigen Job, in einer Partnerschaft oder in einer extrem harmonischen Wohngegend liegen würde. Den Schutz und den Halt, die mir meine Familie geboten hatte, habe ich nur verschwommen wahrgenommen. Erst durch die Hände ist mir klar geworden, dass nichts, was im Außen geschieht, mir im Inneren Ruhe geben kann.

Während meiner eigenen Handanalyse habe ich erlebt, dass Pascal Stössel, ein mir damals noch wildfremder Mensch, mitteilen konnte, welche Wünsche, Ängste und Eigenarten mich ganz persönlich ausmachen. Er hat mir z. B. beschrieben, dass ein großer Teil in mir es genießt, eine schöne Zeit mit Menschen zu verbringen, bei gutem Essen und schöner Musik das Leben zu feiern, zu lachen, zu spielen und glücklich zu sein. Der andere, genauso große Teil in mir, genießt die Einsamkeit – ich und die Bücher oder ich und die Natur und sonst nichts und niemand. Beide Anteile habe ich gekannt, gelebt habe ich jedoch nur einen. Den Wunsch nach Einsamkeit habe ich unterdrückt. Da wurde mir schlagartig klar, warum ich so viele Freundschaften von jetzt auf gleich beendet hatte und wie vom Erdboden verschluckt war. Die Tiefe und die Details der Handanalyse haben mich überwältigt. Ich habe mich gesehen, gefühlt, und das alles innerhalb von nur 60 Minuten! Es war ein Schritt zu meiner Erlösung.

Die Ausbildung zur Handanalytikerin hat das Universum, das sich in mir befindet, richtig deutlich gemacht. Bis dahin war ich der Meinung, jeder Mensch würde mit so einer Angst leben, und habe deshalb auch nie daran gedacht, darüber zu sprechen. Während der Ausbildung hatte ich das Gefühl, jemand drückt auf »Pause« und hebt den Vorhang des ganzen Theaterspiels. Ich konnte sehen, welche Gefühle bei mir vorherrschend am Lenkrad sitzen, und habe mich intensiv mit all ihren Facetten beschäftigt. Jetzt weiß ich nämlich auch, dass die Angst, jemand könnte mir mein Leben nehmen, eine Kraft birgt. Das ständige Gefühl, dem Tod näher zu sein als dem Leben, weckt ein enormes Interesse daran, den Sinn des Lebens zu finden. Und da ich innerlich das Gefühl hatte, ständig kämpfen zu müssen, um lebendig zu bleiben, ist in mir eine starke Durchhaltekraft vorhanden. Die andere Seite der Medaille glänzt ja! Wer hätte das gedacht?

Unsere Fingerabdrücke sind fünf Monate vor der Geburt bereits ausgebildet. Sie enthalten das Regiebuch für unser Leben. Es stand also bereits vor meiner Geburt fest, dass ich mich unter anderem mit dem Thema »Angst um das eigene Leben haben« auseinandersetzen werde. Dahinter steht die Absicht, den Zustand, aus Angst gelähmt zu sein, zu durchbrechen. Heute fühle ich mich lebendig, hell und leicht. Und wenn ich nun meinen Weg, meine Familie und die Menschen, die mir im Leben begegnet sind, anschaue, empfinde ich tiefes Glück, pure Freude, Dankbarkeit, Liebe und Demut.

Katrin Klockner, Februar 2018

www.iiha.com

www.ingramcontent.com/pod-product-compliance
Lightning Source LLC
Chambersburg PA
CBHW060653150426
42813CB00053B/756

9 783962 404123